Treasures for Scholars Worldwide

洱源縣圖書館 編

洱源縣圖書館藏古籍善本彙編

（上）

廣西師範大學出版社
GUANGXI NORMAL UNIVERSITY PRESS
·桂林·

本書得到『雲南省哲學社會科學學術著作出版專項經費』資助

圖書在版編目（CIP）數據

洱源縣圖書館藏古籍善本彙編：全三册 / 洱源縣圖書館編. —桂林：廣西師範大學出版社，2017.11
ISBN 978-7-5598-0399-3

Ⅰ. ①洱… Ⅱ. ①洱… Ⅲ. ①縣級圖書館－古籍－善本－彙編－洱源縣 Ⅳ. ①Z422

中國版本圖書館 CIP 數據核字（2017）第 247515 號

廣西師範大學出版社發行
（廣西桂林市五里店路 9 號　郵政編碼：541004
網址：http://www.bbtpress.com）
出版人：張藝兵
全國新華書店經銷
廣西廣大印務有限責任公司印刷
（桂林市臨桂區秧塘工業園西城大道北側廣西師範大學出版社集團有限公司創意産業園内　郵政編碼：541100）
開本：787 mm ×1 092 mm　1/16
印張：104.25　　字數：1668 千字
2017 年 11 月第 1 版　　2017 年 11 月第 1 次印刷
定價：2600.00 元（全三册）

序

吾鄉洱源縣，舊制稱浪穹縣，南詔時稱浪穹州，建制名稱歷代幾經變易，與鄧川州隸屬關係，亦時有分合。民國初，浪穹縣改稱洱源縣，鄧川州改爲鄧川縣。直至近代，兩縣合併，仍稱洱源縣。本縣雖地處祖國西南邊陲，但歷代學者文人衆多，例如明代官至御史、編修《鄧川州志》的楊南金，清代的儒學大師、編纂《雲南備徵志》的王崧，當代著名歷史學家、民族學家馬曜等等。他們給我們留下許多著作，形成我縣豐富而悠久的歷史文化傳統。這樣一個歷史悠久、文化底蘊深厚、人才輩出的文獻名邦，留下了豐富的、珍貴的文獻古籍，這是歷史的必然。成立於一九八四年的洱源縣圖書館十分重視對我縣古籍圖書的收藏、保護，迄今爲止，館藏圖書五點八萬册中，古籍線裝文獻就有六九四七册。其中除《南詔野史》《鄧川州志》《浪穹縣志》等珍貴的地方史料、古籍圖書外，還有大量包括經、史、子、集各種門類的古籍圖書。這次從中抽選出的七種圖書，分别是《元亨牛馬經》（六卷）、《錢通副手札》（不分卷）、《滇詩嗣音集》（二十卷、補遺一卷）、《鶴陽新河詩集》（一卷）、《大清礦務章程》（一册）、《雲南省議會彈劾鹽運使由雲龍違法貪污之書牘》（不分卷）、《東大陸主人言志録》（一卷）。這些著作從作者的籍貫來看，既有滇籍作者，也有外省籍的作者；從版本來看，既有傳統的刻本，也有近代的鉛印本、石印本；從著作年代來看，已跨越了明清至民國近四百年的歷史；從内容來看，包括詩文選集、書信手札、法律檔案、中獸醫學等等。這些珍貴的古籍圖書，大多是善本、孤本，如不及時整理搶救，一旦損失絶版，必將造成難以彌補的損失。洱源縣圖書館能及時對館藏珍稀古籍進行整理出版，是對歷史負責，對後人負責的千秋傳世的重要文化工程，也是一項刻不容緩的艱巨任務。這些珍貴古籍文獻影印出版之後，還不能就此止步，束之高閣，應組織人力，對這些文獻古籍進行研究，使之發揮社會教育作用，使子孫後代養成一種慎終追遠、不忘歷史的道德規範。這也是我在結束這篇序言時提出的一點殷切希望。

邑人張文勳謹撰

西元二千又十七年歲次丁酉之端午節前夕

總目録

第一册

元亨牛馬經六卷　（明）喻本元、喻本亨撰　清刻本……一
錢通副手札不分卷　（清）錢灃撰　清宣統二年（一九一〇）石印本……四四七

第二册

滇詩嗣音集二十卷補遺一卷　（清）黄琮編纂　清刻本　卷一至卷十五……一

第三册

滇詩嗣音集二十卷補遺一卷　（清）黄琮編纂　清刻本　卷十六至補遺……一
鶴陽新河詩集一卷　（清）朱洪章撰　清光緒八年（一八八二）刻本……二三九
大清礦務章程正章　（清）農工商部編　清光緒三十四年（一九〇八）鉛印本……二九五

雲南省議會彈劾鹽運使由雲龍違法貪污之書牘不分卷　（民國）佚名編　民國鉛印本……三七五
東大陸主人言志録一卷　（民國）唐繼堯撰　民國石印本……四三九
附録：洱源縣圖書館藏古籍書目……五一一
後　記……六一五

目録

元亨牛馬經六卷　（明）喻本元、喻本亨撰　清刻本……一
錢通副手札不分卷　（清）錢灃撰　清宣統二年（一九一〇）石印本……四四七

元亨牛馬經

元亨牛馬經六卷
（明）喻本元、喻本亨撰
清刻本

元亨牛馬經六卷

又名『元亨療馬集』，明喻本元、喻本亨著。二人係兄弟，兄喻本元名仁，弟喻本亨名傑，明南直隸廬州府六安州（今安徽省六安市裕安區）人。二人皆當時著名獸醫，精通業務，文化較高，合撰《療馬集》乃獸醫學經典，内容豐富，流傳廣遠。萬曆戊申年（一六〇八）初梓以來，明清兩代不斷翻刊，增删易名，次第流傳到日本、朝鮮、越南以及歐美各國，對中國乃至世界獸醫學發展有較大的影響。書名冠『元』『亨』二字，合取本元、本亨二人表字。

此書内容包括《療馬集》《療牛集》兩部分。《療馬集》四卷，一百十二圖，三賦，一百五十歌，三百餘方；馬有三十六起卧，七十二症。《療牛集》兩卷，牛有五十六病。全書叙説詳盡，尤以馬經爲最。

元亨馬經　上卷
子
子
42

六安州喻本編定

元亨牛經大全

游[illegible][illegible]板

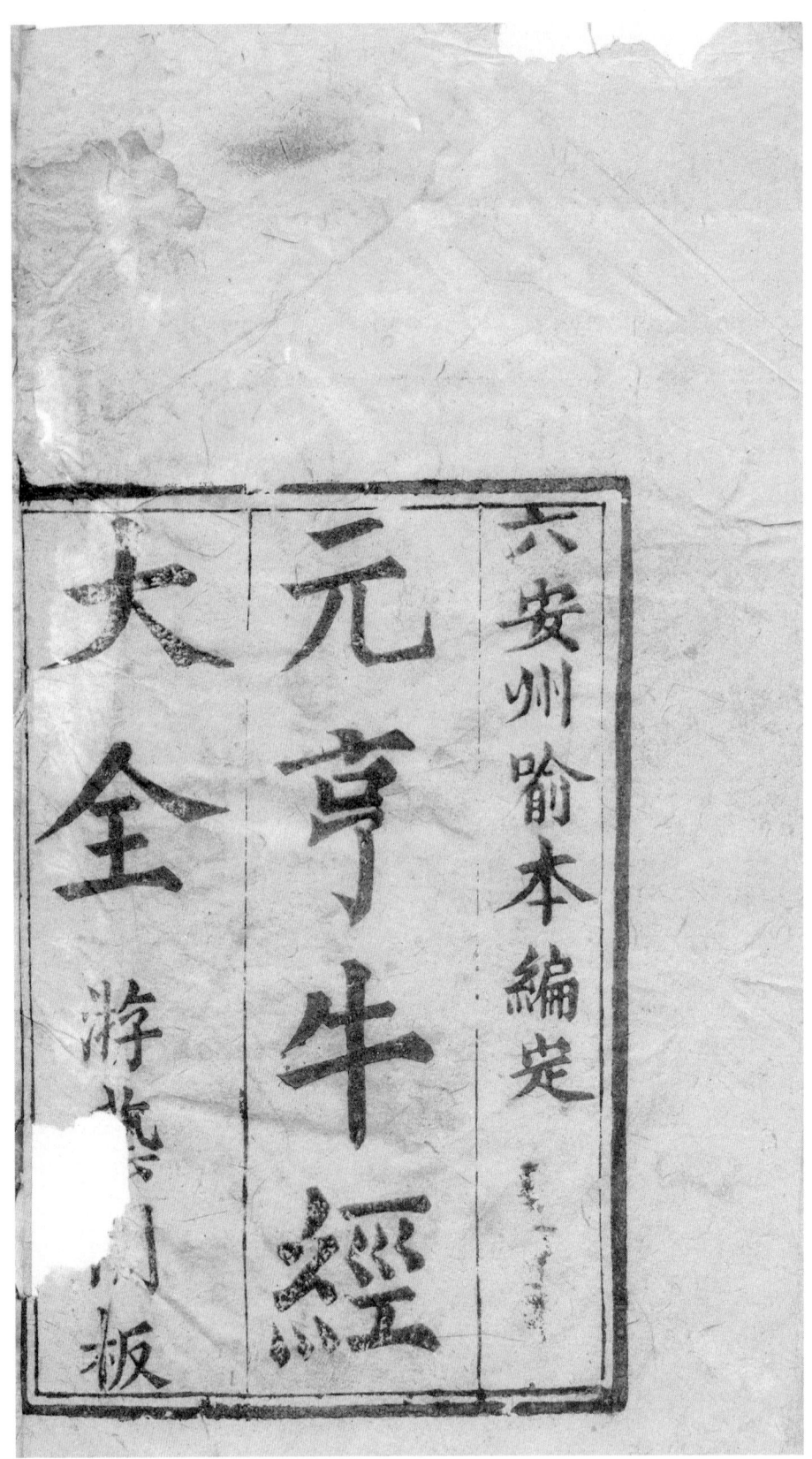

牛馬經序

子思子言、盡人盡物之性、夫與子長、仁民愛物之理、至矣哉、參天贊地、輔兩大之不及者、其惟治療一書乎、蓋亦言之大者功于人者、鈎衡駕馭、負重致遠、惟牛馬爲最、

振民之志燬後光焉、財用足焉、識
富國之機績、寔家之樞轄也、特其
治療之術、物亦藉之、而不動為擾
務、窮其理、究其源、不可以粗淺躁
長試也、方之

雲天子叢述
診、法息男治、并錄

大抵萬物不失其所以仁心育養者也
因已藏之若其性矣然後可於
治療一書余從而善牧其源其
水草、調其驚蔽、慎其寒燠節
其足力、則其疲不生、孳育蕃息、
篇一有調教之失宜、瘦瘠羸疲、

循、与樂、寓歲慢生不能無詩
于針灸之精與友蔡謨之嘗
如、有昭六安喻氏昆仲本兄
本亭究師是一岐循之經絡
係寓藏之秘、針經醫療應手
而瘥、經其治愈、為大藥息問出

鑄鎔以活生民有耕夏播其
手澤以活牛國藉以垂此筆載
而成嚴功利轉於而濟牧養許
蓋豈淺鮮哉、原序爲二字之據
乎醫也、其方書已久行于世第未欽
其刻濟良物、之妙迹使人之義因

吾輩弁其端，所以表翁氏錫仲之功于無盡也。嗚呼，書之善讀者於此，至致里要之屬，可以盡此書之蘊，是為序。

大清嘉慶庚午年仲夏月上浣之

鳳山蘭懷肖氏書錄

增補繡像牛馬經目錄

卷之一

卷之二

卷之四

卷之五

目録終

新刻繡像療牛馬經卷之一

六安喻本元亨著

相馬頭論

馬頭欲得高峻如削成又欲得方而重宜少肉如剥兔頭壽骨欲得大如綿絮包圭石（壽骨者髮所生處也）嗣骨欲得廉而闊又欲長（嗣骨者長頰而[illegible]）蝸額欲方而平八肉欲大而明（八肉者耳下也）易骨欲直（易骨者眼下直下骨也）中欲深（元中者耳下近猪也）頰欲開軟欲方（軟者頰崩也）

眼論

馬眼欲得高又欲得滿而澤大而光又欲得長大目大則心大心大則猛利不驚目睛欲得如垂鈴又欲得黄又欲光而有紫豔色

首欲小又欲得端正上欲方曲下欲直骨欲得成三按皮欲得厚
若目小而多白則驚畏瞳子前後肉不滿皆惡目不欲滿上臉急
下臉淺不健食目赤睫乱眼下無肉皆傷人

耳論

馬耳欲得相近而前立小而厚又欲小而銳狀如削竹如削欲促
耳小則肝小肝小則識人意緊短者良若根漫及濶而長者皆駑

鼻論

馬鼻欲得廣大而方鼻中色欲紅鼻大則肺大肺大則能奔鼻孔
欲大素中欲兼而張(鼻孔上名素)水火欲得分(水火在鼻孔两間也)

口論

馬口吻欲長口中色欲得鮮明上唇欲得急下唇欲得緩上唇欲得方下唇欲得厚而多理上齒欲鉤下齒欲鋸下欲深喉欲曲而深唇不覆齒少食齒左右蹉不相當難御齒欲得深而密淺則不能食又欲得齊而白白則耐齒不滿不厚不能久是斷齶欲得有辨而明舌欲得方而薄長而大色如朱紅

形骨論

望之大就之小筋馬也望之小就之大肉馬也至瘦欲得見其肉至肥欲得見其骨馬頭項欲得厚而強又欲得䏶而頸頸骨欲大肉次之髻欲得桎而厚且耕季毛欲長多覆則肝肺無病髮厚毛是也鬃欲橫中骨高三寸[illegible]胸欲直而出臆欲廣兩肩不欲深肩肉

欲雙鳧欲開視之如雙鳧雙鳧欲大而上雙鳧胸兩邊肉如鳧膺下欲不
廣一尺以上背欲得短而方脊欲得平而廣䐐筋欲大䐐筋脊筋也腹
欲充又欲平而廣又欲大而長結脈欲多大道筋欲大而直大道筋帶
腋下股也距膝欲小膝小則脾小脾小則易勞季肋欲張脇欲大而深
從後數其脇肋過下著良腹下欲有八字腹下毛欲向前腹下陰
前兩邊生逆毛八腹帶者駿三府欲齊三府兩髂及中骨也髂骨欲大而長
尾本欲大而長尾骨欲得高而垂臂欲得長而膝本欲起前膝上由前
肘腋欲開髆骨欲短龍翅欲廣而長髀肉欲大而明髀外肉也股欲薄
而博虎口欲開股內是也後髀欲廣厚汗溝欲深明直肉欲方髀外肉也大
臗欲方直肉方也臂內肉欲急明也囊間筋欲短而減腨肉抗骨欲舉止出

如馬籍

蹄論

馬足馬薄欲厚而緩。脚脛膝骨欲方而痺。又欲得圓而張大如盃盂。蹠欲結而促。又欲促而大。其間總容絆。距骨欲出前。間骨欲出前後。曰外凫臨蹄骨也。附蟬欲大。前後目膝後烏頭欲高。烏頭後足後也從足轉骨欲大。轉足骨者後足蹄之後骨也輔肉欲大而明。後腳欲曲而立。蹄欲厚而大。又欲厚三寸。硬如石。下欲深而明。其後開欲如鷂翼能久立有瀧迫者歟。

超逸

馬龍顱突目。平脊大腹肶。重有肉。此三事備者千里馬也。上唇急而方。口中紅而有光。此千里馬也。牙去齒一寸者四百里。牙劍鋒皆日行千里。目中縷貫童子者，此五百里。上下徹或雙瞳人者千里。蘭孔中有筋及長毛者五百里。闌孔者眼上虛處是也目巾五采盡具五百里。耳三寸者三百里，二寸者千里。耳方者千里。如削筒者七百里。耳本生角長一二寸千里。筆鬃中生距如雞者五百里。腹下陰前兩邊生逆毛入腹帶者千里。一尺者五百里。後脚胻膝者六百里。迴毛生腕膝者是也馬生墮地無毛者千里。溺過前足者五百里。溺舉一足如犬者千里。脣下欲廣一尺以上，名曰扶尺，能久走。脇肋幾後數得十者良。一十一者二百里，十二者千里，十三者天馬。腹下平滿，直肉方，股薄而博，肘腋開者皆能善走。

壽天

馬目中五采具及眼箱下有字形者壽九十鼻上紋如王公壽擬十如火四十如天三十如山如水二十如火十八四八如宅七旋毛在眼箱上四十在值箱骨中三十在值中箱下十八口中見紅白光如光中着火者壽若黑不鮮明瑩不通明不壽

騰駒牧養法

禮記月令曰季春之月乃合累牛騰馬遊牝於牧累騰皆乘匹之名是月所合牛馬謂繫廐者其壯欲遊則就牧之牡以合之也仲夏之月遊牝別羣孕雜之欲別也則繫騰駒騰駒壯氣有餘須蹄齧也仲冬之月牛馬畜獸有放逸者取之不詰上居明堂禮曰孟冬之月食農畢積繫取牛馬聚饅有三芻一曰惡芻二曰中芻三曰善芻善謂餵食与惡芻飽食與善芻引之令食之常飽則無不肥飲有三時一曰朝

飲少之二日晝一飲則酌其中三日暮飲則酌其中則極之一日夏汗冬熱
皆當節飲經曰旦起騎穀日中騎水斯言信不誣也凡養馬冬暖屋夏涼棚頭並繫行相離
槽道潔淨揀擇新草篩簸粟豆著熟料用新浸潤放冷方可餵之
其飲馬水切忌宿水凍料塵草沙石灰土蛛網諸雜毛髮餵之即
變卒生病或以鹽水飲者勿多已即換其腰腹以戒腎冷冬月飲
訖便須旋行且看其糞溺若糞黃溺清即無病矣凡槽忌以豬槽
及用石灰洗餵馬有汗繫于衛門凡三者皆令馬瘡漏衛曰常繫
獼猴下馬切辟惡消百病

乘習法

凡乘習一日行二日驅三日騁四日馳五日奔終而復始千里無

病寬來有汗。棒行。候喘定汗息。方可去鞍。即時放驂。繫于迎風。勿近舍舊。移時再餧。

養新馬添臕法

凡新馬能食而瘦者。羔有蟲蠹。每煮豆一斗。用不蛀皂角三梃。貫衆一兩。火麻子一合。同煮料。候熟。去了皂角貫衆。如常法餧之。直至。添臕即止。

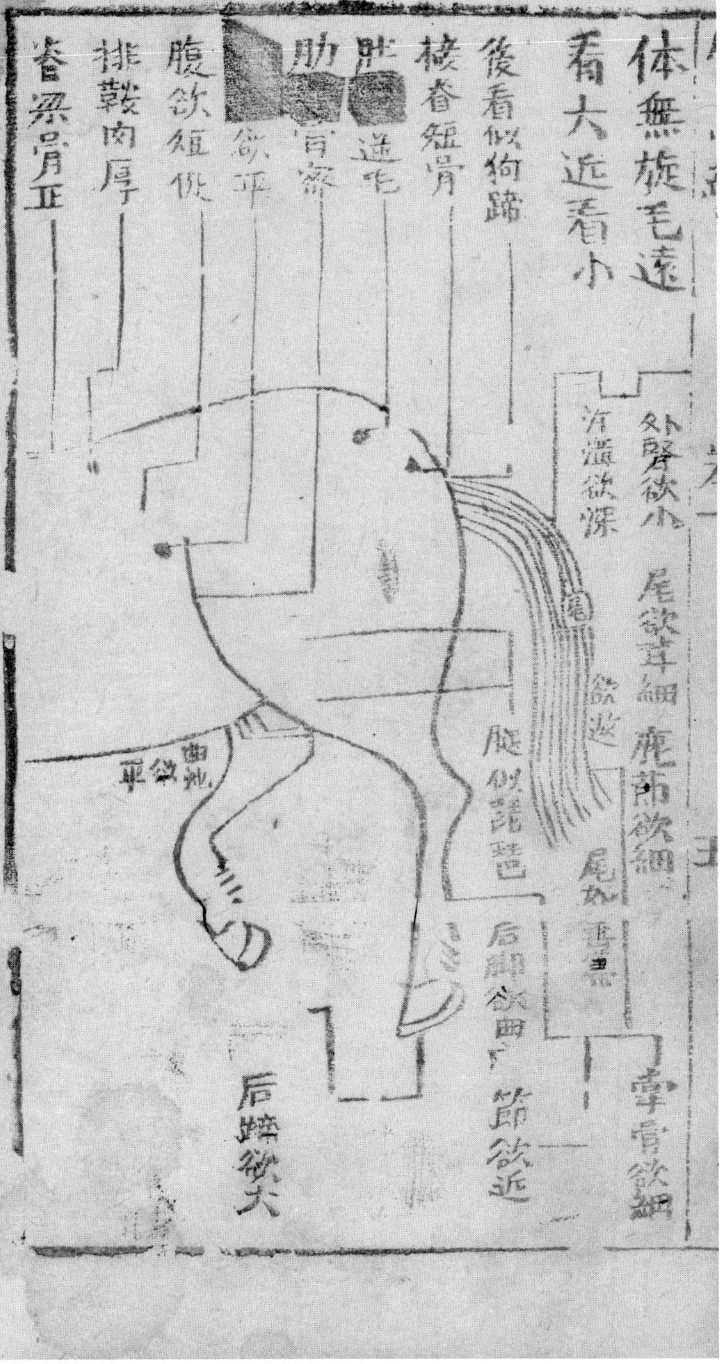
体無旋毛遠
看大近看小
後看似狗蹄
棱脊短骨
腹欲短促
排鞍肉厚
脊梁骨正
外腎欲小
汗溝欲深
尾欲茸細
鹿節欲細
腿似琵琶
后脚欲曲
節欲近
后蹄欲大
曲池欲平

牛馬經 卷一

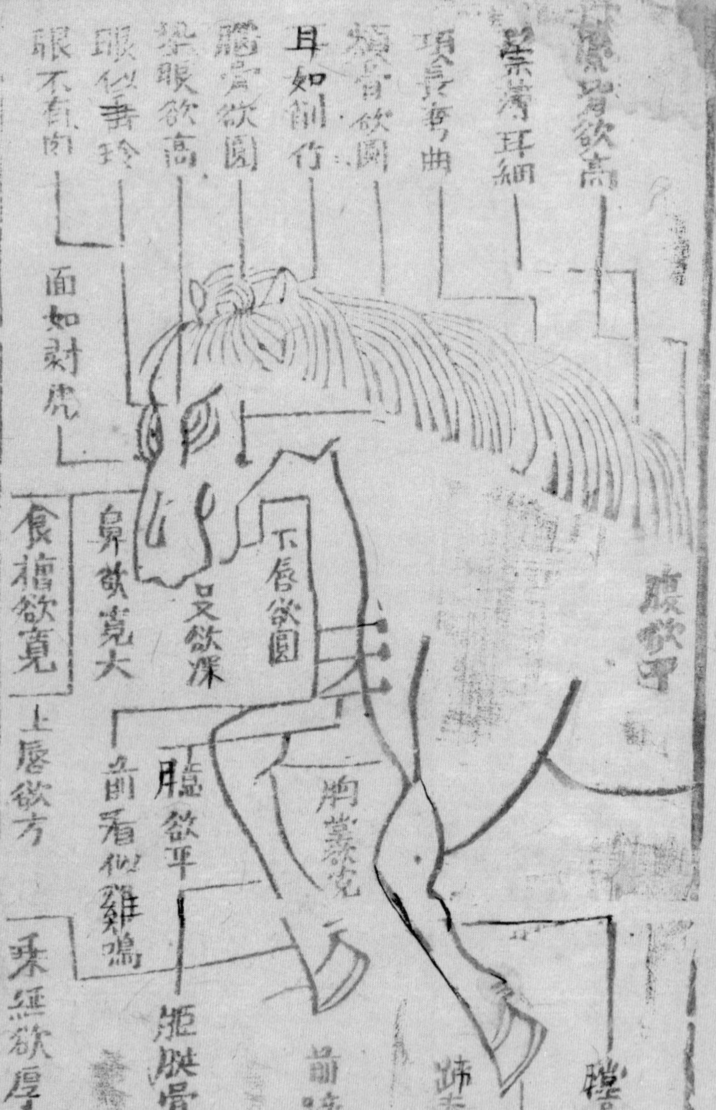

相良馬寶金篇

三十二。相眼為先。
一似愚人信口傳。
白縷貫睛行五百。
舌如垂劍色如蓮。
食槽寬淨顋細膩。
嘶高骨聳軟不堅。
項長如鳳須灣曲。
骨細筋粗節高攢。
肋骨彎曲須堅密。

次觀頭面要方圓。
眼似垂鈴紫色鮮。
鼻如金盞可藏拳。
口無黑黶須長命。
咽先平而筋有攔。
入肉分而言左右。
臆高胸闊脚前寬。
蹄要圓實須卓立。
排鞍肉厚穩安歡。

相馬不看先代本。
滿箱凸凹不驚然。
口又須深牙齒遠。
唇似垂箱蓋一般。
耳如楊葉裁彩竹。
鬃毛茸細要如綿。
膝要高而圓似繭。
骨形光門要平寬。
騗鼻曲[illegible]須停穩。

尾似流星不連書。膂筋大小須停壯。下節橫筋緊不
凡合此象皆能走。萬中难選一俱全。

三十二歲口齒論

一歲駒齒二。兩歲駒齒四。三歲駒齒六。四歲成二齒。五歲成齒四。六歲冈牙生。七歲角區缺。八歲區如一。九歲交下中區二齒白。十歲咬下中區四齒白。十一歲咬下中區六齒白。十二歲咬下中區二齒平。十三歲咬下中區四齒平。十四歲咬下中區六齒平。十五歲咬上中區二齒白。十六歲咬上中區四齒白。十七歲咬上中區六齒白。十八歲咬上中區二齒平。十九歲咬上中區四齒平。二十歲咬上下尽平。

二十一歲咬下中區二齒黃○　二十二歲咬下中區四齒黃○　二十三歲咬下中區六齒黃○　二十四咬上中區二齒黃○　二十五咬上中區四齒黃○　二十六咬上下盡黃○　二十七咬下中區二齒平○　二十八咬下中區四齒白○　二十九咬下中區六齒白○　三十歲咬上中區二齒白○　三十一咬○上中區四齒白○　三十二歲咬上下盡平○

齒歲論

夫獸之齒者、血精為本、結秀為骨、已精為齒、一歲至廿五歲、其齒之區白而皆有驗也、經云、齒者、乃骨之精粹、如其盛者、虽上下咬平、猶有餘双而舉蹄行力依然、其寿死可考也、但骨氣衰敗不三

十歷俱平而無餘刄者雖能食亦無其力也是故驚駭於此一驗耳

四季口色形論 喻病四季口色俱

春季口色青者病在肝难治着若變黑可治謂水生木也變白者不可治也謂金尅木也夏季口中赤者病在心难治若變青可治謂生火也變黑者不可治謂水尅火也秋季口中白者病在肺难治若變黄者可治謂土生金也變赤者不可治謂火尅金也冬季口中黑者病腎难治若變白者可治来金生水也變黄者不可治謂土尅水也四季下旬口中黄者病在脾若變赤者可治謂水生土也變青者不可治謂水尅土也

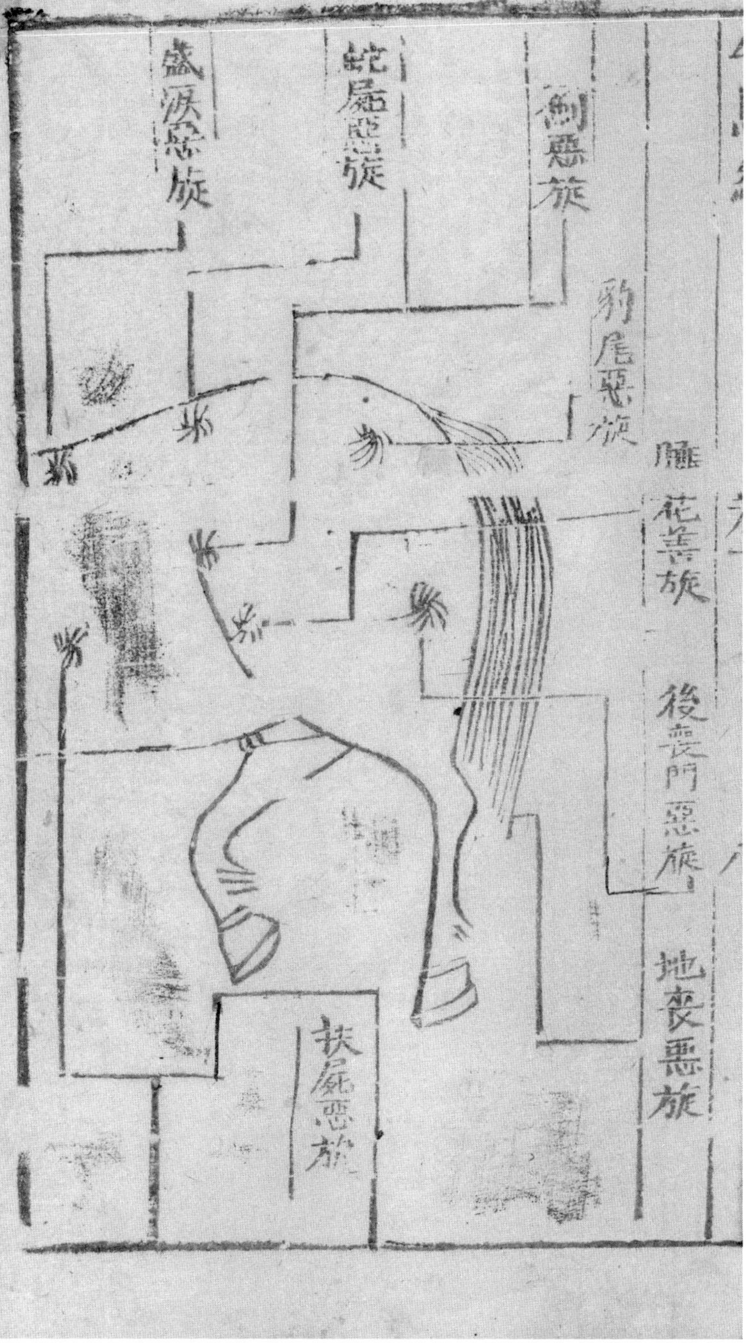
盛淚惡旋
蛇屍惡旋
劍惡旋
豹尾惡旋
膁
花善旋
後衰門惡旋
地衰惡旋
扶屍惡旋

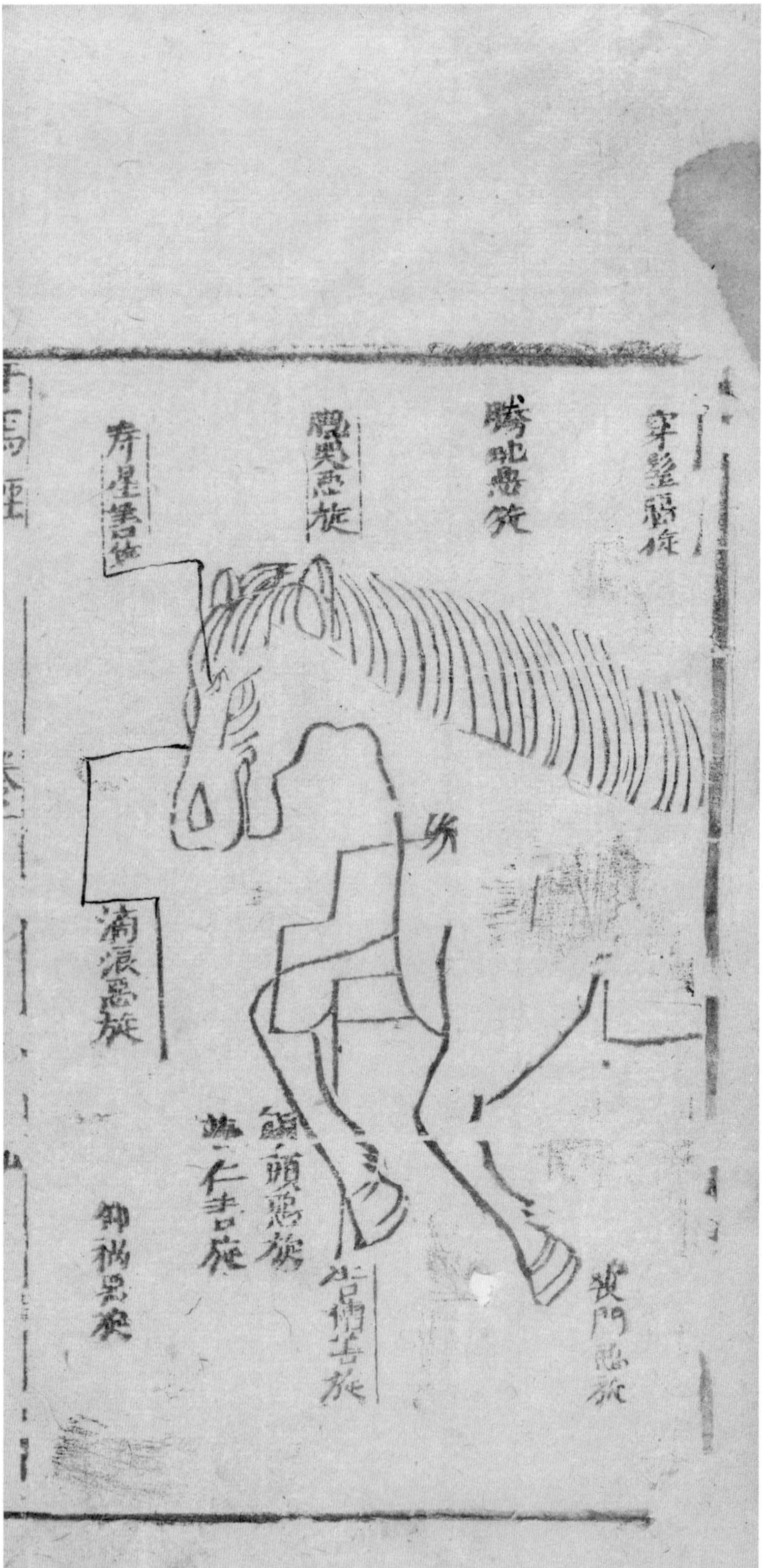
騰蛇惡旋
壽星善旋
滴淚惡旋
黃門惡旋

師皇五臟論

春三個月肝旺七十二日肝為尚書、肝重三斤十二兩、肝者外應於目、目則生淚、淚則潤其眼、肝家納酸、肝為臟、膽為腑、肝者風為藏、膽者精為腑、肝是膽中之佐、肝為裏、膽為表、肝為陰、膽為陽、肝為虛、膽為實、肝者外應於東方甲乙木、歌曰

肝家受病眼睛泄、頭低耳搭少精神、因骨生瘡多淚下、
胡骨把膀病原由、針須之間攻左脚、青箱石決樟梛根、
早辰臨卧嚾兩使、此病應除眼不昏、

夏三個月心旺七十二日心為苐一、心重一斤十二兩、上有七竅三毛、心者外應於舌、舌則生血、血則潤其皮毛、心家納苦、心為臟、

小腸為腑，心者血為臟，小腸者受盛之腑，心是臟中之君，心為[illegible]
小腸為表，心為陰，小腸為陽，心為虛，小腸為實，心者外應于南方
丙丁火，歌曰

心家受病連腸痛　胃口喫氣又唇青
多卧少葷觜搵土　小腸尿血熱心中
顛騂浸煎五勺並　送須菴便一大升
此藥每日兩度嗺　其馬一定得全生

秋三個月肺旺七十二日，肺為丞相，肺重三斤十二兩，肺者外應
于鼻，鼻匕則主氣，氣匕則通其榮衛，肺家納辛，肺為臟，大腸為腑，肺者
氣為臟，大腸為傳送之腑，肺是臟中之華，六肺為裏，大腸為表，肺
為陰，大腸為陽，肺為虛，大腸為實，肺者外應于西方庚辛金，歌曰

肺為華蓋心上存，　鼻連西方庚辛金，　皮膚受病鬃毛落

大胯連腳左邊存　臁顙肉動脾又散　身中臍出病十左
固工見者休疑誌　此馬必定救無門
冬三個月腎旺七十二日腎為烈女腎有二症左為腎右為命門
腎重一斤十二兩腎者外應于耳腎即生津液壯其骨腎家納鹹
月為臟膀胱為腑腎者水為臟膀胱為津液之腑乃臟中之使腎
為表裏膀胱為表腎為陰膀胱為陽腎為虛膀胱為實腎者外應于
北方壬癸水歌曰　腎家受病切須知　後腳難治耳又搖
心連小腸尿更澀　膀胱邪氣透入脾　限料早夜空嘗嚥
苦練茴香青橘皮　腳重頭低陰又腫　此馬必定可安之
四季脾旺每季各旺一十八日共旺七十二日脾無正位寄

大腸重二斤三兩、腸者外應于餐已即生泄、已斷偈其內、脾家絡
酪、脾為臟、胃為腑、脾者上為臟、胃者草穀之腑、脾是臟中之用、脾
為裏、胃為表、脾為陰、胃為陽、脾為虛、胃為實、脾者外應于中央
已上歌曰　　脾無正位號中央　息紬兩屬連膀肌、
多臥少草又嚏氣、　脣乾舌上又生瘡、　生表和竅存叢草、
砂糖四兩用消黃、　氣業是脾針脾穴　此馬驗認是脾黃、

王良先師天地五臟論

混沌初分、輕清上為天、重濁下為地、盤古氏為尊、自後女媧伏羲、始有人民萬物、天地之內人為貴、馬次之、故傳曰、行天莫如龍、行地莫如馬、則馬之為用、則任重致遠、天下之物、未有能先之者也

是以往古有八駿之名九逸之號然究其所有莫不賴養之有法採治之有術若周官牧師焚牧通淫之有時圉師除蓐釁廄之有數巫馬有掌養疾馬而乘治之相醫而藥用攻馬疾則馬之有臣其來久矣其顯而見于古者馬師皇是也蓋馬雖爲四足亦禀天地之氣而生天有五行馬有五臟天有三光馬有三光天有日月馬有眼目天有四時馬有四肢天有七星馬有七竅天有六律馬有六脈地有八山馬有八窍地有江河馬有腸胃地有溝渠馬有血脉地有林毛馬有鬃毛地有四瀆馬有四蹄一年有三百六十日馬有三百六十穴亦有三百六十骨節也

天頂骨　腦骨　額骨　顴骨　眉稜骨

上排齒骨　下排齒骨　上下齶骨　舌連骨　耳筍骨
伏兔骨　頸鎖骨六十二節　喉骨　鬢顆骨三十二節　髀骨
髆尖骨　弓子骨　杈子骨　搶風骨　臆中骨
臆骨　肘骨　裡乘重骨　外乘重骨　同筋骨
膝蓋骨　膝甬骨　夾膝骨　附骨　柱膝骨
肥腿骨　脾骨　攢筋骨　柱蹄骨　鑿蹄骨
蹄胎骨　掌骨　子骨　脊梁骨二十二節　三山骨
肋扇骨一十二條兩面二十四條　子骨兩面十六條　边骨兩面六條　節脊骨
尾軛骨三十二節　尾腿骨　臁嫌骨　大胯骨　小胯骨
棕草骨　合子骨　烏金骨　髑骨　蒺藜骨

鵞鼻骨　天定骨　鹿節骨　鼻簡骨　越骨

前面有六門後面有四門門〻相對馬有一百五十九道則穴并
在一百八十道白鍼一百八十道大鍼之內各有去處夫鍼則無
害補鐵有義若偏較一絲不如不鍼上穢中稜下穢上穢只是左證
脈中穢是帶脈下穢是腎脈穢為汚也汚為患也馬有三壹六脈
三堂者一胸堂二玉堂三腎堂此名三堂六脈者一耳根不動二
耳脉不散三口色不惡四不舌色弱五腸前有七道命脈不絶六
腸後有七根命毛不倒此名六脈肝主眼腎主耳脾主唇肺主鼻
心主舌眼耳唇鼻舌是名外腎肝肺脾心是名內見其外即知其
肉內外相應認病下藥何愈不瘥大腸如江心腸知海頭心眼腎骨

知四海頭為髓海心為血海肺為氣海腎為水海大腸長一丈二尺象一年十二個月小腸長二丈四尺按一年二十四氣呼為內一匹四蹄有八字四八三十二馬頭高八尺似子八節呼為外一匹丈馬蛋是四足亦稟陰陽而生生於灰台之下稟天地之水迎生得馬七祖亦有父母父名屈强母名屈女屈女生女和女子生得飛兎飛兎生得騏驎騏驎生得馬七生得騾尾馬二十萬二千一百一十經受病毛竅馬亦有三斗六升血出氣為喘入氣為息馬若無病一日一夜有三萬六千一百度喘息馬若有病一日一夜有三萬六千一百三十五度喘息夫医馬者須知病源之其根本按審筋脈聽其喘息便知生死春三個月一日一夜血脈流

轉。二百四十遍。夏三個月。一日一夜。血脉流轉。一百八十一遍。秋三個月。一日一夜。血脉流轉。六十遍。馬有四百八病。四病不死春管一百一病。夏管一百一病。冬管一百一病。內有四病不見者。口中銜鐵。背上搭鞍。兩邊壽鐙。又有五赤。鞍磨口角呼為一赤肩膊呼為二赤。肚帶磨破肘下呼為三赤。磨穿脊背。呼為四赤。磨破尾下。呼為五赤。馬有五疾。糞燥不收。腎之疾。氣如擾傷。肺之疾。囊盛憂笑。脾之疾。舌如珠破。心之疾。兩眼不見物。肝之疾。馬有三危。鼻中血出是肺危。眼內生瘡是肝危。准脾是腎危。馬有五勞。觔勞。骨勞。皮勞。氣勞。血勞。凡勞症者醫家要審識。有知而勝不知。所識而勝不識。但念此則前而明矣。

五勞

五勞謂筋骨勞皮勞氣勞血勞也。筋勞者因步久得之。其狀終日軀馳放而不驟者是也。其為病則發蹄痛攣氣。發蹄謂毒氣散下臨脚其痛攣氣也之病也。骨勞者因久立得之。其狀雖驟而不時起是也。其為病則發癰腫皮之病也。皮勞者因久汗不乾得之。其狀雖驟起而不振毛者是也。其為病俠脊癢之熱也。氣勞者因汗未息乘槽而飼餘得之。其狀雖揺毛而不時噴氣者是也。其為病甚氣不宣通減瀉繚繫之極上遠餵草乃噴也。血勞者因驅馳無時得之。其狀雖唄氣而不即餵者是也。其為痛則發強行而繫之不得飲餵少時乃大濕。

七傷

七傷謂寒傷熱傷水傷飢傷飽傷也肥傷走傷也。寒傷者因冷月飲宿水繫寒處得之其病令馬毛椎受寒是也。熱傷者因暑月乘騎過多不食飲餵得之其病令馬毛煩悶乱是也。水傷者因騎回便飲水傳滞不散得之其病令馬水結腸胃積聚成病是也。飢傷者因馬瘦飢更令太走喘息未定卒然飲餵得之其病令馬心瞕氣結草粉不消是也。飽傷者飽乘騎而便飲餵喫草太猛得之其病令馬腸胃積聚糞行遲滞是也。肥傷者因馬膘大力得之走傷者因馬極走太過得之。从者皆令馬肉斷脈消氣不續也。

造父八十一難經

第一難經是心黄。咬齒頭低似乙翻。起卧望身毛頭空。
翻目流星口不張。見着須當早辨別。三朝不瘥管身亡。
嘘藥用針全不退。醫家認取急心黄。
第二難病夾心黄。時人見着亂消詳。咬肋尾直脚不住。
心俞一道鐵烙强。鬱要取效須兼藥。蔚金更使川大黄。
甘草地黄三兩分。同和嚾啗得安康。
第三難病是心焦。五臟積聚似火燒。毛落色闇难移步。
飲水衝着把舌掉。闘䏶垂頭搭耳卧。拽動韁繩把手援。
鍼方醫治早為計。補法先交用藥消。
第四心熱治為难。口乾氣衝五臟悶。口色更看赤脉殘。

医家認取是心癀
治肺消黄藥與蘇
第五難病冷傷心
此時病狀轉沉亡
第六經難次心黄
遍傳五臟肺家先
変急更加連腸竅
第七難病是心湿
起卧其形伏似猪
鍼烙嗟樂徒勞爲

頭低淚出常不絶
更無舌似火燃燃
脣顫頭低喘息頻
三朝不可定知死
医工見了便要鑣
心脈自然尋前去
醫家莫作破腸風
水藥喉中吐血珠
水傷連肝心肺急
驀然驚倒項筋舒

喘息氣麁人會難
兩眼似盲不見物
別取名方細七尋
頭垂口中涎沫出
腸脈後來不一門
因成傷重緣五臟
擺頭垂耳淚連珠

第八心勞最难醫　元因毒草損傷脾　毛落更加飢肉瘦
草水日減漸尫羸　四脚难行髓骨瘦　早興名人說的知
莫教变作長年病　急檢难与潄之經
第九肺勞切要醫　肺為華盖方属西　秋天似患腸黄病
因為脾家不磨時　日漸尫羸吃草慢　病深連喫某無疑
但嚾補勞治肺藥　噬嗽連頻急療醫
第十把膊要指頭　双鼻前來不自由　硬地行時連心痛
却喚医人作祟求　不須更覔其他藥　但把油烟薰鼻頭
更鍼肺臟并牟膊　难經之内用功摟
十一難經肺家痛　咽氣頻頻糞又迸　起卧連声長肚脹

五攢集氣喘更痛
但嗽葱酒氣療調
十二難病肺家黄
垂涎瀝瀝口難張
十三肺壅最難看
垂涎氣出悶連連
自然倒地心性急
十四難病肺家風
後連尾下尾傍中
十五肺痰涎沫出

氣痛因開為小事
便見平安力有功
口中吐沫定難當
起臥頻頻連聲喚
咳嗽連宵三五般
走驟驚狂如醉狗
立死無生命不存
胸前指破一重重
灌藥先須治肺散
湯冷傷熱要辨之

腹内如雷結不通
垂頭兩耳攏蹌後
醫家莫得亂消詳
肺滯三焦連上膈
此時無勁臥觀天
瘀痒連皮毛又落
塗藥為良即見功
熱即足涑因乘重

冷即口中有涎垂　似卧不卧難治療　腰間溫煖正合宜
但嚾墜涎三服藥　各隨臟腑辨根基
咳嗽頻頻声不絶
十六傷胎又難痊　喘息頭低肺又寒　認取難經意内言
即知因傷五臓間　肺家只有五般病　四蹄強硬行無力
十七難病肺家風　壅聚頑涎氣不通　治肺消黄藥有功
變耳横擔脊似弓　水草漸減頻加喘
更抽六脈胸堂血　今後輕健可追風
十八難病肺家傷　擺耳提頭心似黄　眼目不閉口不禁
鼻中膿出似魚腸　氣色更兼腥又臭　瘦惡毛焦体不強
日久時多不治療　灵丹聖藥治無方

十九难病肺家顙　鼻中氣響似鈴鍚　膿血噴下腥臊臭
腦中空病怎生當　除却開喉斷絶得　嗺藥饒伊有萬方
須要𡙇頭取熱腦　開之裏面貼其瘡　有效不過三五日
医家用意莫胡忙
二十難病肺毒傷　腹脹滿來又難啌　壅悶連胸氣又結
嘶如在野發声狂　氣鹹慢把脾胎治　卧時便取左右栯
二十一难肺家酸　頭低鼻内出清涎　口中吐出紫此糞
日久時多病相傳　更無兩目双垂淚　行步移來四脚攅
或是啌嗽心中熱　嗺藥如同似苐開
二十二病肺家难　喘氣連声眼似環　腹脹滿來饒起

廻頭四脚向上翻
鍼刀喉治看六脈
二十三病肺家医
除却開喉別無策
二十四難損肝家
放血先須治療他
肝家咬齒相傳染
難經裏內細推詳
二十五難是肝風
項直肚脹春腰弓

更有肺絕一般病
咬牙嚼齒似風癡
肺脾心肝腎一般
喘息氣麁連喉脈
行時腰難移步走
但嗺治肺消黃散
嗺嗝先須用幽窗
目無淚下更無誇
衝熱走時復子肺
水草不住依時節
陌然更兎咳風邪
郎是先從五臟傷
變見医方無藏瘥
坐內翻目脚踏空
口中吐沫牙關緊
医工唤作鬼柚病
本是肝家臓瘓風

千萬医方必定死　难經論盡一場空
二十六難是肝黃　眼腫頭低目無光　水草不食肺心煩
頭旋腦轉喘忙忙　切須且嚾洗肝散　用藥之人明記方
攛雲散子調和下　鍼刀治療水除殃
二十七難是肝脹　說與名人怎生向　不過三日身必死
难經論裡無方狀　報知後代醫工着　下藥無效空惆悵
二十八難是肝熱　日漸毛焦不喫草　即是東方春時節
面裏血注連心起　渾身冷硬鍼如鐵　兩眼唇青如黑血
医工見了百愁生　本因傷重失水渴　喂草不食肝熱病
二十九難是肝虛　透睛膜碧淚如珠　日日更兼常喫水

翻緣心熱是肝虛
三十難病是肝家
鼻奔蹄出眼癢瞭
三十一難是脾勞
渾身瘙癢似火燒
三十二難是脾黃
脈血三焦氣作勞
三十三難是脾虛
都是脾家一位呂
事須一一明記取

便用治肝涼漿灌
骨痛起臥人難解
擺頭捭腦如醉狗
腹痛長添毛又焦
即是傷重因于熱
起臥舒腰擺尾忙
口中黃色應難救
瀉糞頻頻更吐珠
消磨不轉水草慢
却檢難經用功夫

洗肝散子蒼朮俱
吃草更兼喉中噎
分明記取肝家敗
日漸瘦時準垂耳
行步闌單脚又跳
褰唇愛入脾家病
脉腧鍼絡治三焦
止痛溫脾散子療
驀然倒死項筋舒

三十四慄是脾寒　頭低鼻內攏清涎　肉顫更無脾內顫
五臟相連不能安　下手一鍼石補治　必有多方療得痊
三十五难脾家热　驟外時々喘不轍　小與戊巳脾為事
管得皮膚百骨節　疼痛毛焦添朧浪　頻々作喘又作熱
三十六管脾蔓風　擺尾垂腰時踏空　起卧先須兩目急
鍼治脾腧更有功　此病因從冷熱生　急灌灵丹病可攻
三十七难脾家冷　渾身似鐵氣又哽　則是寒風吹拍着
致令病痛因难症　嚾藥先須出汗散　急角蹄蹶汗自獲
三十八难肝表黄　頻々吐沫項硬殭　牵卧倒來声氣硬
此時且与認消詳　若是三朝医不瘥　难經必定更無方

三十九難肝脹表
即是心肝五臟傷
鍼刀謾把脾肺治
名功好醫莫論強
四十難病肝表風
六發時亡氣不通
四十一難肝表虛
目中滴淚更如珠
仍愛搖頭膛兩月
三服之物把邪除

此病难醫藥恙留
吹齒又還顛癡亡
嗟嘆從交紋一場
吐沫頭搖恭似弓
此風恰似風抽病
狂行驚走似風猪
嗟嘆領愁益治肺
喘骨白礬用真珠

低頭擺腦迴眼卧
格似傷風患腦黃
若是險方知必死
肚脹腰拳先口禁
七人尋去百藥攻
不惟驚恙常不住
魂魄虛邪病自扶
滑石珠砂遠志散

四十二难肝表衰　咬牙嚼齒病难医　耳垂伏地頭顋七
医工切須用工夫　此般病体人难識　不知此病有蹊蹺
四十三难腎家風　因医五臟熱相衝　四蹄难移須数日
腰脊強硬又躘踵　後脚多饒生腫氣　腎家奔膀胱為中
用藥先須早補治　挑風散子使蜈蚣
四十四难腎家黄　虚腫來奔陰閙忙　結硬多時變黄水
忽防氣毒入胸膛　急手先須与鍼破　更須淋洗乃為良
白礬漿水先煎洗　不過三上病除殃
四十五难腎家傷　兩耳垂垂体不康　口中黑色仍多有
用藥應須檢妙方　黄芪檳榔与白芷　黑色柴胡及麻黄

乾姜龍骨白附子　肉桂蓯蓉用茴香　一十二味搗為末
妙鹽兼用煎葱湯　每服須用生姜酒　嚾之三服得安康
四十六难損腎棚　一卧不起倒抽牽　渾身似凍冷如鍼
心中常似火燒煎　四脚無力難移步　自把身軀左右翻
鍼路腎腧穴一通　医者十中一二安
四十七难腎家冷　施腰筋舒起卧遲　上虛下冷因傷力
敗氣衝心傷與脾　即是急速固争路　更緣走驟惡乘騎
致令術病難治療　愚医不識又作知　醋炒蚕炒腰内熨
火鍼更路恰合宜　藥用烏蛇并附子　防風生漆便當歸
酒下一服黑神散　此藥灵通效不遲

四十八難腎家熱
水草不進糞又結
好酒燒鹽同調下
四十九難大腸風
頭低耳垂脊似弓
五日三朝如不瘥
芫花相接使仙蓬
九味相和多為末
大腸從此更無風
五十難病大腸結

起臥時時脉黑血
消磨不轉是脾病
不過三上血又絕
頻頻努熱氣不通
醫人莫作求神祟
用藥先須便瀉通
續隨膩粉牽牛子
生油同下有神功
起臥微微臨不歇

傷重只因熱上攻
左右牽連百骨節
眼似流星吃草慢
腸結肚脹寒心胸
滑石一兩配樓葱
風結下過郎和同
不過三服有神效
迴頭看腹膝又顛

氣奔心胸似火焚
此病多應難救療
五十一難小腸風
起得來時步亦慵
茴香芫花並狗脊
五十二難小腸結
屎下些亡似黑血
朴硝大黃炒鹽嚾
五十三難膸家風
相應此病也難攻

医人見了百憂愁　減刀謾治無門說
五臟腸中只怕結
搭頭在背咬身軀　臍卓卧時胞又轉
便使門冬與白芷　蔴黃黑附及蓯蓉
七味同調酒可攻
敢氣衝心腸內熱　小腸不通脊隆弓
結聚病來無門向　水銀海蛤蔚金沙
此藥靈通寔可誇
四脚難移骨節慵　本是骨家相傳染

五十四難子腸風
若用神鍼更有功
五十五難癰毒攻
炙鍼凉藥最爲功
五十六難瀉血傷
兩臁時顫最莫當
五十七難五般淋
冷熱相冲不用針
五十八難傷水寒
因騎飲水損其肝

腰拳起卧兗蹤蹬　但与排風散子灌
便知五臟変成風　延過皮膚結硬腫
氣因冷熱入下腸　冷熱相冲変作血
藥用當歸並厚朴　大黄蔚金没藥方
一般形狀兩般形　續隨膩粉天仙藥
渾身肉顫立不安　鼻中喘氣多來往
鼻冷耳垂饒腹脹　毛焦卓立四蹄攢

水草不食多合眼
不過三上得安然
五十九难是脾寒
急嗟依将作等閑
六十难病九般顯
各居臟腑数多般
六十一难慢腸黄
用藥應須先撿方
六十二难九般黄
恐防裡而变成殃

麻黄羌菓最便
更須急嗟消食噴

卧多六少要人看
最宜出汗溫脾散

病状萬般依經本
用渠方書不可損

数卷經書一處攢
即是脾家五臟處

瘦弱尫羸憔悴甚
疲勞拘急為攻傳

瀌乜瀉木向中腸
肺脈動時只中白

腫硬時多便作漿
鍼烙安知深与淺

六十三难倒汗風
五六日後病难攻
六十四难豆腸傷
當時治療得安康
六十五难惡癰瘡
龍骨白芨是奇方
六十六难吐糞稀
冐家翻倒損于脾
用藥茯苓杵為末
六十七难鼻中顫

把在牙開氣不通
用藥朴消川大黄
猶如發背氣榮黄
医工見便悞了疑
因騎傷重失水草
生姜酒下恰合宜
鼻內作声如鈴響

三四日開徃可療
巴豆牽牛脂油灌
若要全療油煎妙
卧地尋常不開眼
喉中噎澁又遠還
氣塞悶腦連喉開

良医作肺傷不爽
玄参知母枇杷葉
六十八唯口中瘡
五臟傷熱病难當
白礬大黄猪脂灌
消黄凉藥治心良
六十九难是臍風
夏藭脂藥嚾成功
七十难言歇汗風
回脚移难脊似弓

天門白芷并貝母　蓯蓉桂心款冬花
嚾之三上得安痊
日七朝七出沫忙　涎沫減来漸七瘦
衝破口中黄赤色
此藥灵通不可量
只因落毛又搐鬃　欲療先須放六血
只因摘御被風衝　五臟偏遍時牙閉硬
寒甑風藥酌鏤慈　方中用藥何蜈蚣

天麻附子并官桂
威灵半下有神通
七十一难漏肩瘡
都是脾熱毒氣傷
七十二難筋骨傷
巴戟茴香用槟榔
七十三难医腹方
水蛭虻虫用紅娘
七十四难生閃骨
路上驚狂走更憂

沙苑蒺藜更有功
風痒朝〻不易當
筋断之時各有方
敗龜處骨〻碎補
生下駒児数日殃
蚖青蛇胆并漫藥
閃骨摟睛不自由
說與今者獸医通

酒下一服蜘蛛散
膐瘙因有多般数
牛膝蓯蓉並肉桂
自然銅下永除殃
血竭藥先須取下惡
當歸酒下最為良
時人喚作心黄病
宜向難經論裹求

七十五難愛点頭
鼻中衄血又交流
麝香猪牙並瓜蒂
自然噴嚏病相投
七十六難腦漏風
藥用蒲子有神通
七十七難冷施肝
毫行背熱翻除瘥
七十八難愛擺韁
定知此病最難當

繫在柱下不肯休
因為風寒透入耳
葶藶藜芦更用油
医工見了切用攻
大戟一點蓖麻子
又共膁筋事兩般
但針曲鶴左右覔
腦中之物似魚腸
此病須從開頂腦

点頭搖擺風濕病
須包膈腦用功求
穀精龍腦相均下
左右轉時般旋倒
醋調一合灌耳中
行時左右頻掉脚
自然筋緩永安痊
五臟因此氣注病
難經論裡別無方

七十九難顆骨風　口中賴藥又難銜　只是草台别牙長
更被風結変成癱　御綠肺臟闌連起　切須鐵烙用神功
八十難病五樣般　口巾嚥壹五臟闌　木香草白多难治
定知此病救不安
八十一難論理提　难經之内用功求　萬病皆從五臟生
多方須要細尋提　息脉死活如來處　宜向难經究本由
辨認四百四般病　傳與賢良後代留　藥餌切須看生性
前賢秘法最难求　百聖經書他人追　世代流傳萬古秋
有人看透难經病　下藥管保得安休

第一前結池卧病源歌

病中前結莫言無，起卧時皆擿氣麗。

黃帝問師皇：馬前結者何？答曰：前結者，冷熱相饕，因飲食失結在大腸四尺。前結也，是陽明經受其病。又云：大腸一夾二尺，前四尺，中四尺，後四尺，各三般結也。又云：大腸与肺為表裏，主其氣，滯歸馬糞塞定，氣下不通，定人肺合喘嗽也。

咳頻匕人不識，切須聽用藥。

免數祖訣曰：咳嗽者，病在前四尺，病心肺間絕而咳。膽為人不難。其馬抑天看嘶變，其惱中痛之甚也。勞石臟粉并通草，灰汁生油一合酥。苦酒都將和合了，灌下之時病自瘥。

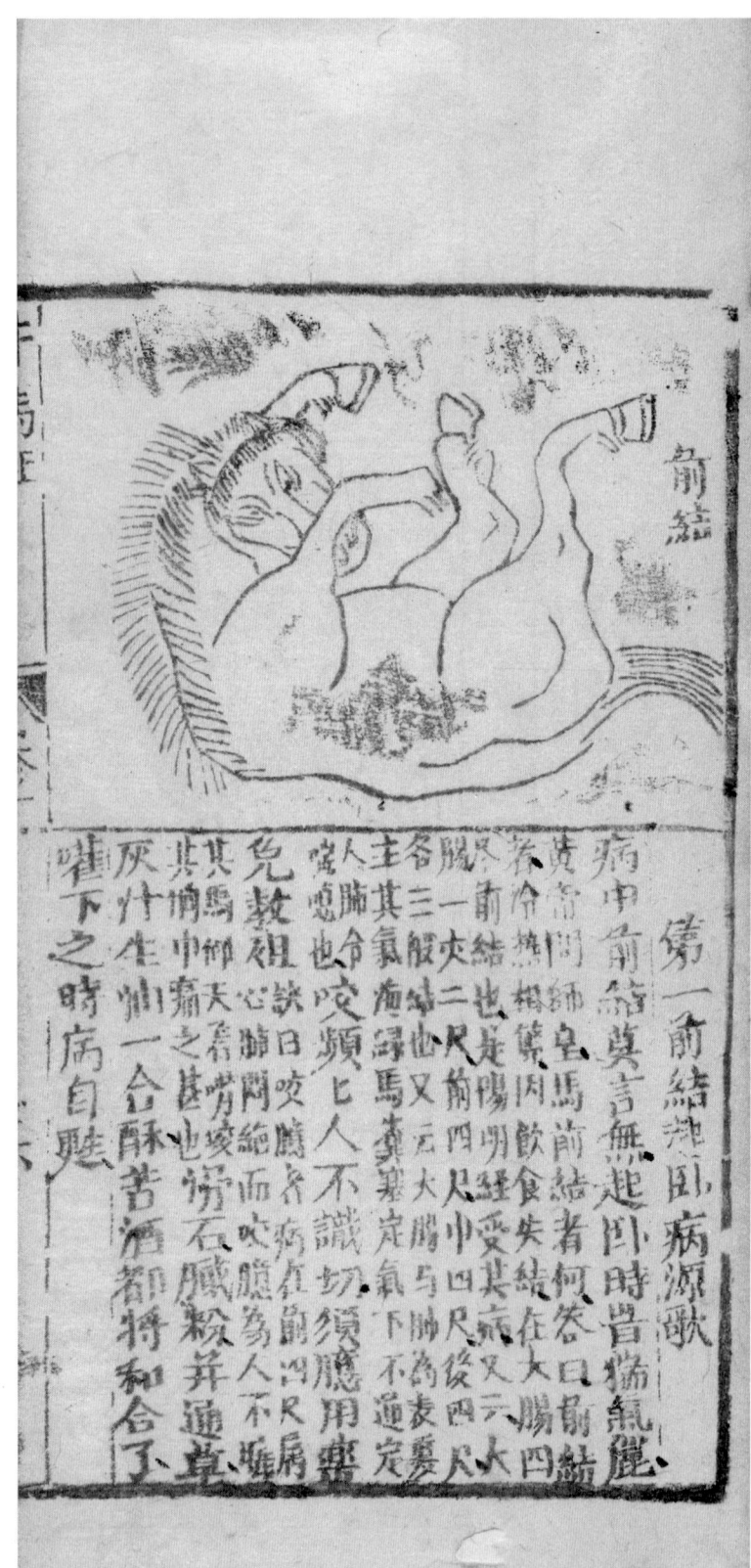

第二後結起臥病源歌

後結起臥切須知迴頭顧腹蹇又遲

黃帝問師皇曰後結病者何荅曰後結者東閒而吃草太急而成結又在大腸四尺後名為後結也皆為冷熱不和而腸結也又云陽明生其病又云介馬回頭腹中也因熱不飲水鼓大腸結也又云飢飽而喫草結大腸四尺後也

推汁生油於穀道手取急須用醫藥灌了牽行三里恰是後前不思時

滑石　麻仁　朴硝各半一斤

右為末用猪滑油一處灌之即愈

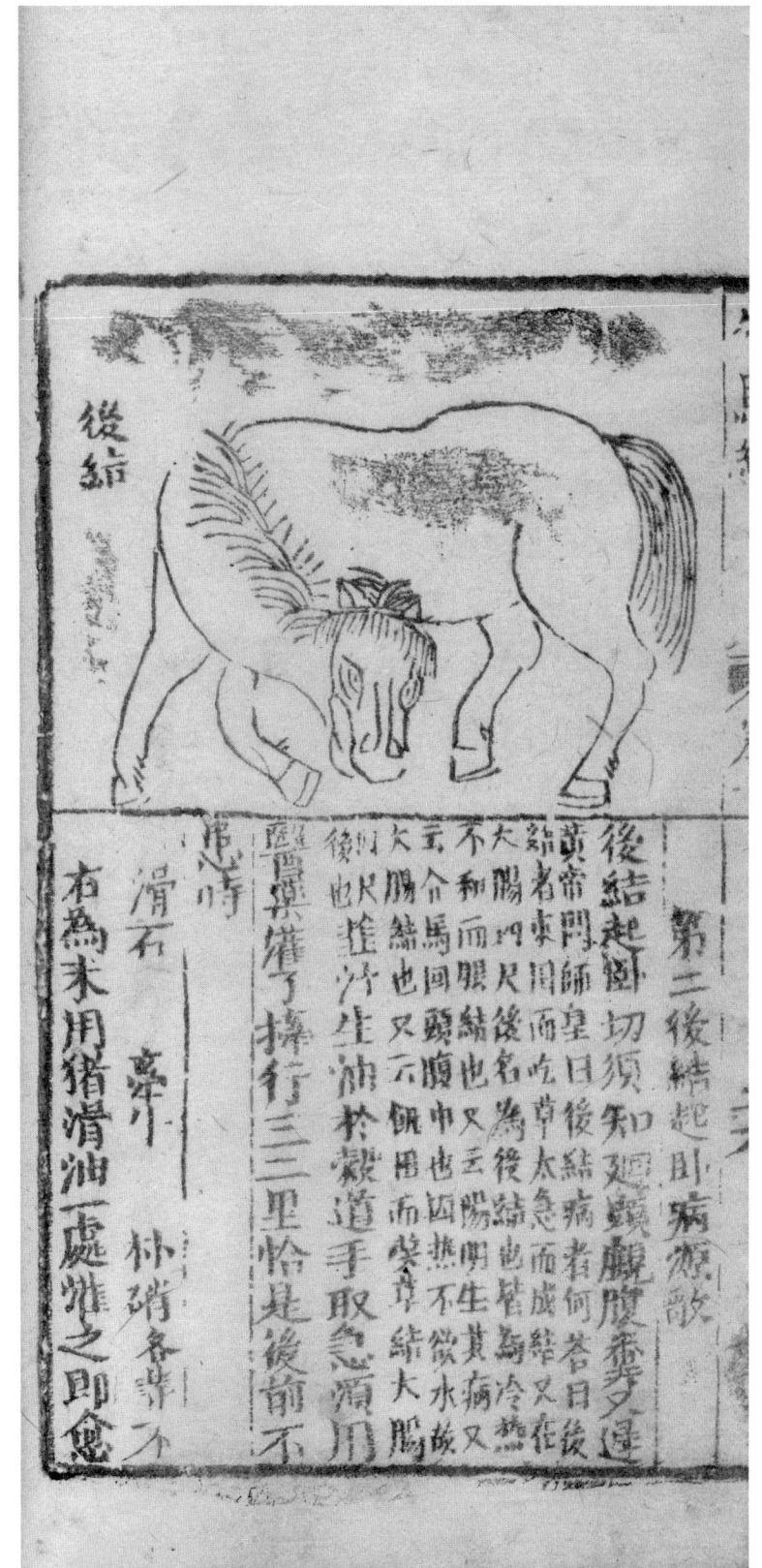

第三熱痛起卧病源歌

良馬雖然千里程忽暴熱病不擡提

黃帝問師皇曰熱病者何答曰熱病

痛因良馬千里路程行熱注其脊骨

髓兼春秋不放六脉之血不依四時

飼喂積熱傷了臟腑肝鬼鬼也所以

精神不逸為不旺上也為口中似火

是土陰土其病起卧也

多頻卧眼內如砂不轉睛不轉睛者則受其熱

眼中澁也口中似火者心火声傳札

舌也又云心急悶而然多出之也札

硝苔草各一兩漿水相合要準升難

子共同嚐下口更須鍼鼻四蹄鞋

第四冷痛起卧病源歌

冷痛頻〻顫卧遲　四蹄畏展或難收

黄帝問曰冷痛者何而得答曰冷痛者因久渴而又飲冷水太多冷傷肝胃四蹄垂發起時也陽經生其病又云四蹄踡者冷氣傷胃冷下攻之因蹄垂也又胃連脾〻壯内〻寒而放發起卧顫也

往往雷鳴聲在腹　時皆捲腳更迴頭

脾者土也病先傳脾〻傳胃〻中冷熱不和以故作声出腹中痛甚而回頭起卧也藥用因細

辛青陳皮用水三升煎滿添皂角　艾葱塩水灌火蔚湯淋病自瘳

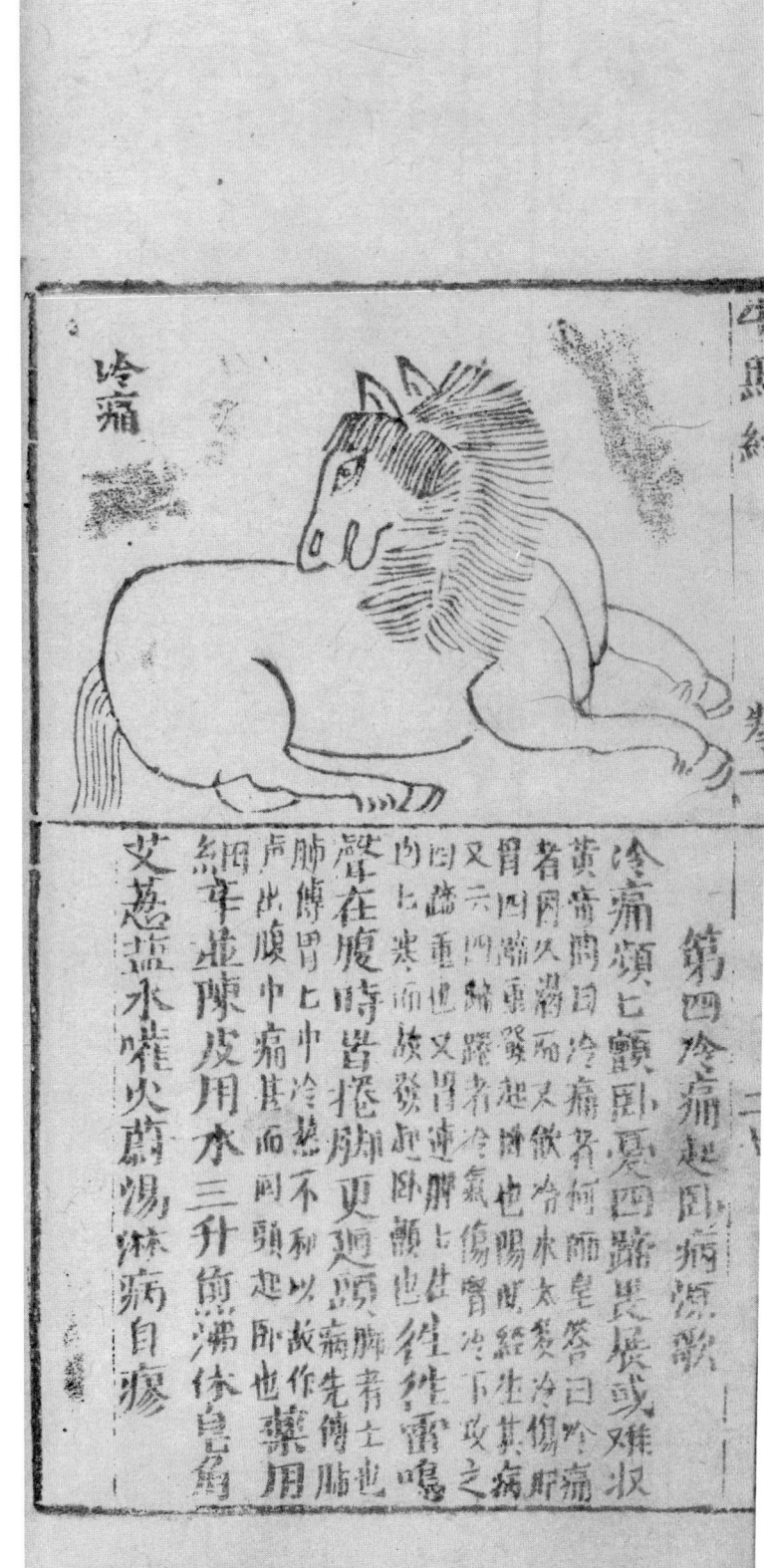

小腸結

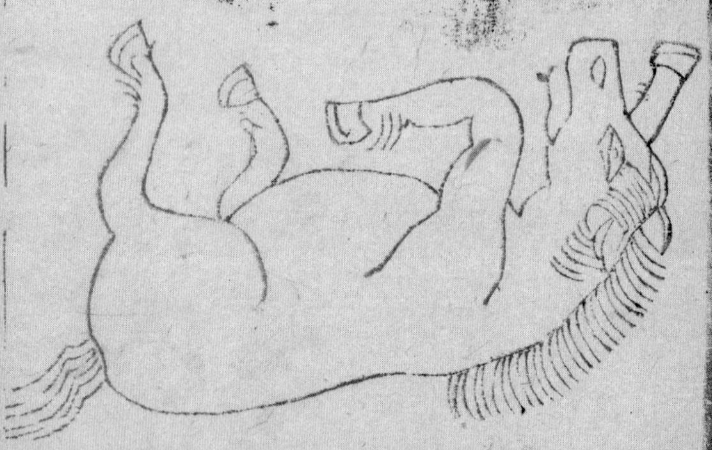

第五小腸結起臥病源歌

馬患須看向小腸不通水臟越尋常

皇帝問師皇曰小腸結者何答曰小
腸結者來飽而吃水太多乘冷熱不
和傳于小腸中水並而成塊氣相交
結也乃陽主其痛又云硯小腸傳皮
欠腸傳金二臟不和
而大痛雷鳴不尋常每度顛寒多倒

臥不收四足鎮舒張
訣曰向苦者小
腹痛者肉端直
上腎絶痛又曰急氣痛
而氣入兩肷不能收也
續隨臟粉升
通草蔥女生油滑石方灌了棒行二
三里自然痛止得安康

水谷併

第六水穀併起卧病源歌

第六須看水穀併，汗出頭低起卧輕

歎曰問師曰水谷併者何答曰水谷併者因飢渴飲餅先時吃者太急飽食太過水谷併也太陽上其病又三汗出心傷也氣脈不通下而氣入腸中頭低也起卧輕

左右顧ㄴ看

背二膝下和痛急難用

腹肋用藥如前灌一行

左右顧其腹為腹中痛也

大腸傷在小腸傳火冷熱用補故令水谷併結也

還將麻子湯為藥，疾遂消除似虎獰

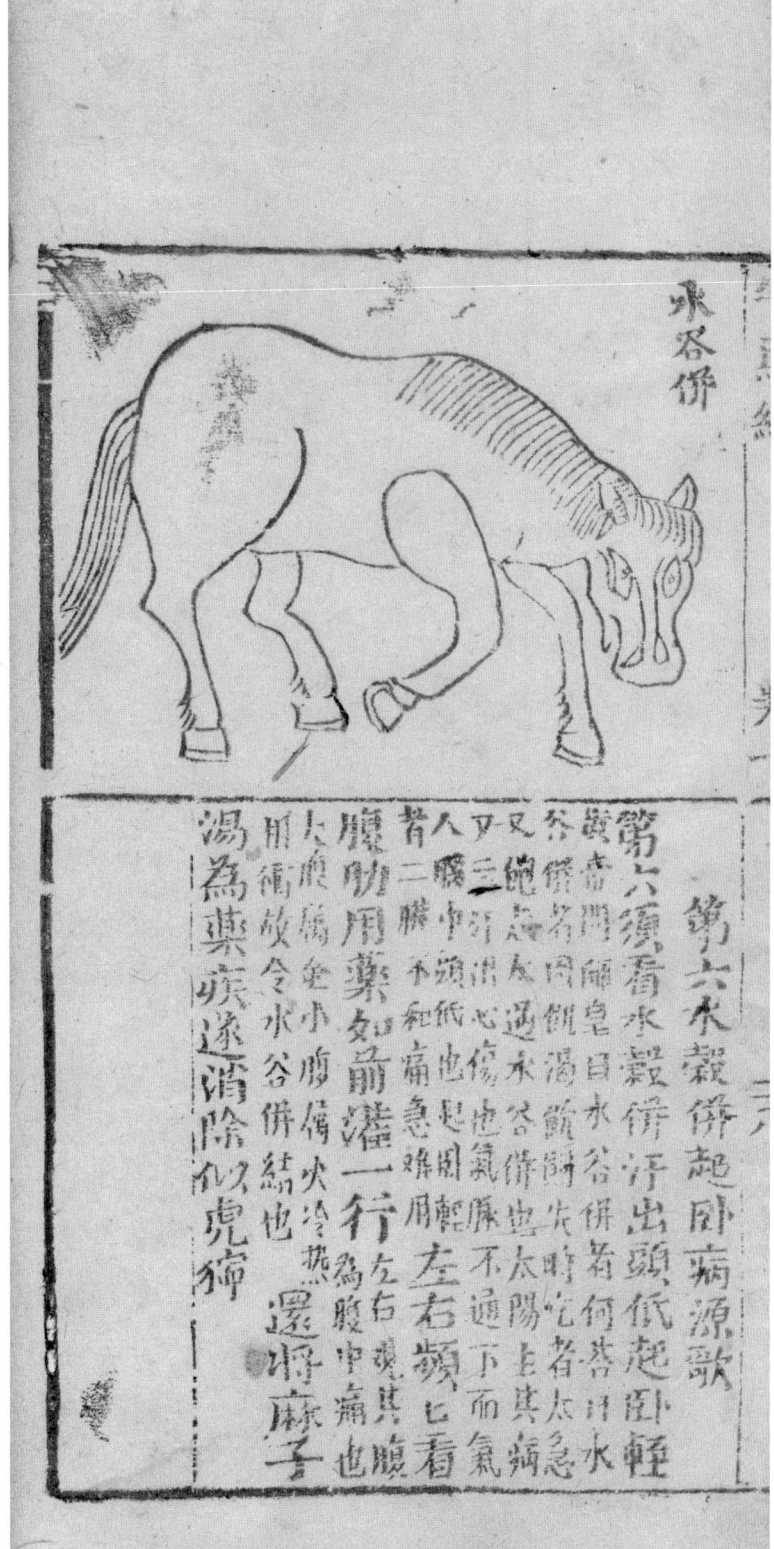

第七羅膈損起卧病源歌

損着羅膈切須知　出氣頻多起卧遲

黄帝問師皇曰損着羅膈者何答曰損着羅膈者飽上走急鼻氣走而傷羅膈也太陰主其病又云氣屬陽臟屬陰羅膈屬心七為火肺為金又曰氣壅而氣邪二臟不和乘乃傷于氣故胸中痛　西窓堊丹丸

白芷、入漆浚蘘兩當歸甘草麒麟骨碎補　三服必定却乘騎

香白芷　麒麟竭　骨碎補

當歸尾　各等分為末用酥蜜堊斤滙之方可即瘥也

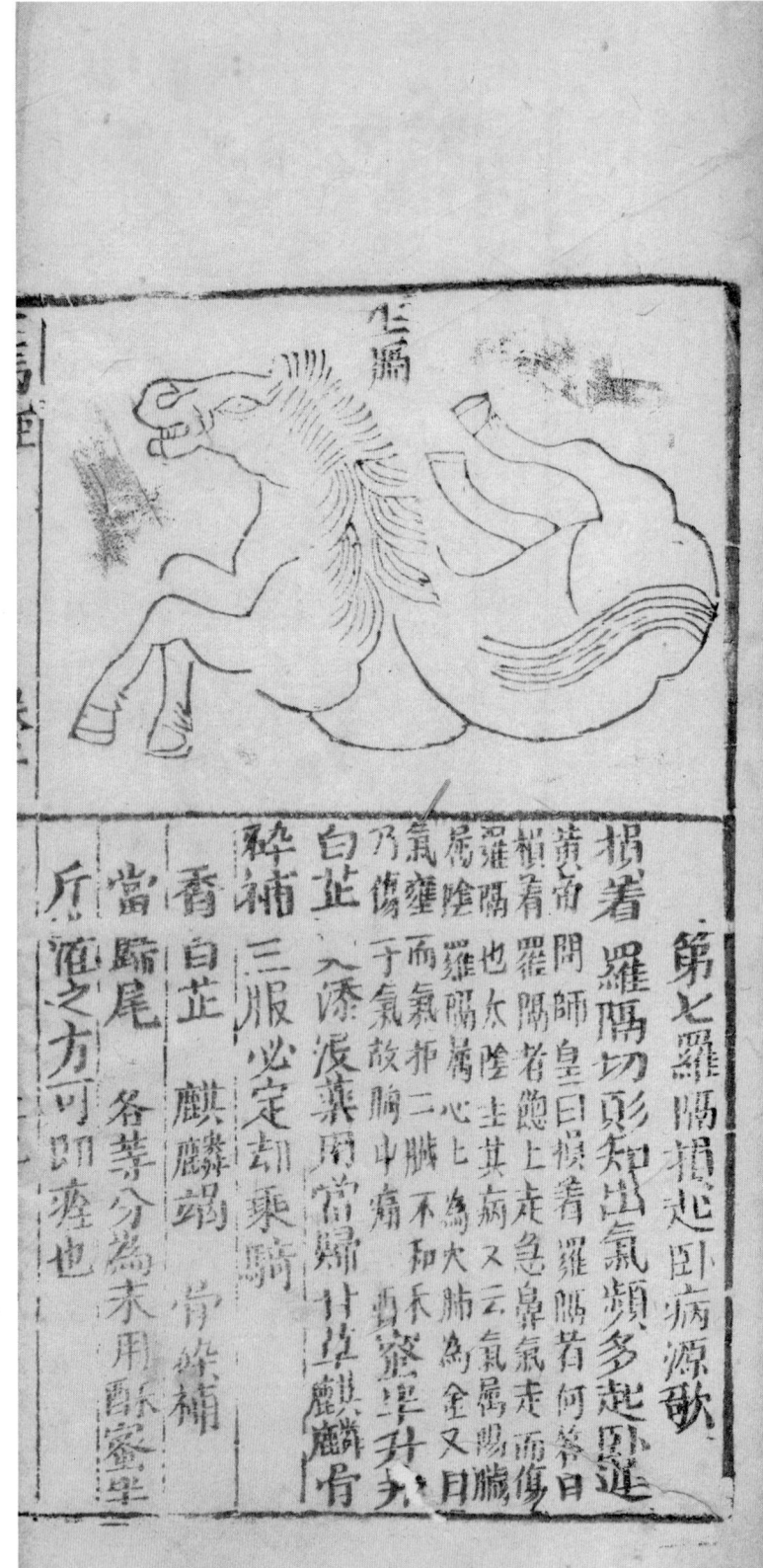

腸黃

第八腸黃起卧病源歌

第八腸黃喘氣麤回頭看其脉徐匕

黃帝問師皇曰腸黃者何答曰腸黃者積熱傷其脾已受熱傳入大腸乃變為黃陽明主其病又曰肺氣不通下氣到肺氣乃出氣紀也又云其脉徐七若形証衰也陽盛陰衰傷氣也又曰回頭看腸中痛因而起卧也

欲得病瘥帶血脉大黃梔子朴硝君

又云脾連胃胃連脾帶脉屬脚乃是太陰之經絡也又方

黃蘗黃連同為散齎共豬脂灌即除

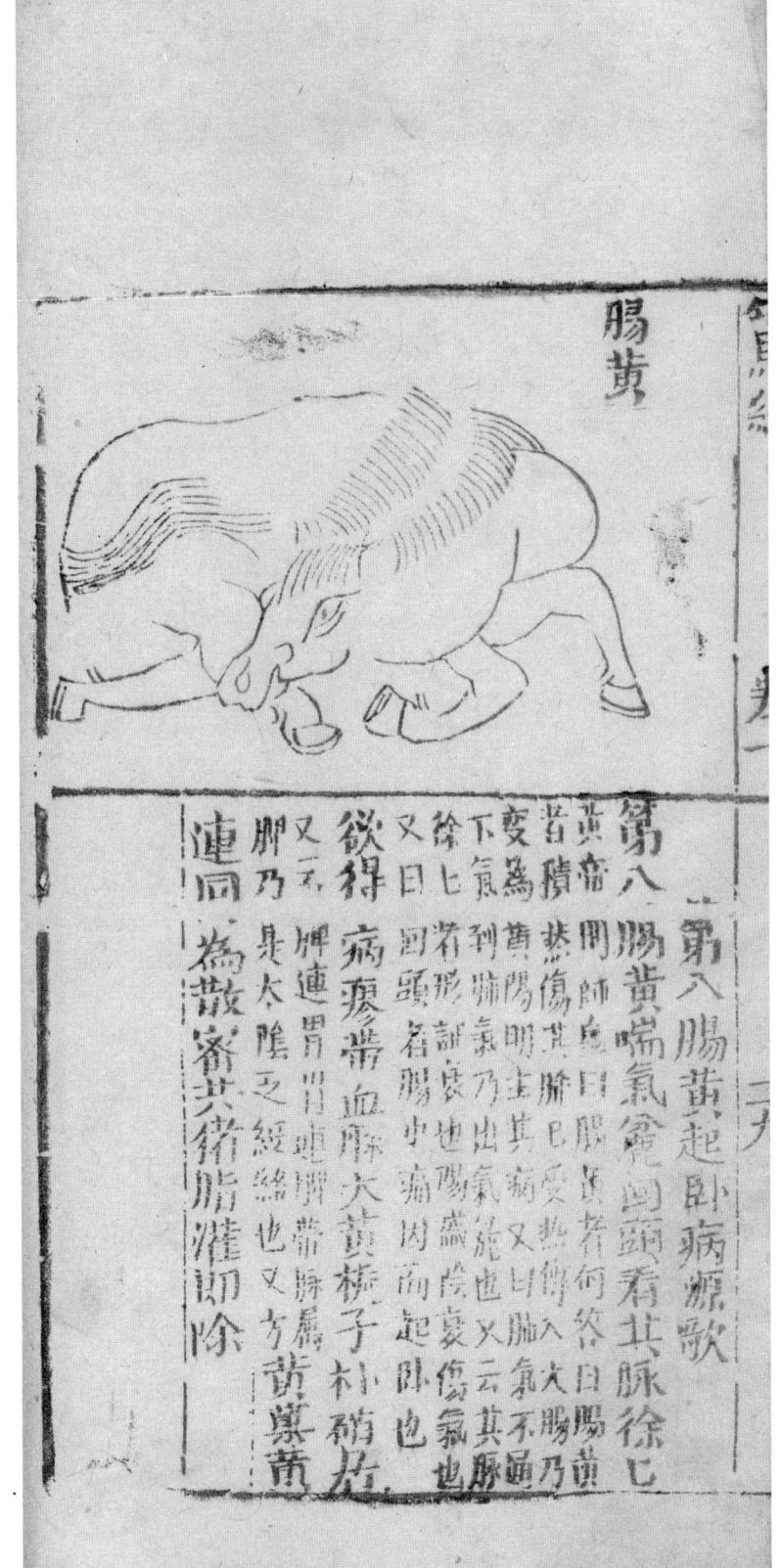

第九黑汗起臥病源歌

第九醫家用妙方渾身如肉顫汗[illegible]

黃帝問師皇曰黑汗者何荅曰黑汗
者因久熱傷心肺又為春秋不抽六
脉又不依四時噎喘血脉壅滯也又
云而乘千里熱悶傷心乃太陰君火
注藏顛者熱極上心七竅而汗出也
乃心為神至主火生血又傷血也

去尾尖十字傍後頰汗出用三方之又
出血着膈心經熱尾君挛依蒙臟淋劑
連腸七連心七連背
承樣汗衝破入黨傷水傷臟七日說
臟之命皇皮傷
氣騾鼻三紅宜少許是須明記遮迷
也
香

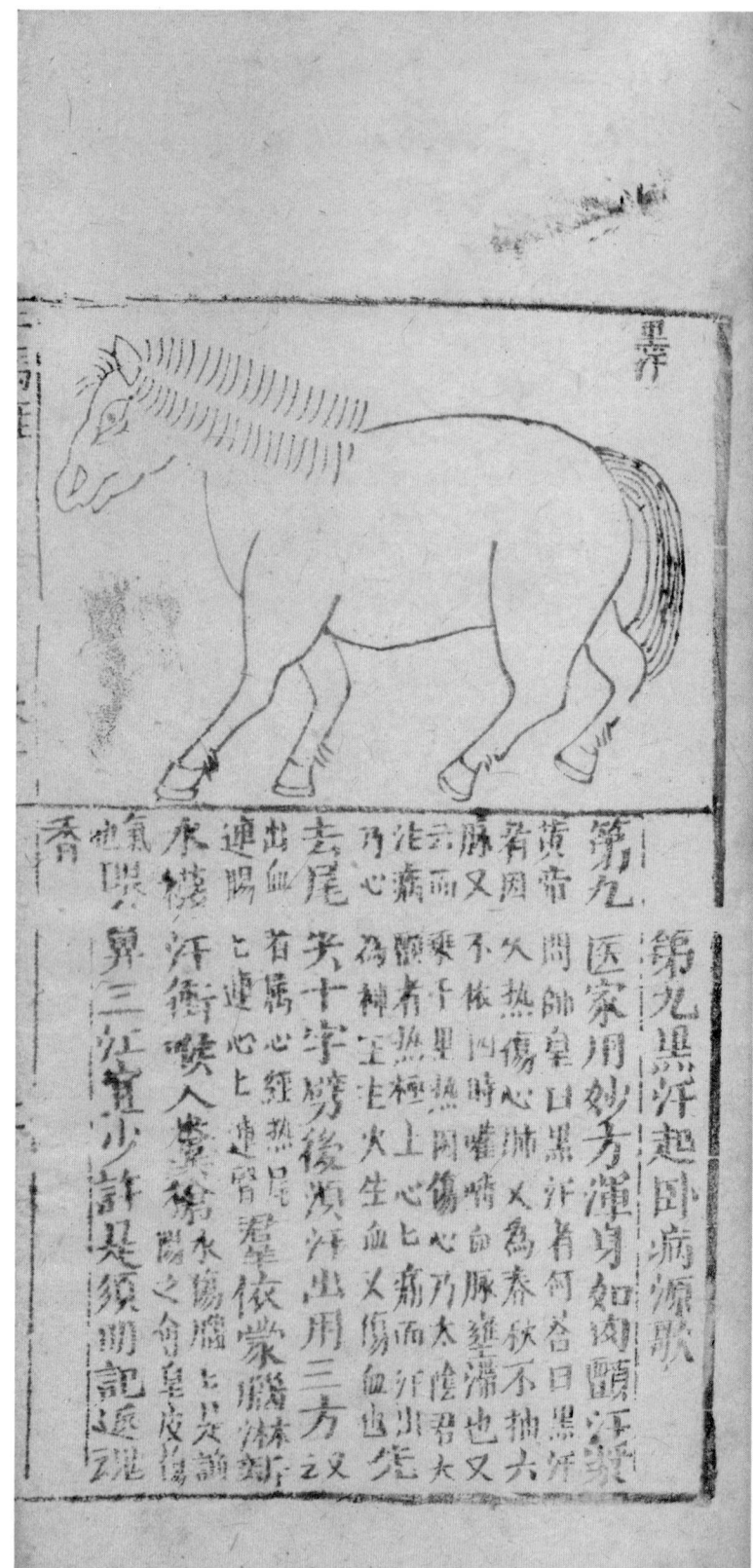

脾氣

第十脾氣起臥病源歌

第十 脾家起臥維擺頭打尾上唇寒

黃帝問師皇曰脾氣痛者何以曰

脾氣痛者乘困而飲水太過傷氣傷

脾乃也困也太陰主病又云脾土黃

色黃受氣于巳生于子病寅死于卯

墓在戌又云上焦壅塞者脾痛也唇通

脾經虛者寒痛也心者火也火生土

見水相則水火不和也

冷熱不離故有此起臥顛臥有靜

即倒一聲腰無力似風癱又云肉者屬

脾聯痛肉痛

肉痛而顛倒者脾絕急也乘腰冒

痛無力也不食水草弱者風癱也生

鍼脾上兼針鼻氣生薑灌便安

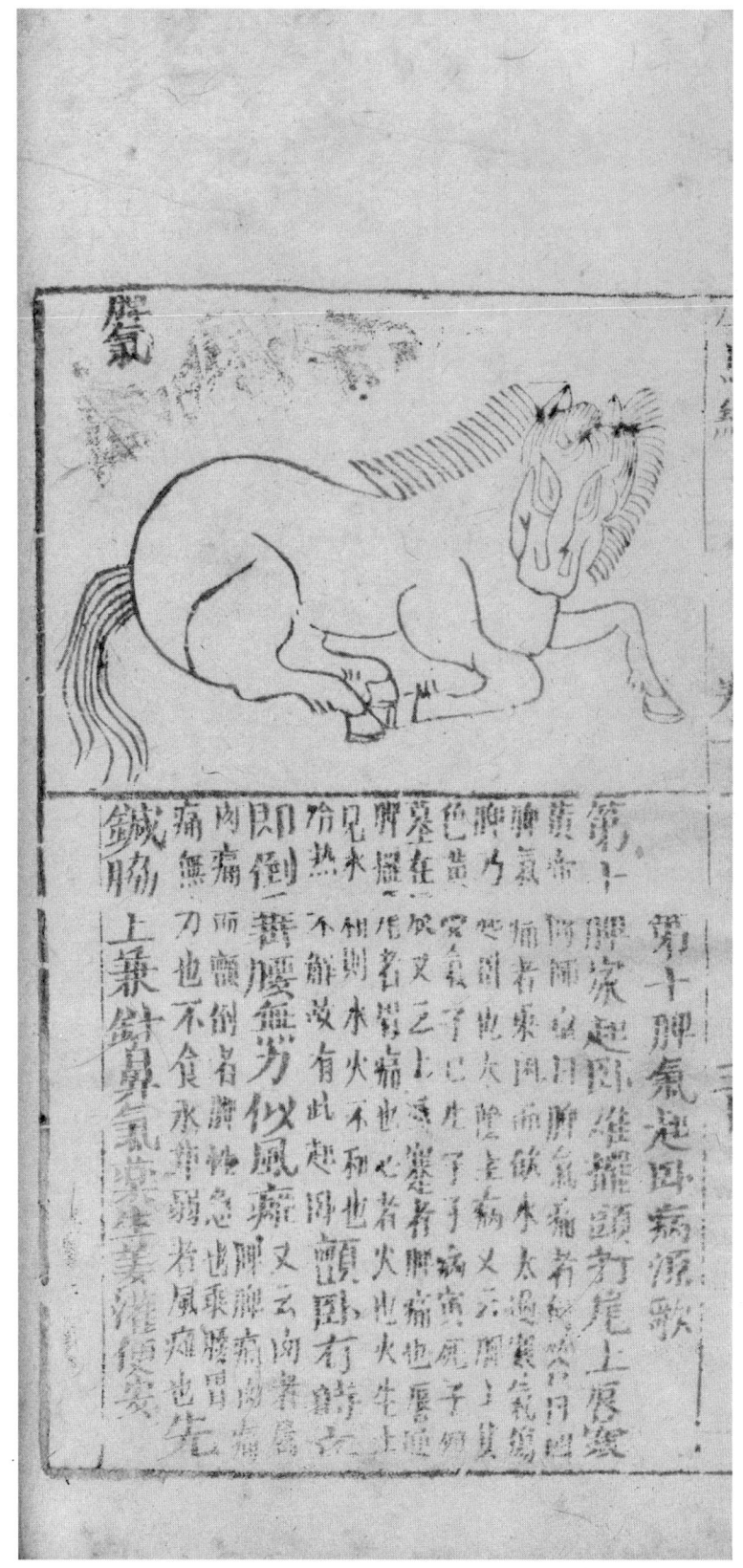

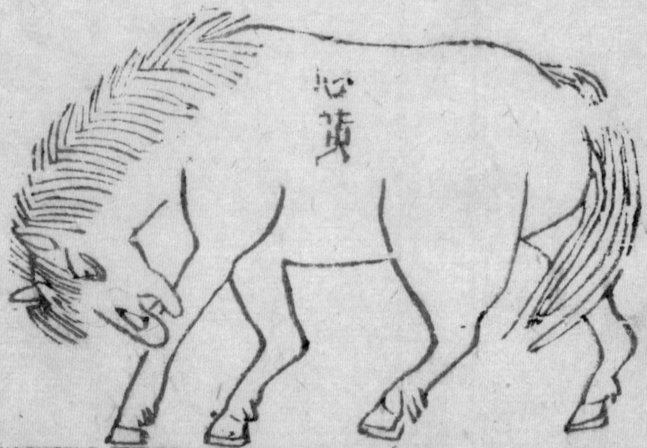

第十一心黄起卧病源歌

十一心黄不轉睛咬身用力痛無声

黄帝問師皇曰心黄者何答曰心黄者五臟積熱注於心肺久而不治乃変為黄少陰主其病又云心者火也其色赤受氣于亥生于寅胎于午病于申死于酉墓于戌又云心傷即神憂鬱傷心作黄也又云火返刑用乃木土傳于因故不轉睛也咬身麻黄者心痛也作声心黄痛急甚也

大豆并雞子水煎連灌便惺惺叙心

黄玉金湯 連散速将此藥下猪濤

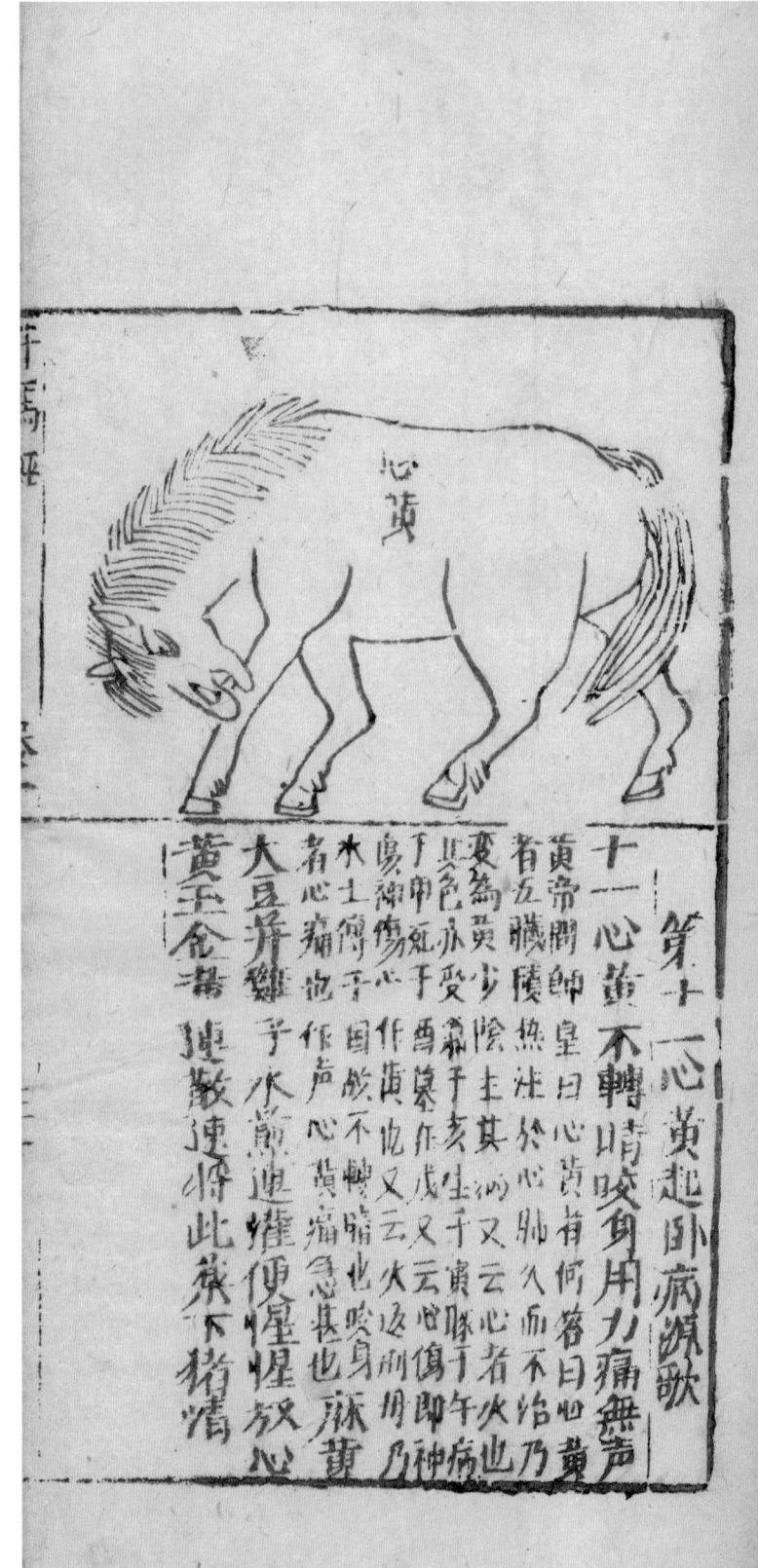

第十二腎黄起卧病源歌

十二腎家看腎黄搖膝時時腨便忙黄帝問師皇曰腎黄者何答曰腎氣者久熱而走太急傷着南腎多損也少陰主其病又曰當着風極而傷于肺也腎是水心是火火極炎也播齒者腎病也失生黄腎旺亦生也踏地舒腰立即倒八窌腿上兩傍相踏又云倒者腎痛也踏地者胞痛也而傍者其穴也鈹更抽尾下微微血朴硝油水灌衝腸一尾連腸腸連心一臟一根苗也又用解毒黄散便是師皇伯樂強

第十三氣痛起臥病源歌

馬患氣痛不調和腹脹時上驟臥多
黃帝問師皇曰氣痛者何答曰氣痛
者因大飢而乘困吃草太急又飽而
走太過氣傷肺也太陰主其病腹脹
皆氣不通下也以發不乘傷飼而致
之兼走氣不比又云 口白鼻生毛迎
也問而痛比多也
燥肺家壅滯不奈何 又云白者肺之 齒毛者肺之氣
也白术細末當歸散酒煎進灌更無
痾每上滯時生姜蜜三服必定見消
磨

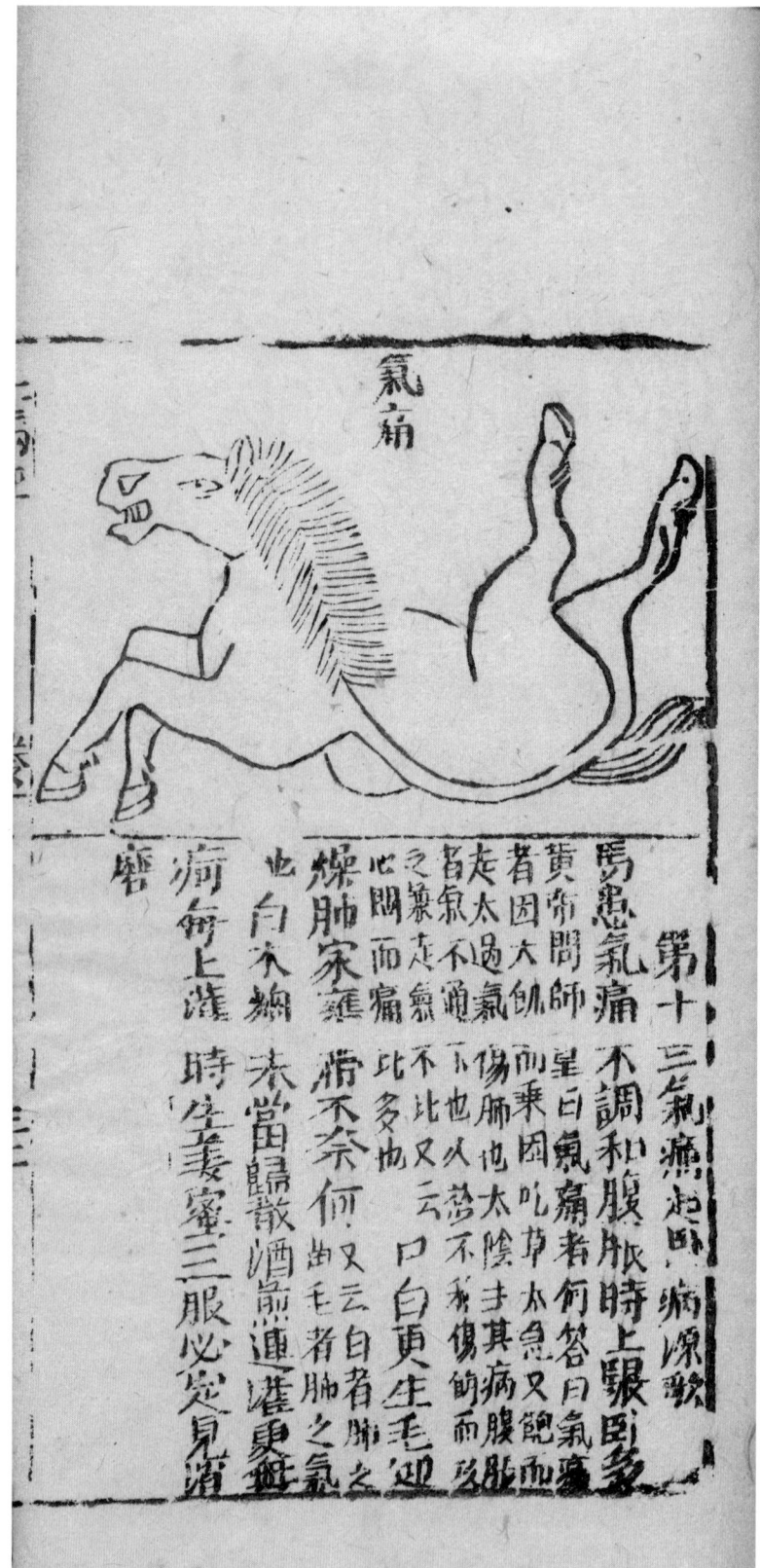

腦黃

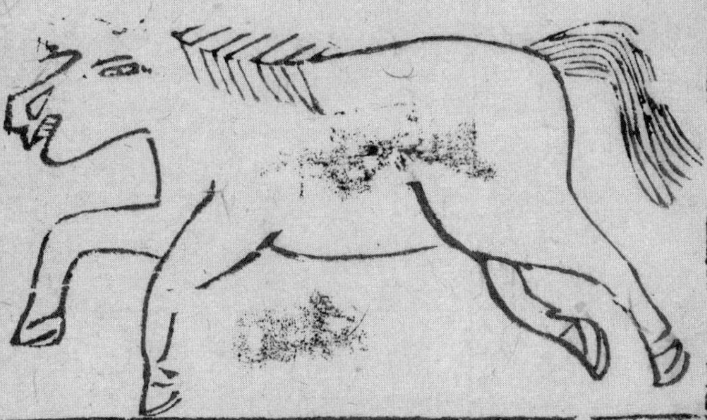

第十四腦黃起卧病源歌

馬患腦黃加躁腦黃口中沫出又衝墻黃帝問師皇曰腦黃者何答曰腦黃者積熱于心心臟久注腦中生黃也少陰主其病文云肺括面口中沫傾心熱而顛狂見而闖衝墻又云乃熱極也汗出打尾要涼藥腦門二孔与淋漿人云汗出傷心熱極打尾心悶燥也用水淋之每朝新水頻淋腦灘藥仍須性要涼若於六連鍼流血便是神農真妙方

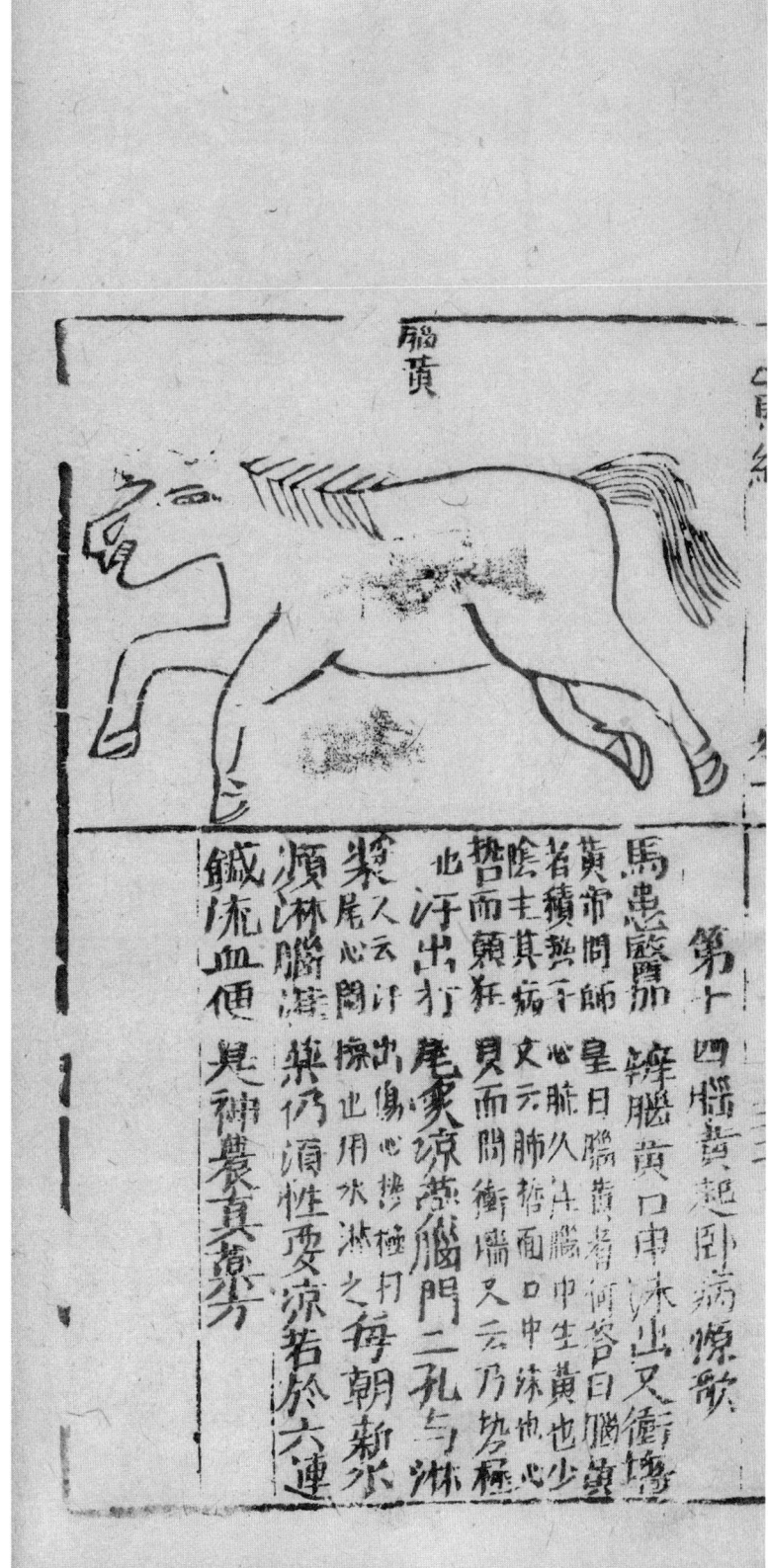

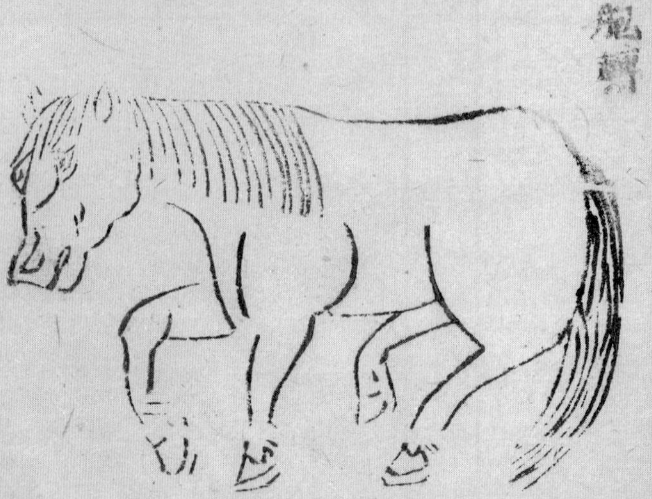

第十五胞轉起卧病源歌

胞轉蹲腰踏地跑時ゝ驟卧尾搖稍

黄帝問師皇曰胞轉者何答曰脬轉者因久渴而不飲ゝ水太過水盛傷广腸腸渴而又傷乃胞轉也人陰主其病又云膀胱乾傷腸而不和也又曰蹲腰者小腸中痛踏地者胞轉痛水拳腰腸痛甚急而痛乃驟卧也

草不食更頻卧要知病狀是尿勞又云

水草不食者勞急痛也腎胞痛而心悶乃卧痛甚者頻起卧者是厶之也

塗手用油於谷道正後牽行二五遭

左右入手須撥正小便通下見醫高

草噎

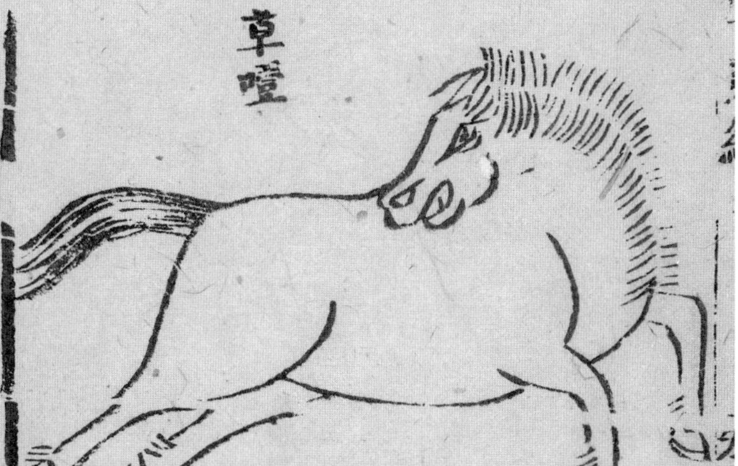

第十六草噎起卧病源歌

馬患草噎病難醫口中沫出又遲ヒ

黄帝問師皇曰草噎者何答曰草噎者急用其素而氣猛捧着未定乘鉶因而吃草太急成氣有噎也太陰主其病又云飲水細射令熱不和逆氣而遲ヒ也經曰肺熱而ヒ中沫便把出也乃四陰陽不和而使氣噎

遊韁繫後脚急行十步莫狐疑既後還

氣之急亢隨之也

皂莢瓜蒂共苦吉十切[illegible]吹鼻不宜遲救急時便下順氣散不回不見聖手前

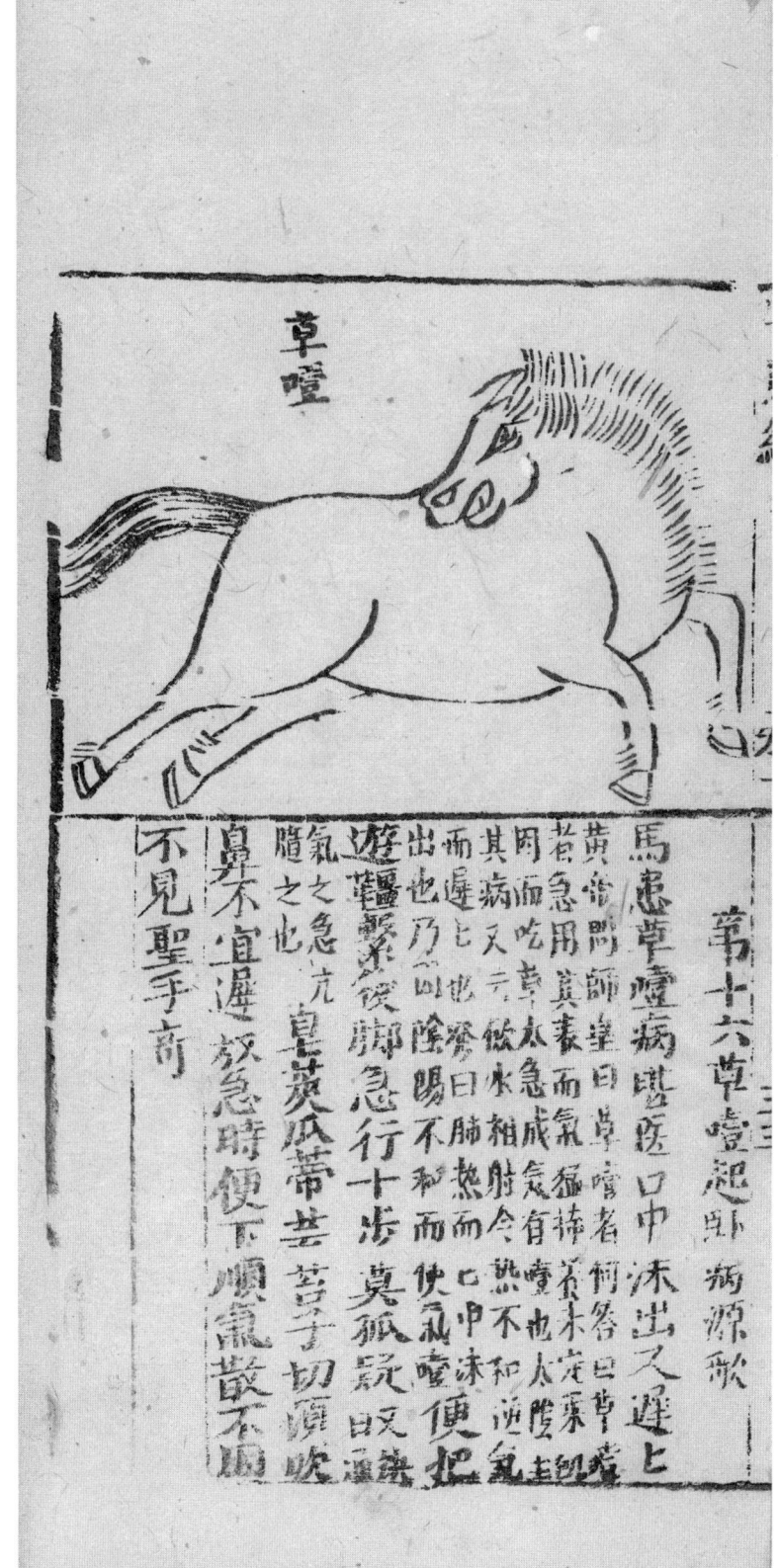

第十七内腎損㿐卧病源歌

馬患难医是腎炎　聳梁着地四蹄抬

黄帝問師皇曰内腎損者何者曰内腎損者乘飽而走困急傷着内腎又心二臟不和少陰上冲膈又云脊梁着地者内腎損而痛也四蹄抬者筋疼也

後脚稍空如此病　疗中無一免㿐輪

又云内腎上有十二条筋通在通身两条通膽两条通眼两条通耳两条通鼻两条通前胛两条通後脚两条稍疼筋疼两后脚稍疼也又曰腎為命門絶者死也

肓医不曾由自强　良医看了不堪才

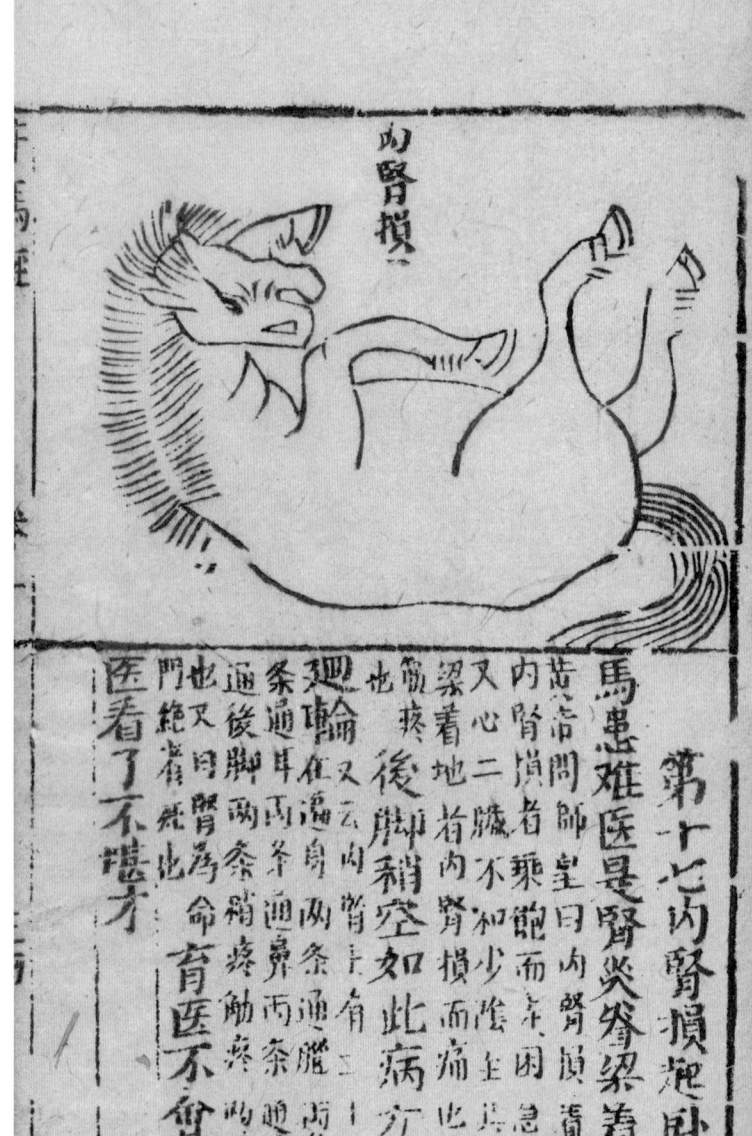

腸斷病

第十八腸斷起卧病源歌

馬患腸斷不堪醫渾身肉顫攢四蹄抛糞之時須起卧昔常問師皇曰腸斷者何答曰腸斷者因太飽而走太急鼻氣不及出頓其腹也乃陽明主其病肉者顫之伏也脚痛肉縮顫也又云四蹄着氣上下通氣攻人四蹄重也又云傷腸断也經云大腸運肺又主氣致下氣不通故糞痛良醫見後也心疑饒若妙手能治療任教明士亦何施

第十九大肚結病源歌

馬患須看大肚結，喘急肚高時臥

黄帝問師皇曰大肚結者何旨曰大肚結者因久熱傷脾傳在胃中冷熱不和故結也陽明々其病又云脾下磨而草不消更遠行不飲齒濃而結也又曰常有氣上不通仍下小便打尾氣相併而脹結起臥也

且奈何訣曰小便多虛一臟不蹇臥行二臟不通名結也

通草豬油螻蛄風糞相共和五味

將來銜斷結

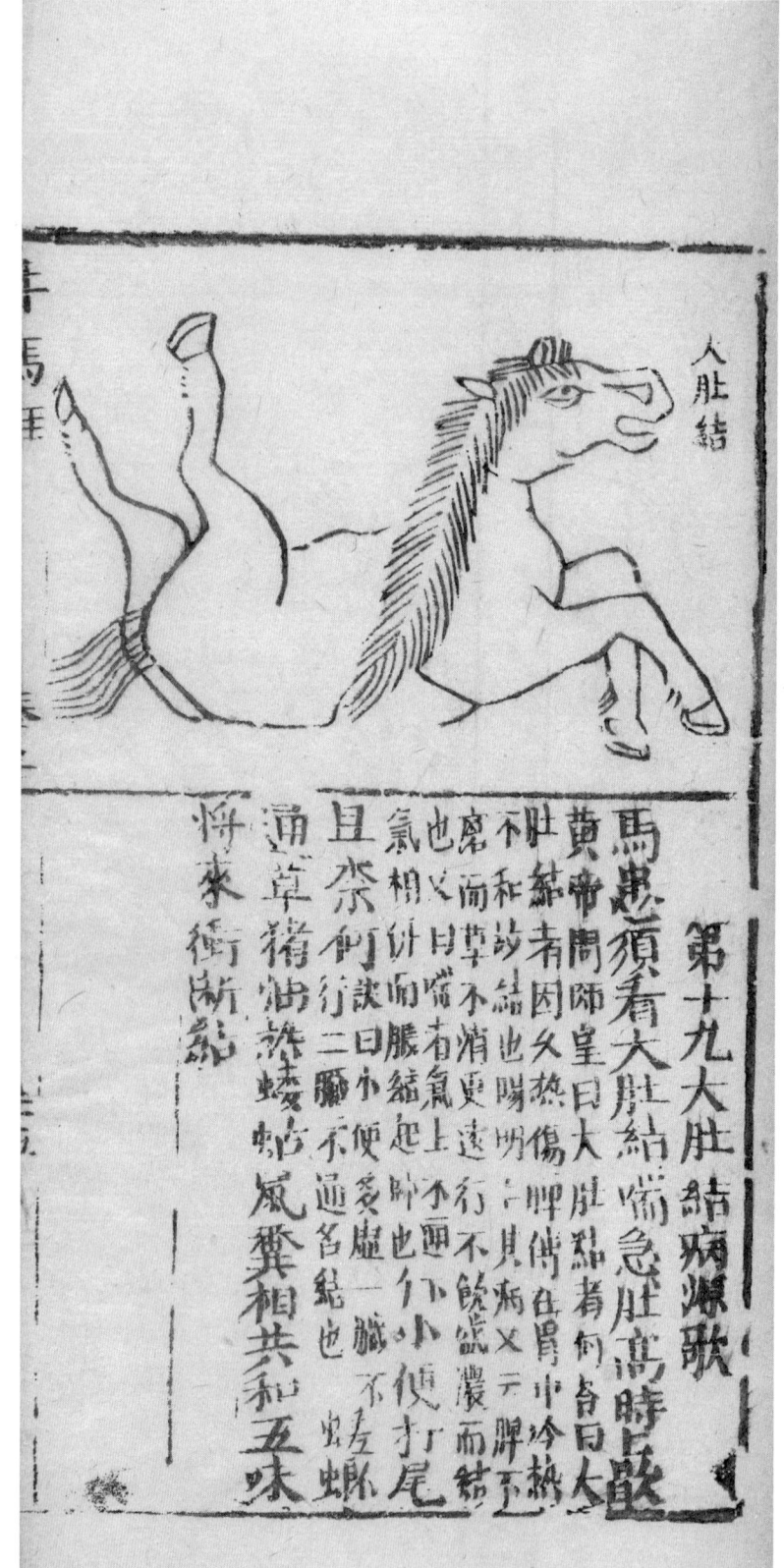

腸入陰

第二十腸入陰病源歌

馬患難医腸入陰回頭看腹示医人
黄帝問師皇曰腸入陰者何答曰因
飢困而走太急更因渴而不飲七水
太過冷氣生于陰間冷氣盛入腸久
陰也太陽主其病又曰回頭看腸中
痛也急痛而連腎囊一冷一邊硬熱
小腸亦痛頭也又曰一邊頭者傷心
吐歲其有疕神不大功之然又看暑胃水
傷心似兇神者相則衰也又曰水大
木三刑相反也以緊寒熱攻甚心用
不定後代欲除根本者良医妙術所宜
親

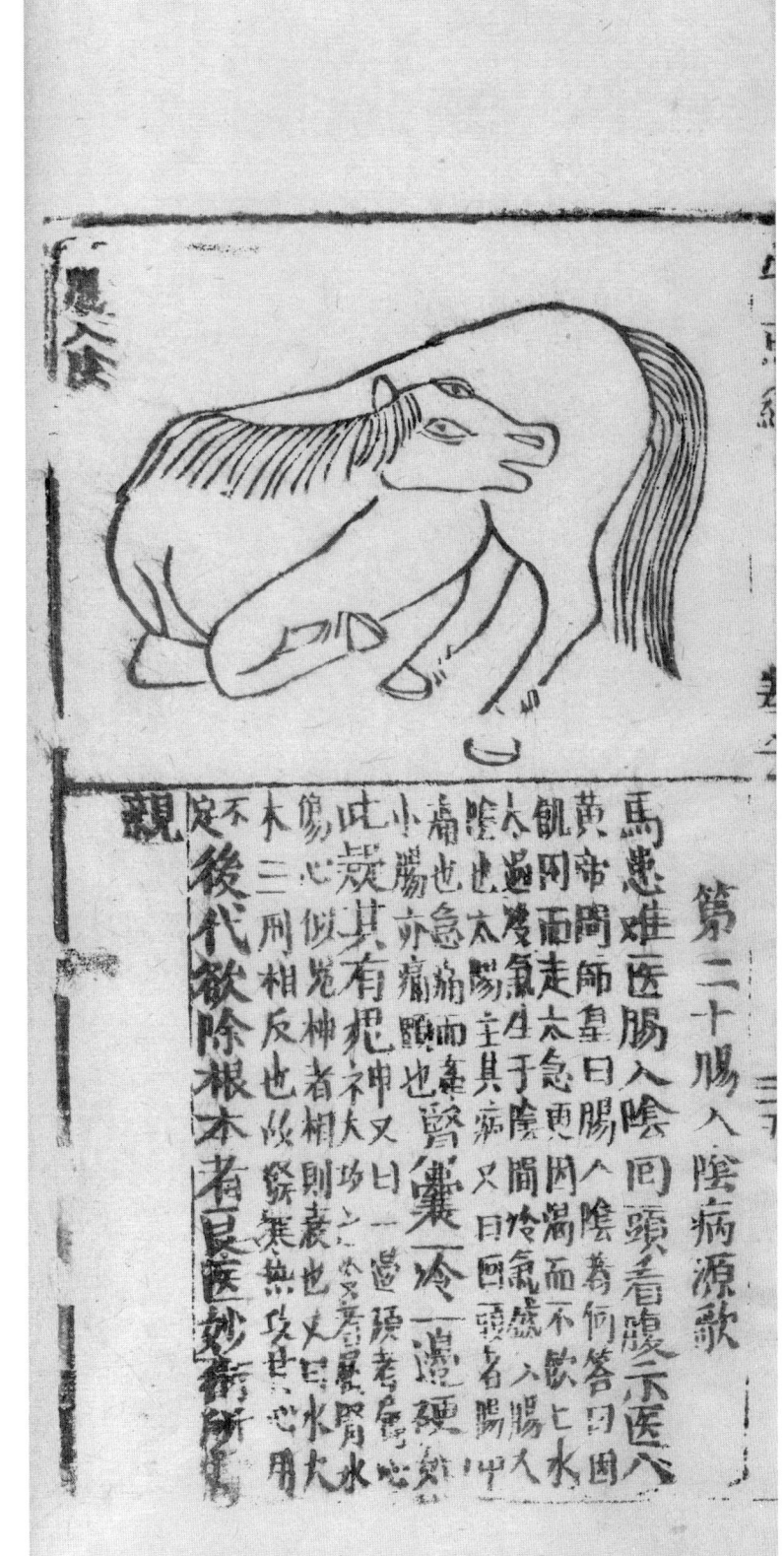

肉斷病

第二十一肉斷病源歌

肉斷元因走不安，四蹄不舉重如山。黃帝問師皇曰：肉斷者何？荅曰：因太肥而乘飽走太急，藏着心肺反五臟，并脂肉損也。太陰主其病。又曰：冷氣不通，上下氣力入于蹄，故四蹄重如山。又云：熱毛收之，心肺冷乃下注於四蹄，其令馬飽及走不惜其力，故肉斷也。又曰：冷熱不和，五臟不安為實也。但抽尾本胸堂血，須至平和不等看。又曰：是連腸七連心，瀉心之血，解肺之熱也。逆用消黃止痛散，便是周時八駿驍。

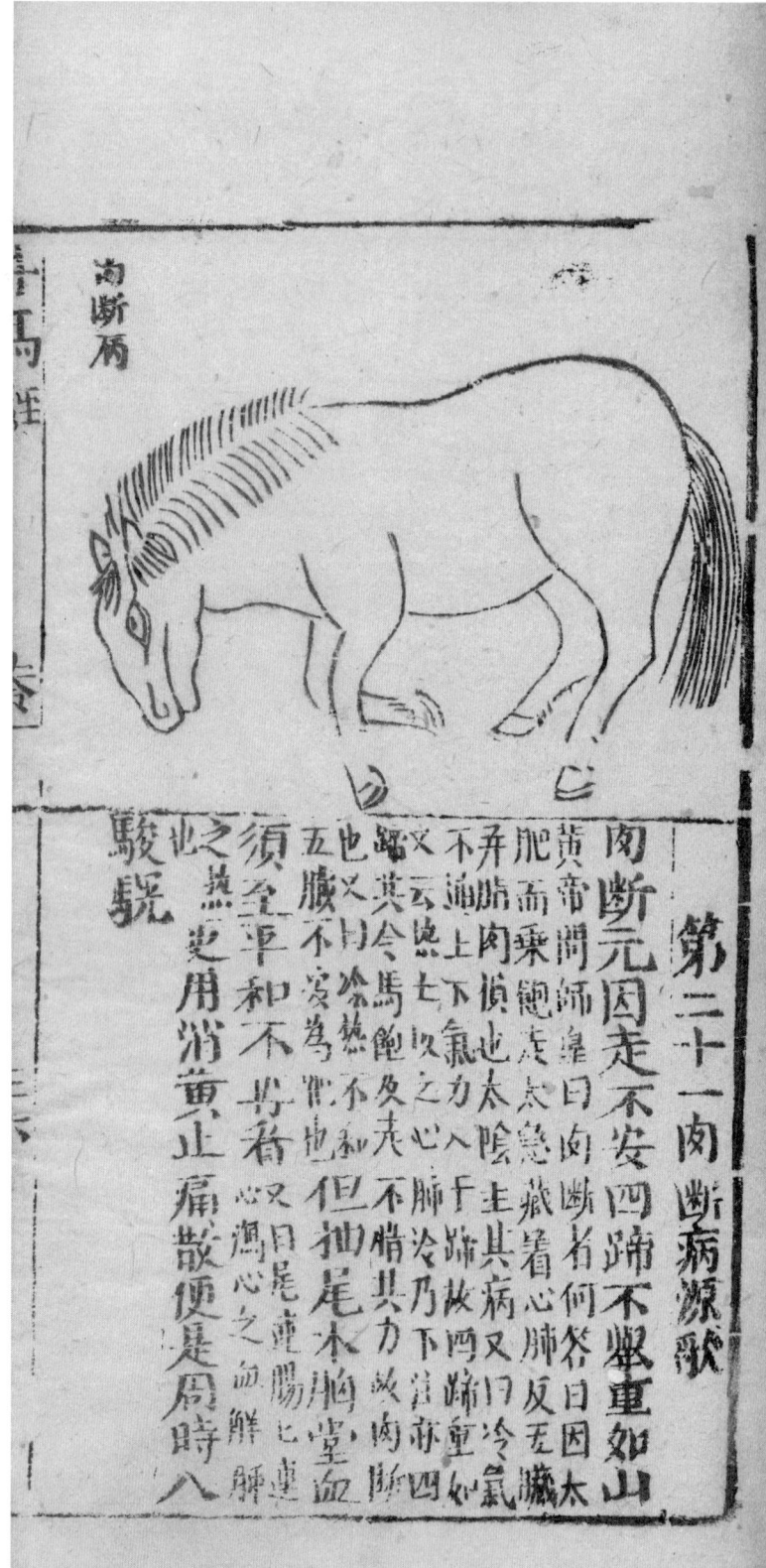

水肝

第二十二水祿肝病源歌

馬因喫水損其肝兩眼如癡似淚漫

黃帝問師皇曰水祿肝者何答曰因大渴而不飲七而服太過水鐮也厥陰之其病文云肝有其色青受氣于夾旺于卯病于巳死于午墓在未又目水祿肝傷魂水不而傷于眼又曰淚出逆經白肝死也其味受其性太也

行動之時如醉狗此時病狀救無緣後代之人習此訣君還不信試医

骨

第二十三羅膈門　傷病源歌

馬患難医羅膈傷精神漸減越尋常

黃帝問師皇曰羅膈傷者何名曰羅膈傷者因飽食走急氣不及出衝犯羅膈也太陰主其病又云心傷時ㄴ傷鬼神氣而情神短慢也又口外主心肺氣傷乎裏經云羅膈不可犯也

膈損更兼肉又顫

鼻內時流血水濺眼目昏昏無腹脹

血奔心時喘息忙

又云眼目慢ㄴ者肺傷也喘而傷肺氣不通上下眼也血發心時羅膈傷也

為報医工休治療大都此病必難當

第二十四板腸糞病源歌

板腸不轉非難治起臥時時膁腹高

黄帝問師曰板腸不轉者何答曰乘困而吃草过多更久渴飲而不息又兼飽上走急冷熱不和陽明喜其病又因食上下不通而腸結乘困而吃草食結々在腹腸中緣不熱不和胃中是也

五朝々日表瘀芳氣道從而奔後

腰脾有病先傳胃々傳入腎腎者水腎也上氣不和主于腰間上下相是和

草灰鼠糞擶油熱續隨臟粉合為膏五味將來飼共使宜饒銅鐵也須淵

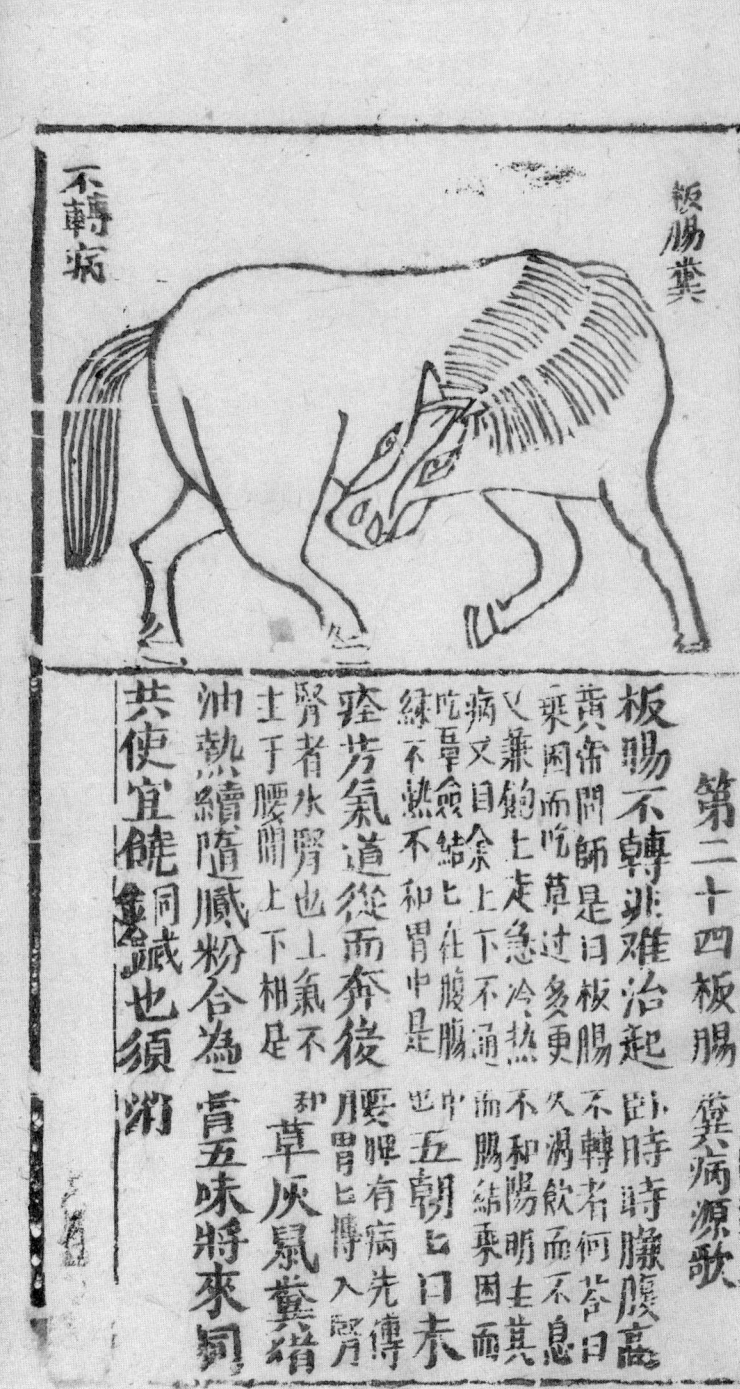

第二十五水噎病源歌

水噎起因少人知縮項蹲腰汗瀝蹄黄帝問師皇曰水噎者何答曰爲馬來氣未定乘飢因而吃水過急冷氣併傷于心肺而水噎也太陰上冲水上不能散下不能入也又縮項蹲頭者心腹痛也又汗出心傷名水汗也陰陽不和也口中清水瀉涓滴醫工見者亂猜疑口中清水若出水藥而不納水中若又曰水傷火也火急方中看藥餌前捲捍不宜遲又方更用五香散三灌出血病須移

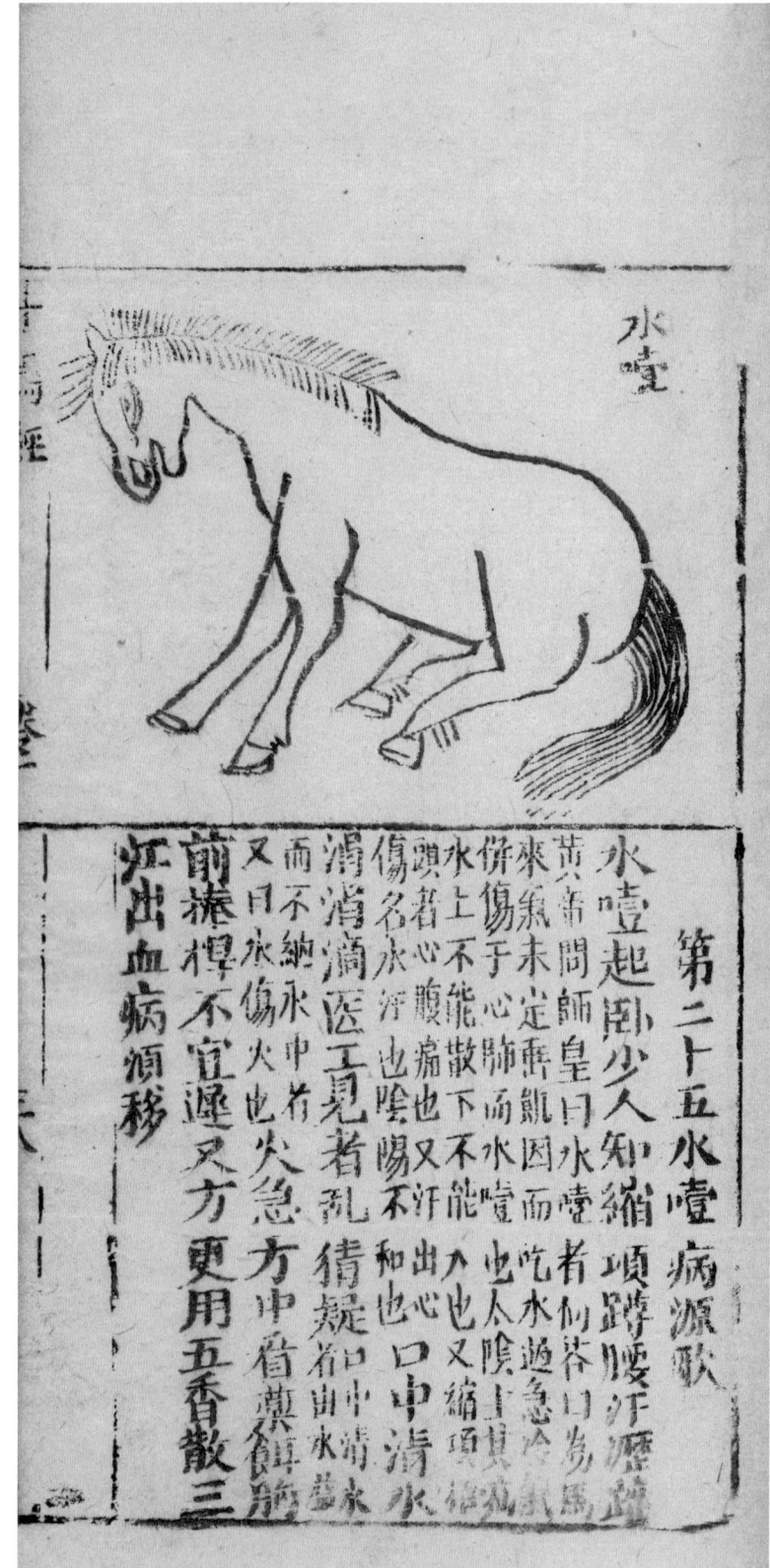

第二十六肉顫起卧病源歌

肉顫起卧汗微微忽覺心狂左右窺黃帝問師皇曰肉顫者何荅曰因大肥而走太過搐肉搦而汗出也少陰主其病又云汗出傷心悶而迷又曰心生血血生肉肉生髓髓生髓髓又生血月閏瀉肉也肉動渾身顫颭已無令醫者亂猜疑脾痛肉亦痛故顫也但用鐵刀向後覓腎堂尾本兩般名又方蔚金并梔子消黄治脉共扶持

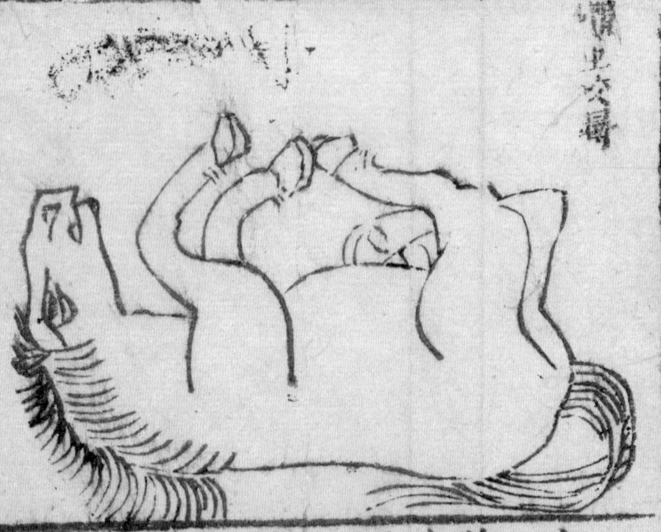

第二十七蟬蟲咬膓病源歌

咬膓起卧最幽玄不在五臟及膏篇

草料喂時依舊吃牽不掤來衮騾眼

黄帝問師皇曰咬膓者何答曰馬身

有有穴蟣主人繫馬在氣之処其馬

卧有脾虫走入肝腸或袖口上咬其

馬胸乚而横負也古時人有此故注

之出勞動医人袖上覔摘却之時必見

安後代之人習此理免令良馬受鍼

酸

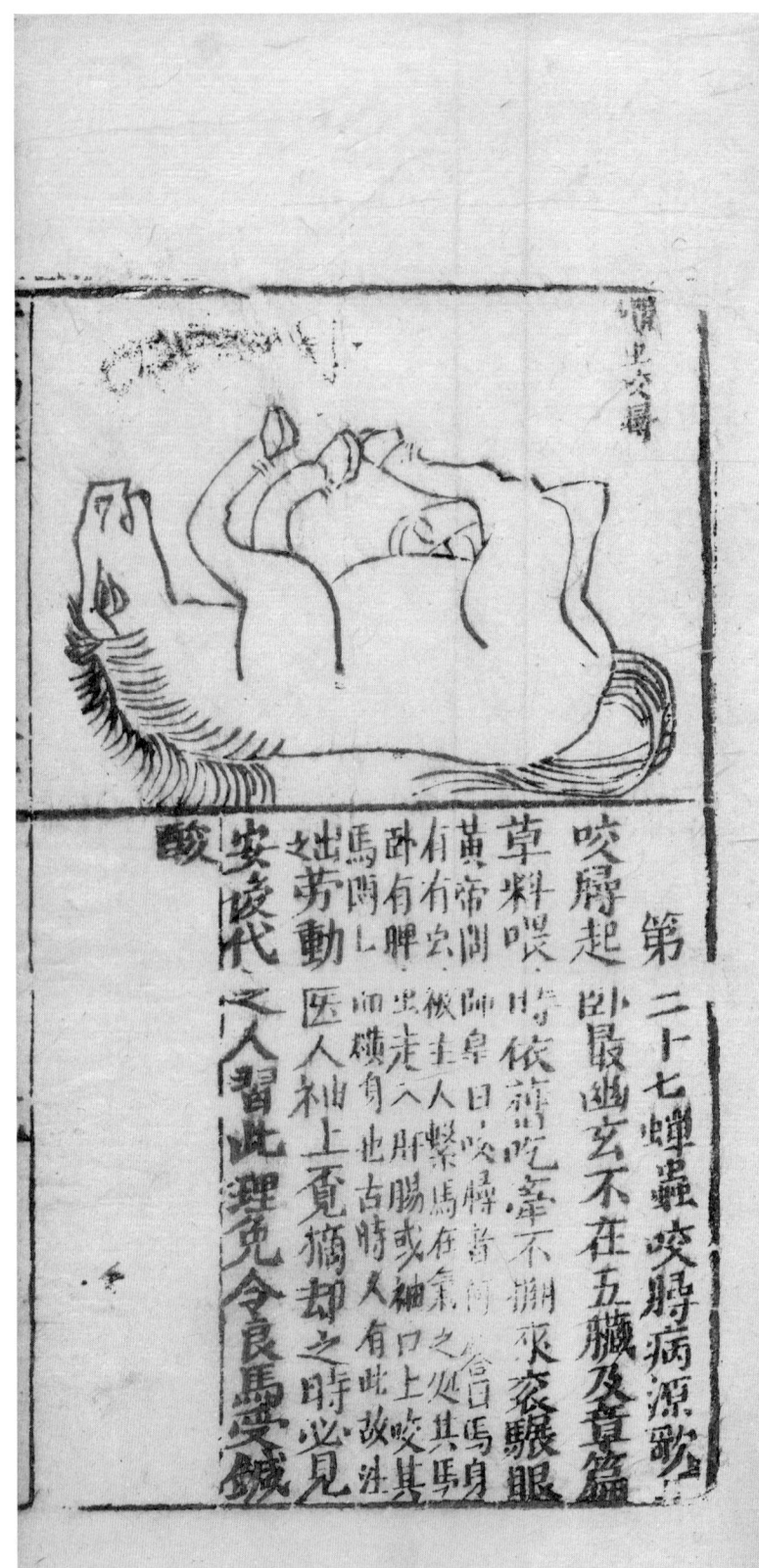

㿗著五攢

第二十八㿗著五攢病源歌

㿗著當時四蹄攢為緣血脉不通連

黄帝問師皇曰㿗著血脉着何答曰因火熱而傷走太急又春秋不垛又不依四時嚾咳㿗者血瀆多血壅滯而不和也少陰主其病又云熱上衝之血冷下之氣也其之攻于五日七腑故血冷注了四蹄攢㿗也

朝不醫療腰曲頭低行步難

又云心血海也三者太陽于心心傷于神頭低傷氣氣傷脉經也

火急方中看藥餌抽其六脉自然安

第三十一心痛[illegible]歌

心臥起臥有躁動口內如花鬚帶洪

黃帝問師皇曰心痛者何答曰心痛者乘飢而走太急因而吃水太急傷心冷熱不和水尅火心病也少陰上其病又云心者火也心痛而汗出也口中赤者心白者肺苦者脾五臟相傳口如花也

或因胸前多有汗大黃紫菀麥門冬生雞甘草并雞子羌活茯苓肉蓯蓉九味將來同共使便是王良妙藥功

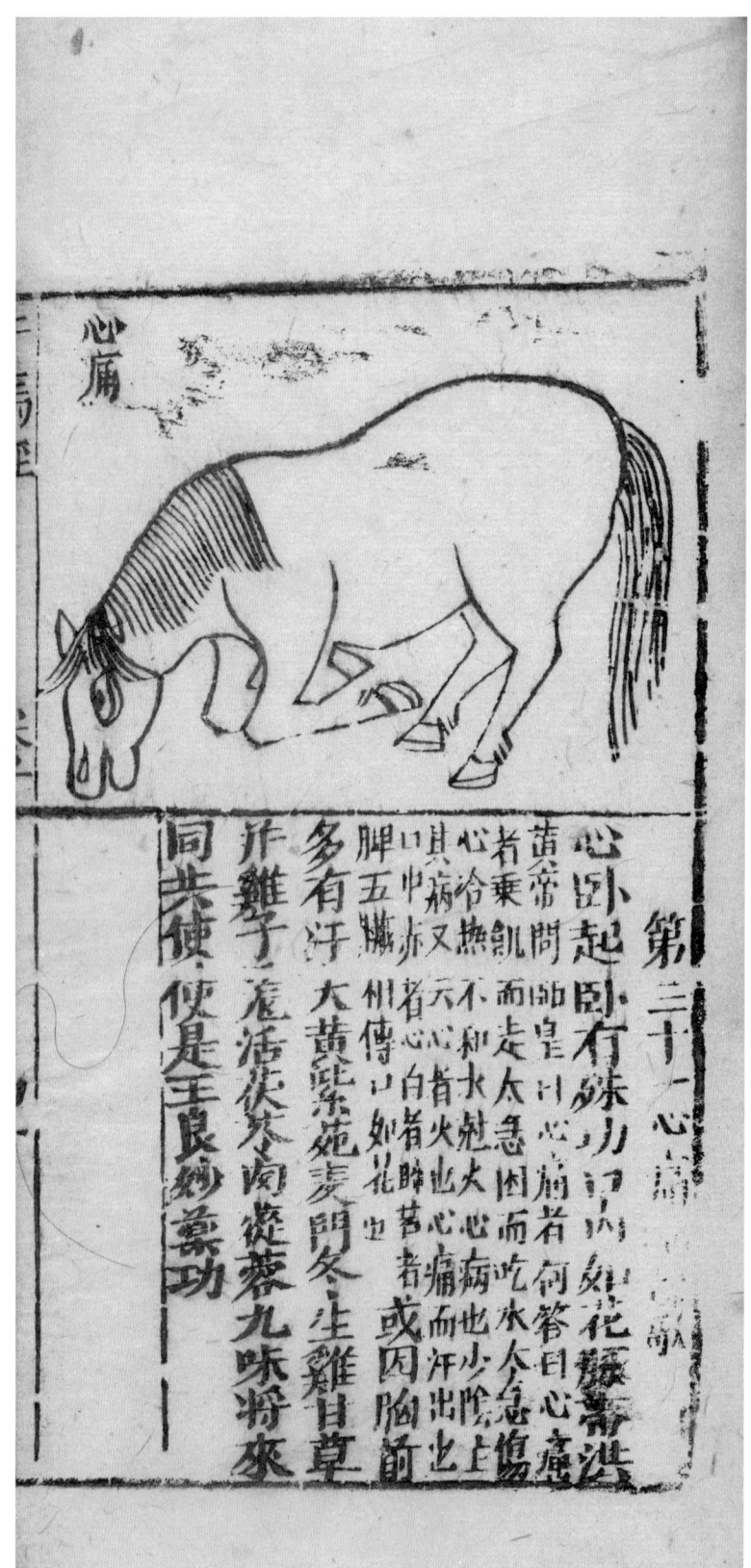

第三十二腎痛病源歌

腎痛起卧慢微々簇々攢々起卧遲

黄帝問師皇曰腎痛者何荅曰因不
因走而太急又飲水太過傷着內有
冷氣注于陰間也少陰主其病又曰
水腎者其色黑受氣于腎生于脊町
于申病于午死于丑墓在辰又云脊
是水心屬次冷熱不和以致腎痛也
又曰冷氣痛而冷下四蹄擻也

口鼻尾尖須出血腎棚鍼熔更何疑茱萸厚朴当帰藁酒相和灌之損着腎棚難治療應須不損壽堪期

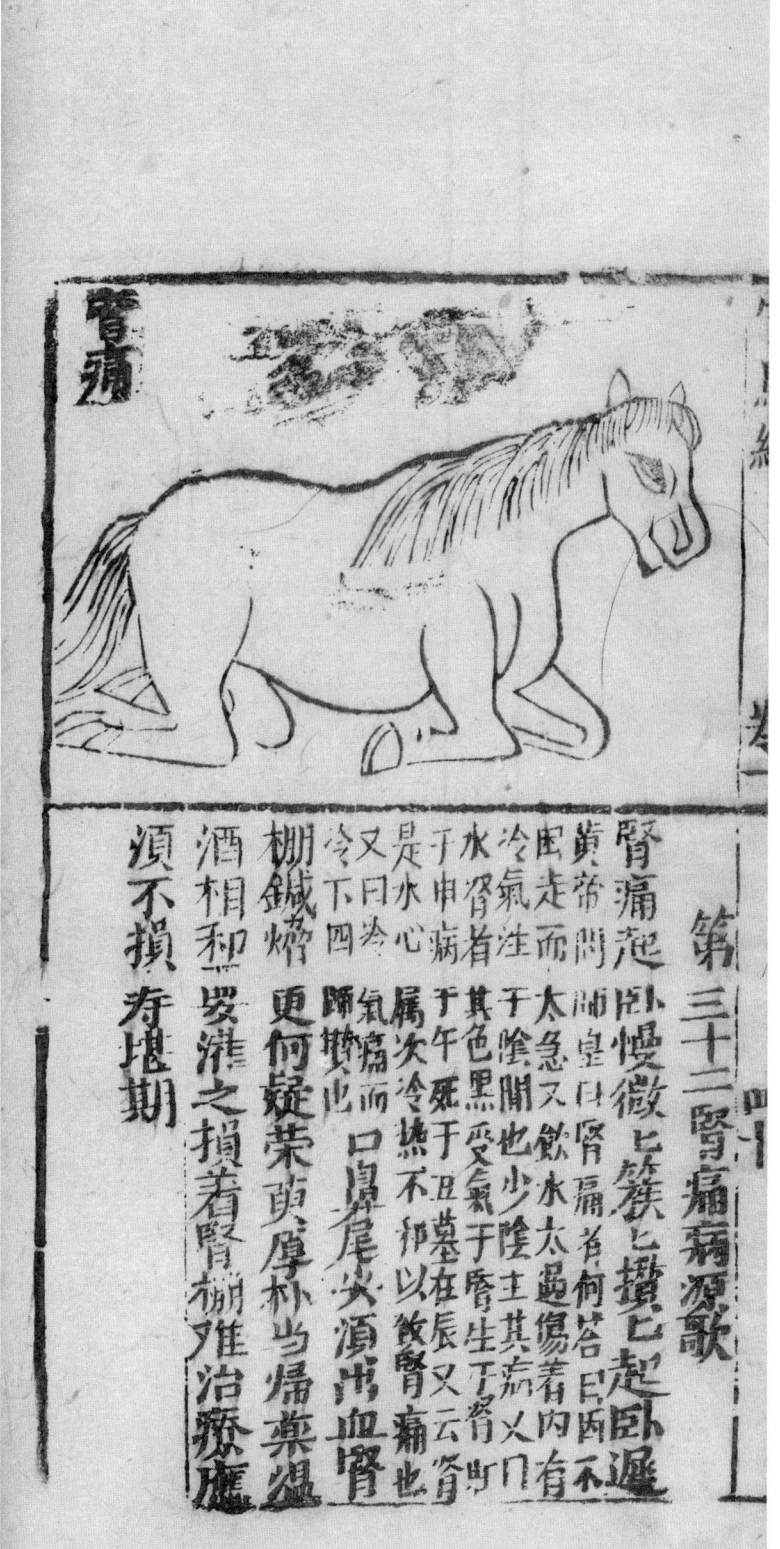

第三十五喫生料病源歌

穀豆全生喫駁駒脹因生硬不消題

黄帝問師皇曰[illegible]穀料[illegible]此有[illegible]以失喂而乃賦生邪氣乃太過令馬腹中不能回轉冷熱交攻致腹脹也陽明[illegible]又二因[illegible]致而腹中熱也[illegible]和而水傷故[illegible]精也、

滑石鹽粉升運草麥[illegible]合酥六味將來同共使當[illegible]長途

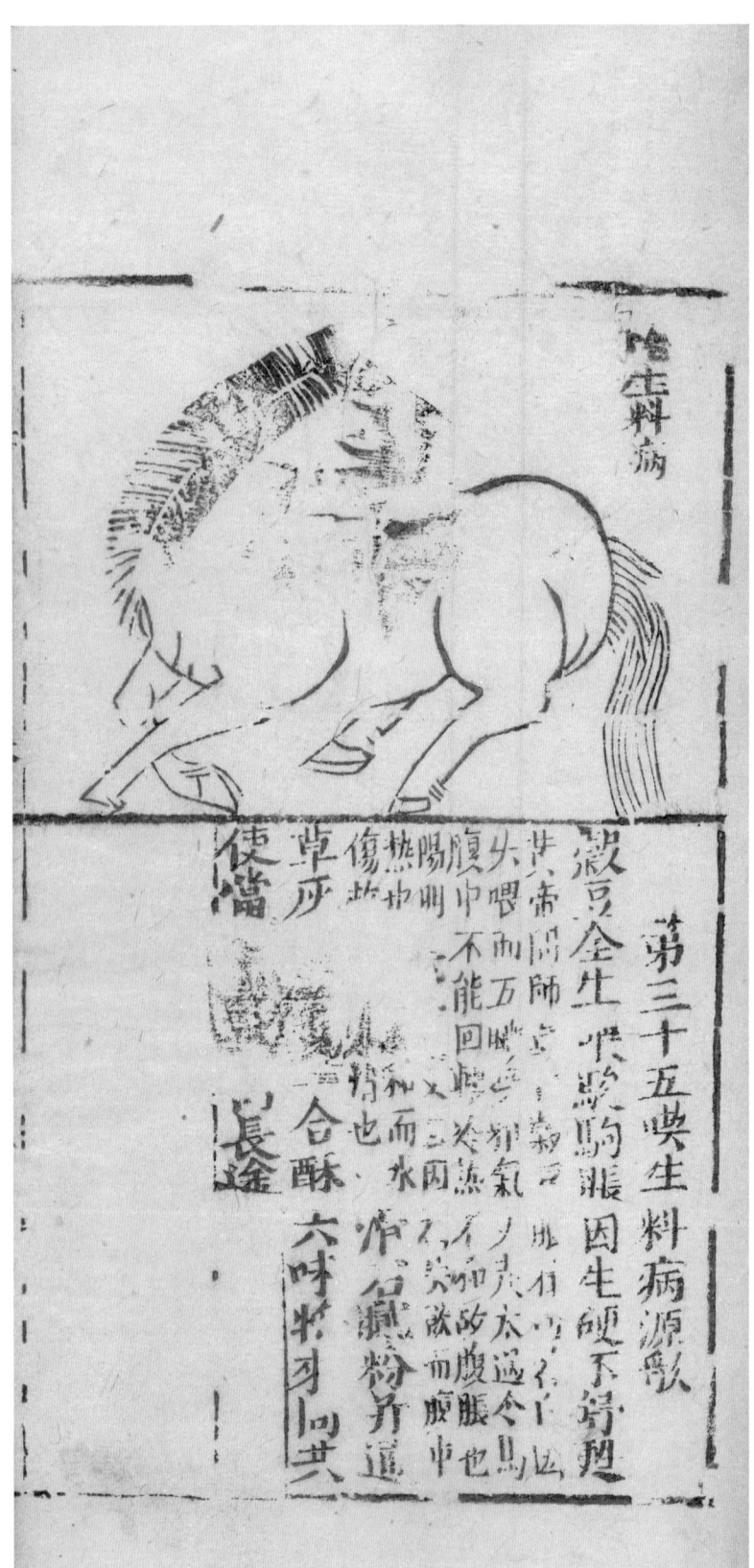

第三十六邪起卧病源歌

忽逢邪　眉白汗流時兩眼翻

黄帝問病者何答曰飢處
飲飼失受其邪氣初得時
氣先攻〻傳〻急又傳心
臟遍身汗出五臟不〻受〻邪氣少
陰主其病又云肝名丆也外〻其日
傷處也心有火也外土其子內〻其
神又云心中火出心修肝受汁風而
眼急汗出心傷因走点病中起同也

麝香瓜蒂吹鼻內上氣出血當時安

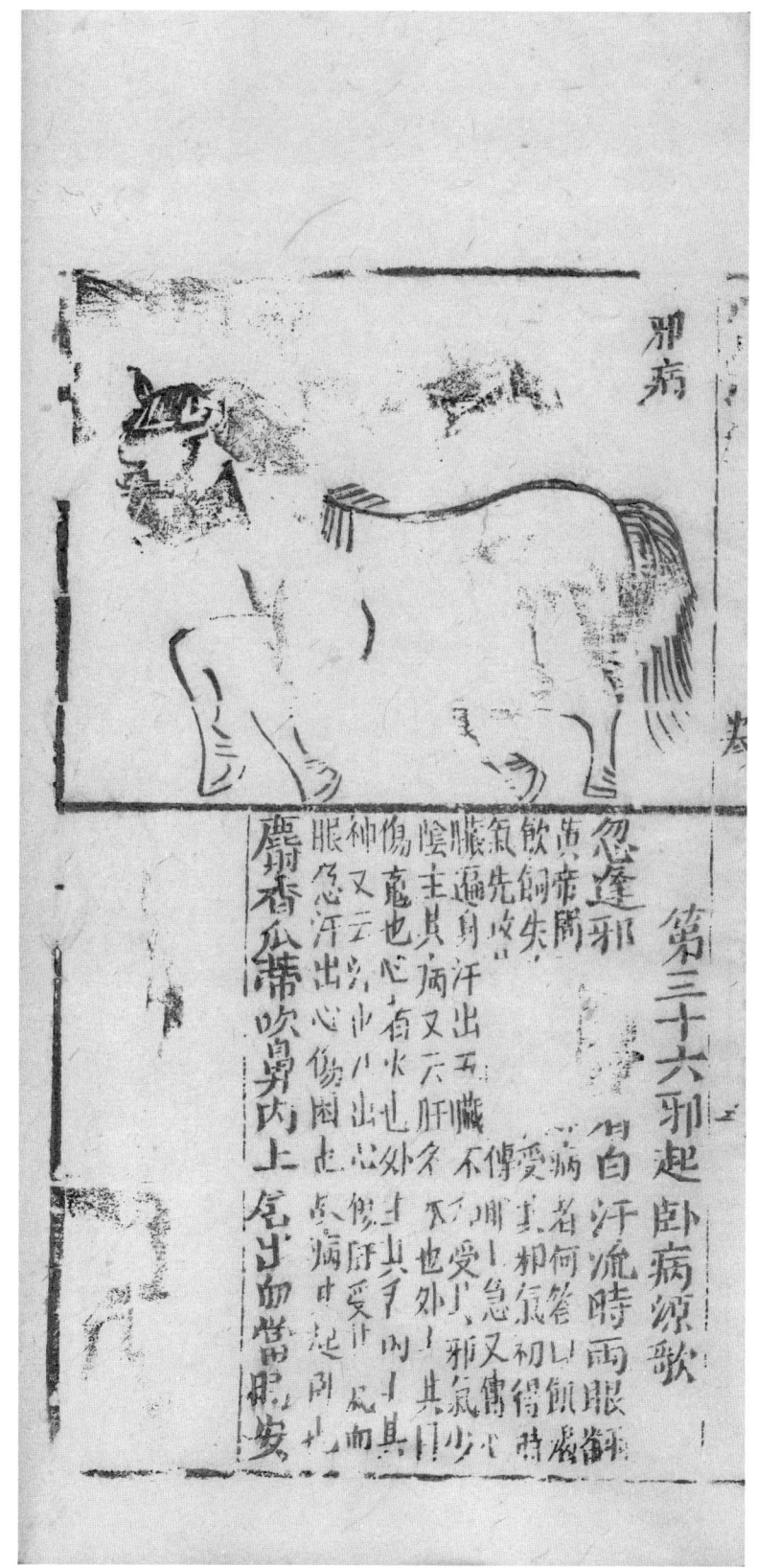

第三十三冷水傷病源歌

馬因汔水傷腸胃玄妙方中着卧蚕
舌下赤時傷腸胃卧蚕白者別現占
黄帝問師皇曰冷水傷者何以已久
渴而飲水太過水盛傷于大小腸也
太陽主其病歹云小腸屬心通于舌
舌下赤者傷心小腸如白者傷肺也
傷冷大腸乃不和散發趄卧也芎藭分白芷當歸藁細
辛陳皮共相兼好酒同調灌入口便
是神医用手拈又方薑蔥并肉桂生
姜酒下聖經言

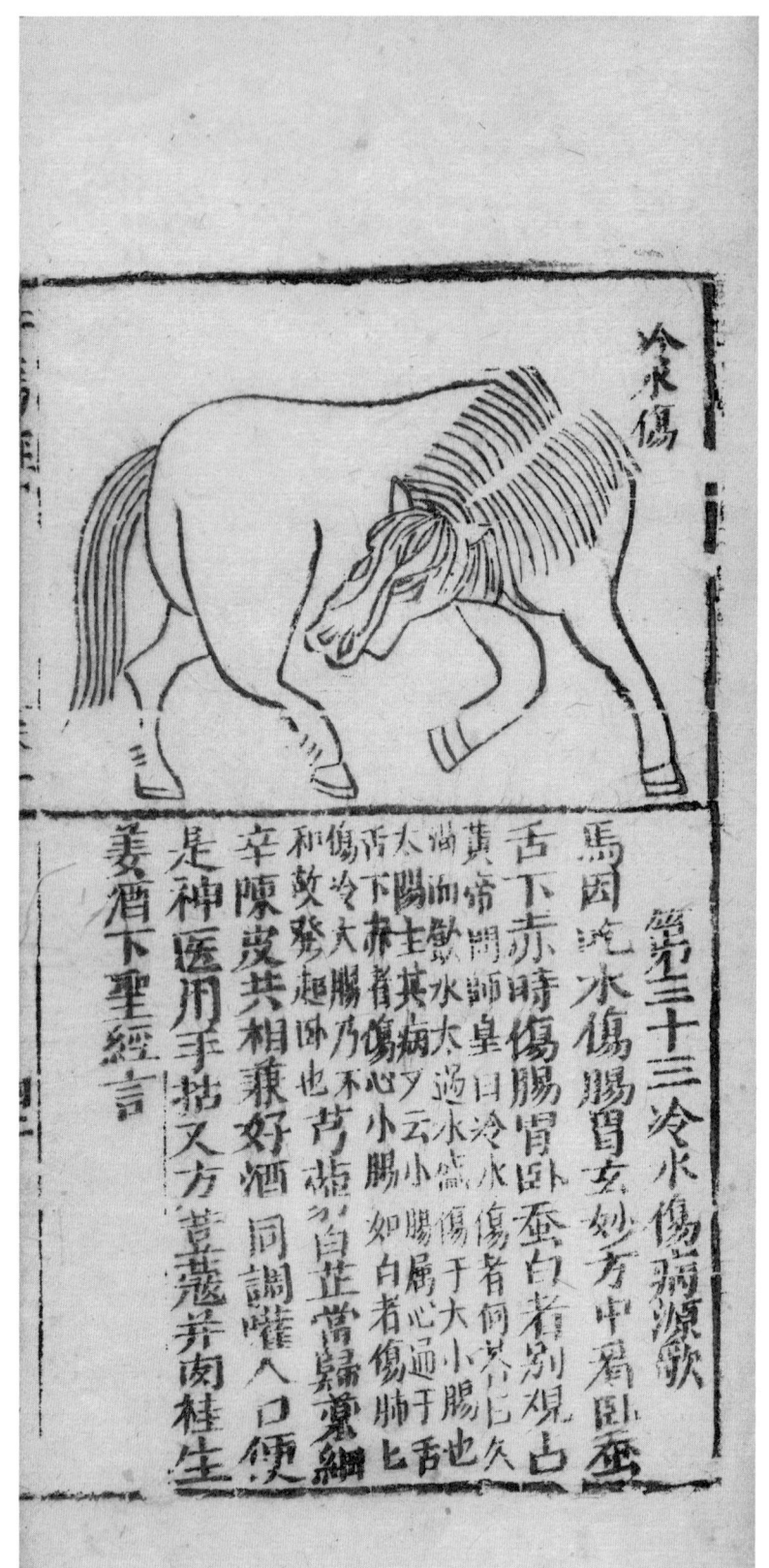

結

第三十四中結病源歌

病中匕結要言論　奔驟時匕起卧頻黄帝問師皇曰中結者何荅曰因飢失時冷熱不和而中結也結在大腸四尺中名中結也陽明主壯其病又曰飢飽後失水多成中結又異不依時陽盛散故結之也

要將雙腳跑胸臆　看腹回頭意欲伸訣曰令馬氣下不通其氣到入胸前中氣病而跑胸也

續隨賦粉并通草　鬱李瞿麥共調勻

以酒相和藥一處　學取從前妙手人

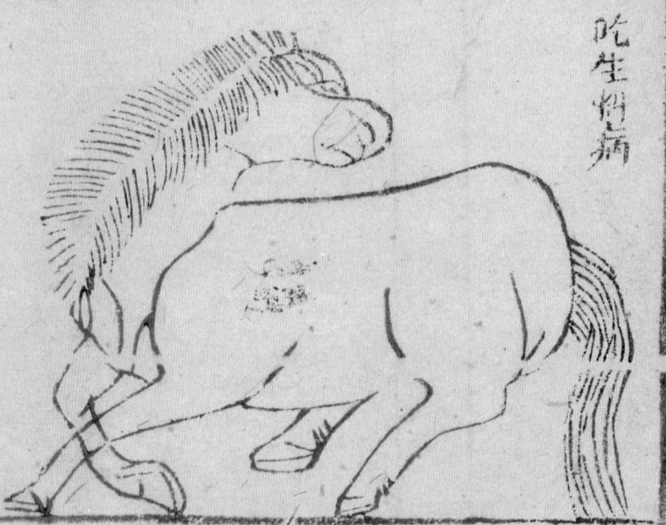

第三十五喫生料病源歌

穀豆全生喂駿騎　脹因生硬不銷難

黄帝問師皇曰穀豆脹者何答曰因失喂而五臟受邪氣又走太過令勞腹成不能回轉令熱不和故腹脹也陽明主其病又云因勞失飲而腹中熱也冷氣不和而傷故豆穀不消也

水滑不膩粉方通　草灰汁生油一合　酥六味將來同灌　使當時駛騾向長途

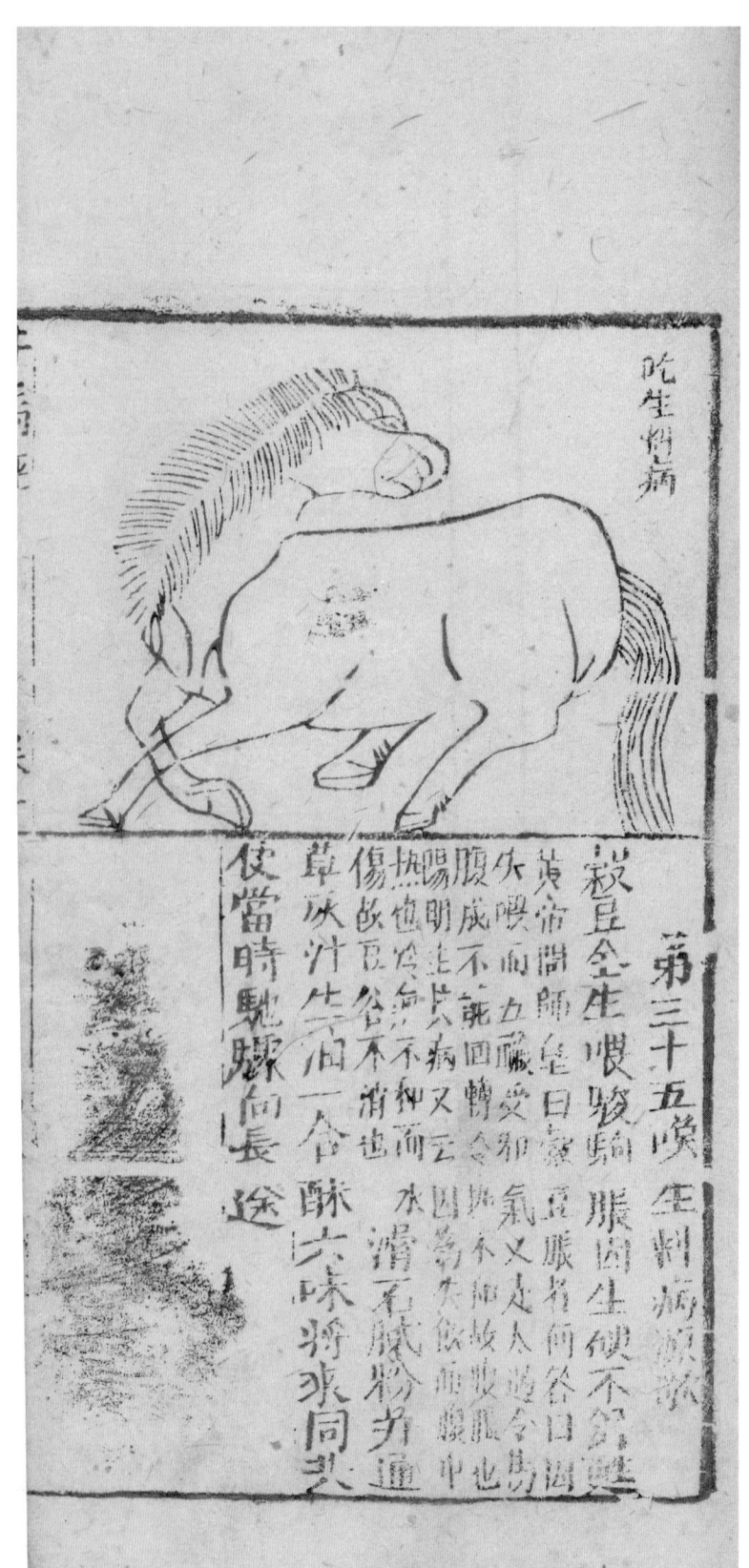

邪病

第三十大邪起卧病源派

忽逢邪病用心看
白汗流時兩眼翻
黃帝問師皇曰邪病者何答曰飢滿飲飼失時而五臟受其邪氣初得時氣先攻其肝臟次三眼上急又傳心用遍身汗出五臟云不受其邪氣少陰土其病又云肝名木也肺上其月傷魂也心者火也外土其舌兩主其神又云汗也汗出心傷肝受其氣而眼急汗出心傷因故致病其起卧也膂者不靜吹鼻卧上唇出血當睛穴

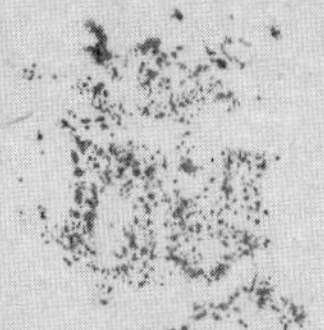

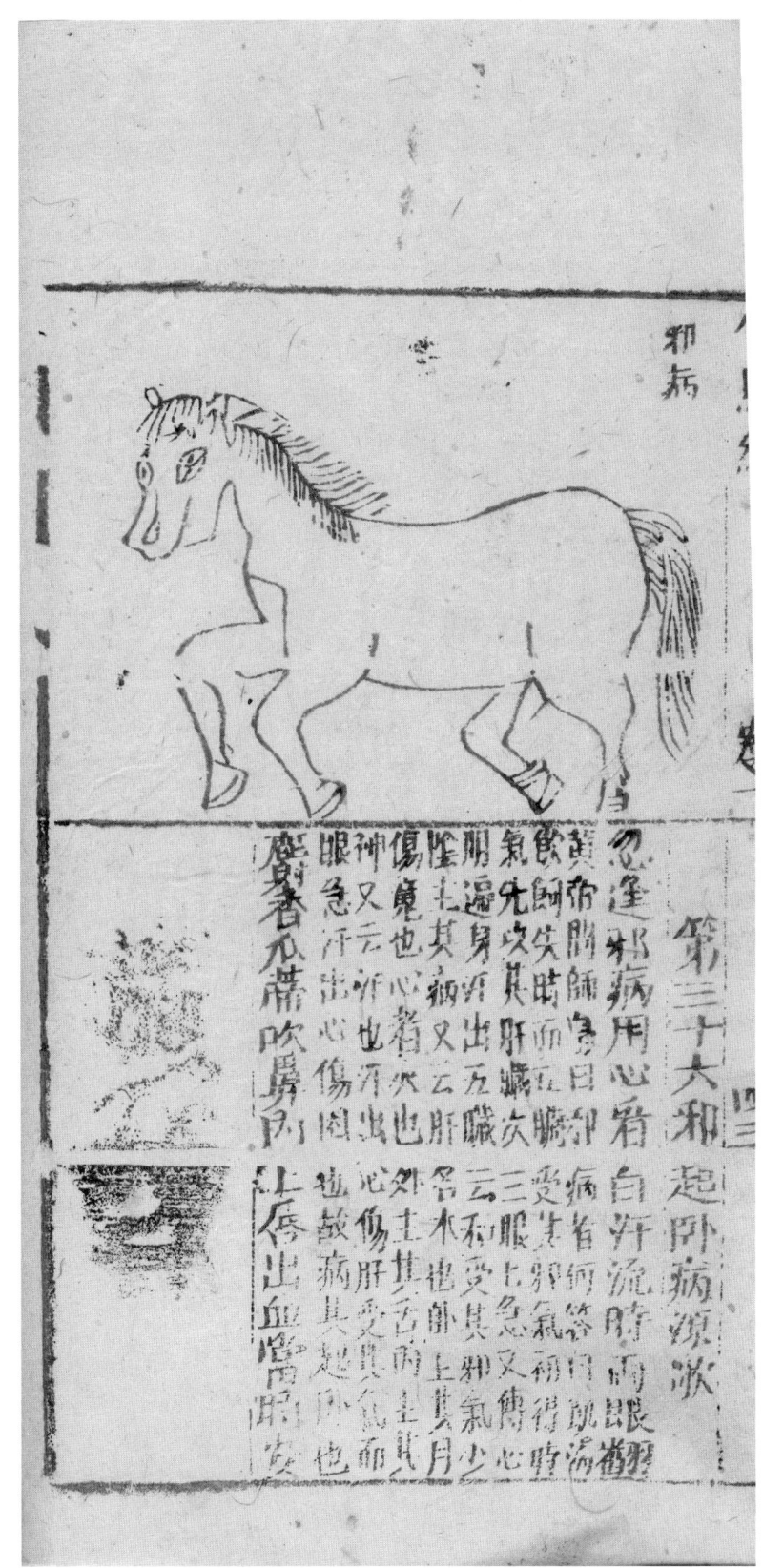

新刻繡像療牛馬經卷之二

脉色論

馬師皇者姓馬氏對號師皇黄帝時一聖師也有生知之資幼而敦敏長而神靈通天地之綱紀識陰陽之運氣知五行之衰盛相馬牛之形神診馬牛之脉息察五臟之虛寔以五味之調治因治龍上負而歸天矣常侍于黄帝之側帝問曰馬者濟世之本利國之基稟陰陽二氣而生遇四時不正而死者何也師皇避席而奏曰此天地流行不齐之氣運陛下施愛物之心臣不敏願陳其術帝曰汝能濟物利人乎師皇曰馬者獸也稟二氣五行長于庚合之下與人並生于天地之間有引重致遠之功人之勞能代而亦

待人之養苟失其養疴瘵萌生疲困疾患不可不知也且天地合氣日月虛盈機發動靜血氣所使風寒暑濕傷于外飢飽勞疫損乎內五行生尅諸疾生焉帝曰二五行生者何也对曰二五治混者根也根者腎也腎者水也水生木上生火上生土上生金上生水也帝曰五行尅者何对曰水逢金而伐火逢水而滅土逢木而達金遇火而缺水遇土而絶金萬物皆然無所累也帝曰疲患兵察何以識之對曰代柯者匪斧不克察病者非脉色不能知帝曰脉理何如对曰脉色氣血也血氣流行其狀有五四時平正之脉帝曰六經六氣願聞其道对曰欲知六氣須診婁皃夫雙皃者胸皃也胸皃者氣血之道也左分三部右列三關能知臟腑善識陰

陽諸疾之顯應矣左皃上部者少陰心經太陽小腸中部者厥陰
肝經少陽胆經下部者少陰心經太陽小腸中部者厥陰肝經少
陽胆經下部者少陰腎經太陽膀胱右皃上部者太陰肺經陽明
大腸中部者太陰脾經陽明胃經下部者少陽三焦厥陰包絡此
為六經六氣之分也帝曰六脉之狀其至何如師皐對曰厥陰之
至其脉弦少陰之至其脉洪太陰之至其脉長少陽脉至大而浮
陽明脉至短而濇太陽脉至洪而沉至而和則平至而甚則病至
而反則病至而不至病不至而至病陰陽易者危此謂六經六脉
之至也帝曰何謂反乎対曰春脉弦為平何謂弦蓋春行木令肝
脉為主萬物始生其狀來急端直滑長而打手者故曰弦反者病

何謂反然其脉來而洪大實弦此謂太過病在表其狀來而不實去而遲細者此謂不及病在裏夏脉洪為平何謂洪蓋夏行火令心脉為主萬物榮蕤其狀來大而滿平者故曰洪反者病何謂反其狀來緊數去而亦數者此謂太過病在表其狀來而洪盛去而微小者此謂不及病在裏秋脉浮而平何謂浮蓋秋行金令肺脉為主萬物秀實其狀按之不足輕虛而有者故曰浮反者病何謂反其狀來浮而去大者此謂太過病在表其狀來遲而去小者此謂不及病在裏冬脉沉而平何謂沉蓋冬行水令水腎脉為主萬物伏藏其狀浮而若无按之得見者故曰沉反者病謂何為反其狀來沉而去弦者此謂太過病在表其狀來沉而去微者此謂不

友病在裏帝曰察色應症四季同否曰不同夫春者肝旺也甲乙當令壬癸相生凡口中之色鮮明光潤如桃色者平白者病紅者和黃者生黑者危青者色此春季口色之分也夫夏者心旺也丙丁當令甲乙相生凡口中之色鮮明光潤如蓮色者平黑者病黃者和白者生赤者危紫者死此夏季口色之分也夫秋者肺旺也庚金當令戊巳相生凡口中之色鮮明光潤如桃色者平青者病黃者和紅者生白者危黑者死此秋季口色之分也夫冬者腎旺也壬癸當令庚辛相生凡口中之色鮮明光潤如桃花者平白者病黃者生青者危黑者死此冬季口色之分也若脾無正位四季分之各旺一百八日三六九臟當權正應於唇副若下舌兩竅鮮

明如桃色者平青者病白者积紅者生黑者危黃者死此謂四時
季月口色之分也帝曰余聞口色中有卧蚕者何也對曰卧蚕者
舌下二竅也在舌之下仰陷之中左名金關右名玉戸左應肝經
胆部右應肺部大腸形如卧蚕即口色也岐伯曰欲知騾馬諸般
病苦下先須看卧蚕色帝曰診脉獨取於雙鳬名何也对曰雙鳬
者在膺骨兩旁結喉以下乃氣海之門血海之路氣血升降之路
也是故血者乃氣之所使升引于手然後分布遍体及五臟六腑
虛寔寒热皆應顯于此是以獨取於雙鳬也雙鳬之上三寸乃胃
氣之口也胃者揔朝百脉脾灌四旁乃謂五臟閑司之所臓腑者
禀氣于胃氣血皆從雙鳬出入也帝曰察色胗脉其有道乎曰有

凡察色脉必得從容寧心定志如執玉捧盈又必先觀時日晴和如遇狂風驟雨酷熱嚴寒陰陽逆塞神氣昏沉不可便中診色察脉凡察色脉當先將默拴繫停立寧靜喘息和平神清心定方可觀于口色經脉乃定脉息調勻氣血不亂方可診于寸關以右手診其左尾之脉左手診其右尾之脉察明玉戶金關剖酌浮沉遲濇色脉兩無有無相應相反如熱權衡無纖毫盛者此謂診察之之道也三部者左三部也三關者右三關也乃病療之明鑑臟腑之應矣是故打措而滿手者弦洪斷亂而無續者敗絕緊而大者爲數緩而小者為遲滑者往來流利濇者往來蹇澀浮者於手下沉者按乃得脉之衆狀不同非手巧心諦者而指下豈能分別幾

帝曰余聞察病而有巧者何也師皇对曰察病而有巧者望聞問竅也凡察獸病先以色脉爲主再令相其行步听其喘息观其肥瘦察其虛實逆究飲喂之多寡宂谷料之有無然後定奪陰陽之病此謂窮病之巧也得之于心神應之手目凡諸疾病日月星光無所不照可謂濟世之術養生之道矣

察色之圖

診脈之圖

右手左脉三部之圖

左手右脉三関之圖

伯樂明堂論

秦穆公問於伯樂曰馬於春首針刺出血者何也樂答曰人受氣於癸癸者陰水也水主腎腎主精故精氣多而血氣少馬受氣於丙丙者陽火也火生心心主血故血氣多而精氣少馬必於針刺出血者不使血氣太盛而為疾病也公曰出血必於春首者何也伯樂答曰蓋春者木也夏者火也木火相生也馬為火畜生於寅旺於午伏于戌且寅宮有丙火午宮有火火戌宮有陰火也於春者針刺分調血氣不致太盛故使火畜至夏夏季火炎使其榮衛調有不致遏過而生諸疾也穆公曰善余又聞牛馬一身有一十二道經脉三百六十道絡脉者何也答曰經脉者血筒也絡脉者

穴孔也穆公曰願卒聞之伯樂答曰凡針血穴者必須先於明堂經內窮究血道穴孔推詳所當治之則然後觀其夫氣睛靜及月令盈虛晦朔弦望与夫本命刀砧血皮血忌風雨陰寒皆爲禁忌不可妄施針絡此用針之致也昔皇帝問於師皇曰用針之道有法則馬師皇答曰法天則地合以天光日月也帝曰願聞其道師皇對曰天針者揭病之功刺者須當應病但于西時氣正而治無不應驗也氣正者晴明也光霽也温和也使其馬牛氣血調和而衛氣易行榮氣易瀉也是故天寒無刺天温無疑月生無徹月滿無補月缺無瀉月晦無針月空無治此謂應天時合月令黃帝師皇用針之要也穆公曰應病行針其有道乎曰有其妙凡何伯樂

答曰凡用針者必須謹敬嚴肅當先令獸停立寧靜常息調匀右手持針左手按穴量用鋒頭大小及覌馬之身体肥瘦食草多少察其寒熱盛衰然後方可施針以度勿令傷肉針肉勿令傷筋傷骨隔一毫如隔泰山偏一絲不如不針三補一瀉大馬先針左騍馬先針右從陰引陽從陽引陰以右治左以左治右如針大脉出血升合多寡及驗血之紫黑分調太過不及此未用針之道也穆公曰善又曰夫獸者雖由芻水調身有三斗六升血氣有三百六十骨節亦有三百六十穴道凡在医者必須察其虛實審其輕重明其表裏度其深淺大抵用針之道虛之則補實之則瀉寒之則温熱之則凉風之則散氣之則順此一定之法學者誠心鑒之

論割牛騸馬行針徹血迴避刀砧日

刀砧者日之惡煞也唐太史呂氏析著一年四季分之是故春以亥子夏以寅卯秋以巳午冬以申酉此謂四時日煞之刀砧陰陽函歸之大忌凡割牛騸馬鬮盜腦開喉打鼻穿洋捲徹血行針割瘿瘤取槽結瘡科外表金刀一切忌之

放血忌日

春	夏	秋	冬
寅午戌	巳酉丑	申子辰	亥卯未

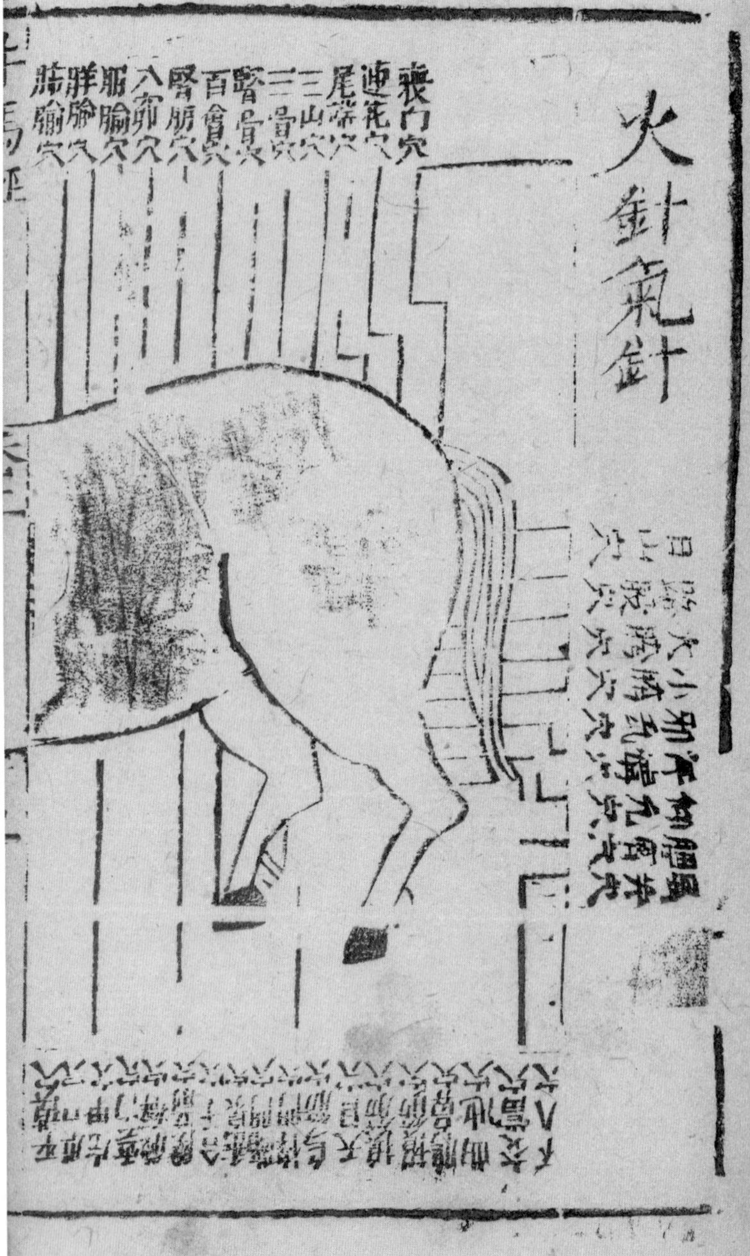
火針氣針
襄門穴
連花穴
三山穴
百會穴
八窌穴

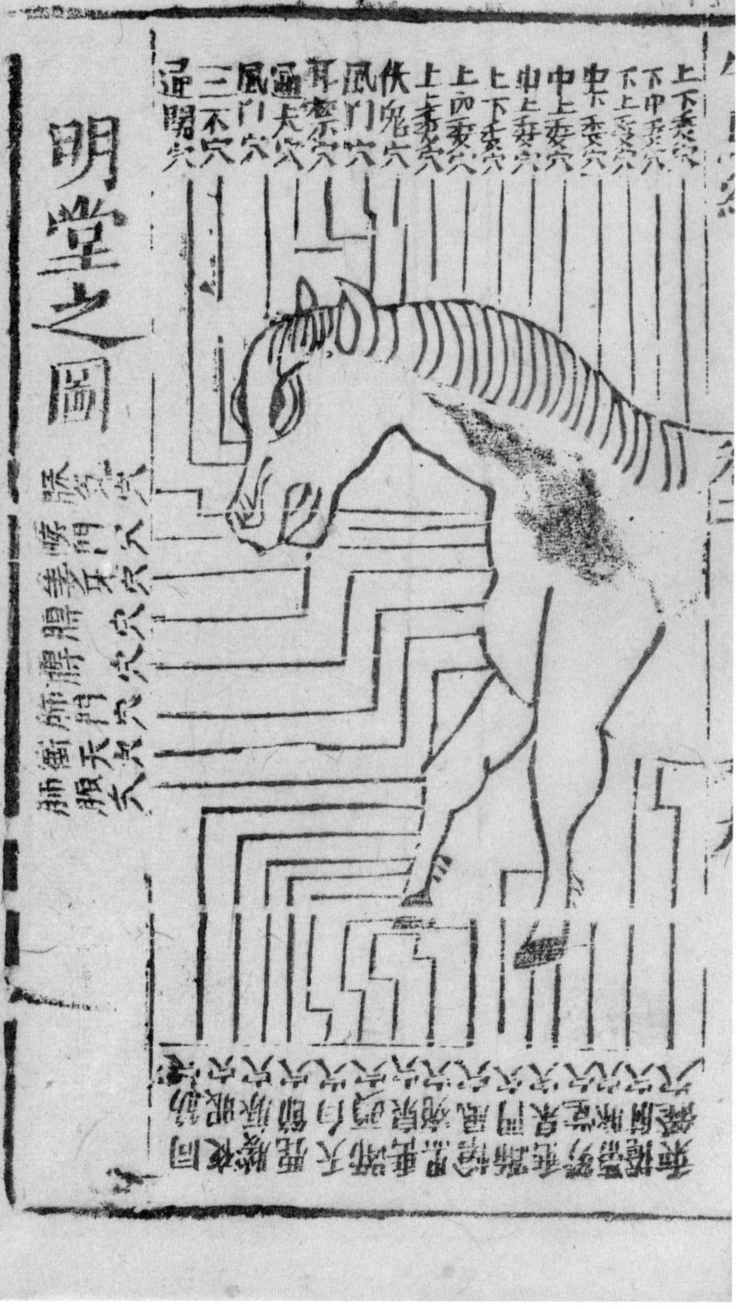

明堂之圖

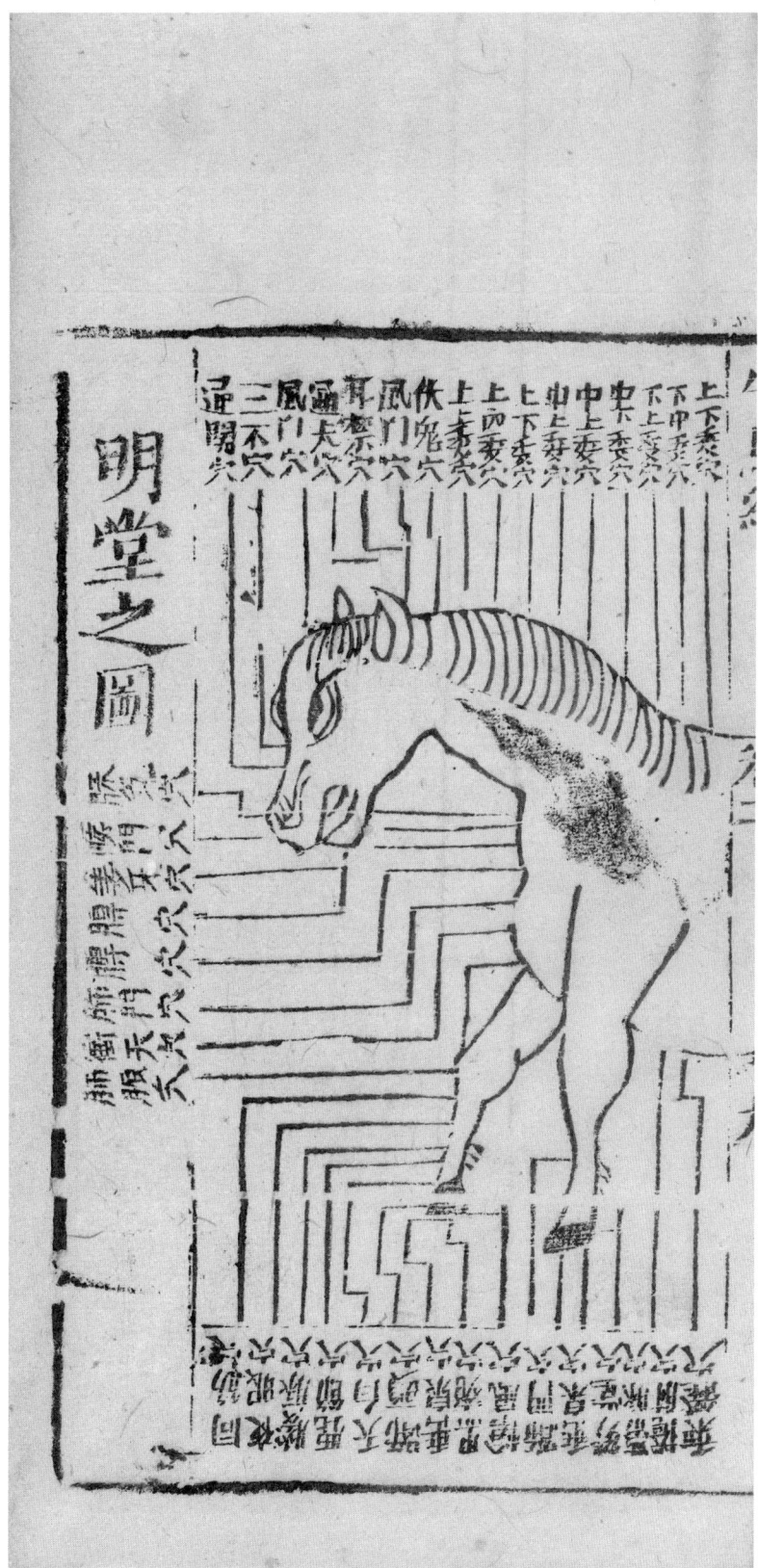

六脈出血

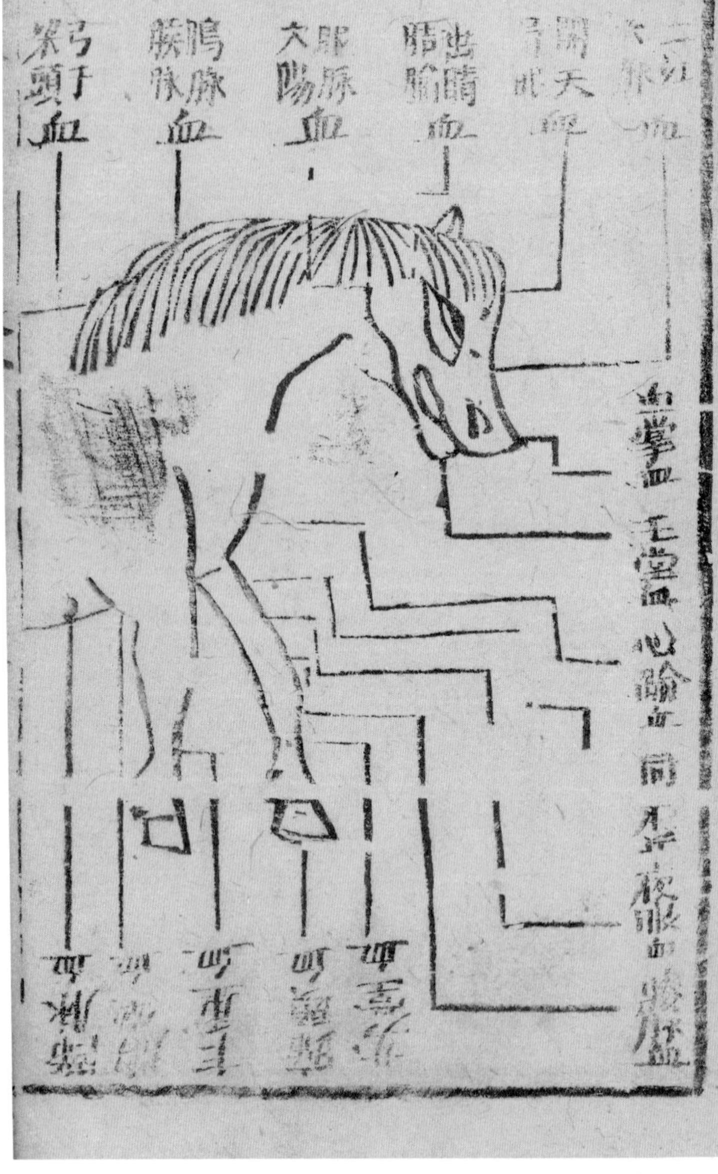

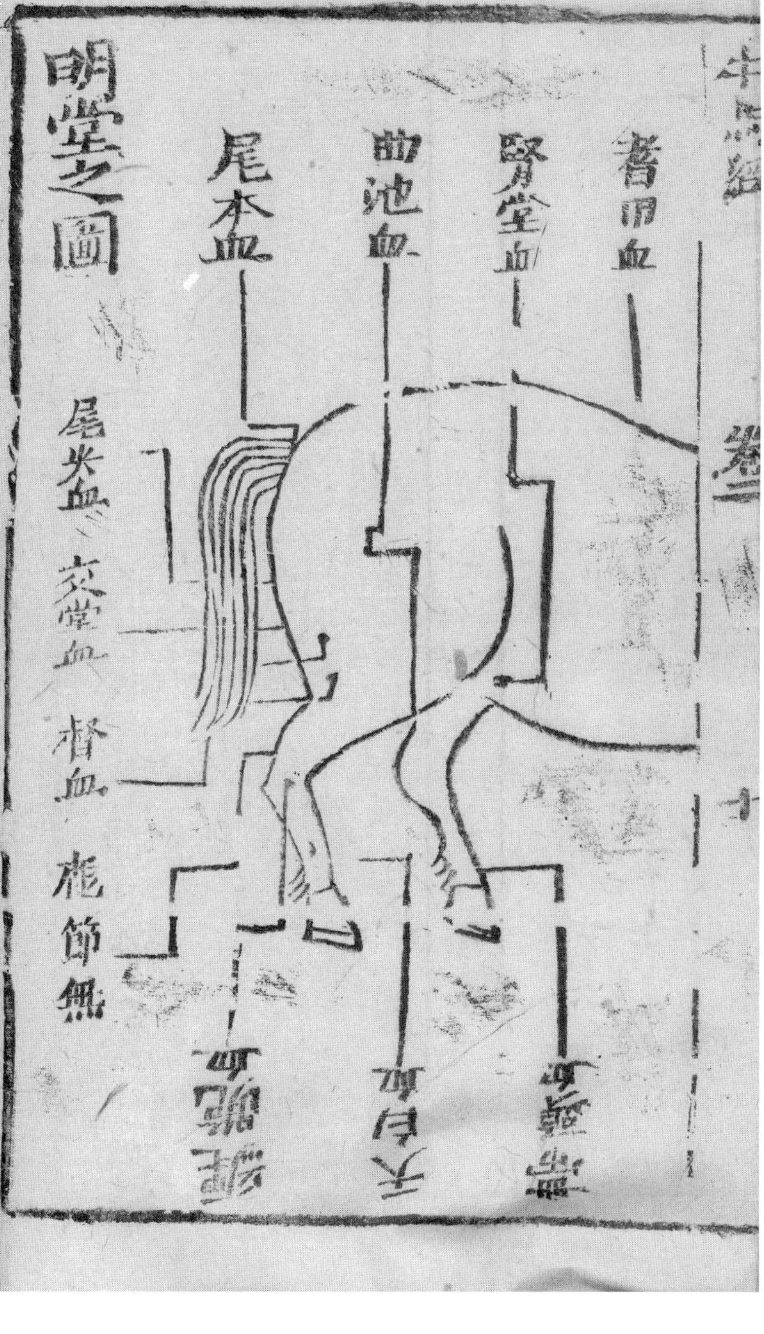
明堂之圖
尾本血
曲池血
腎堂血
尾尖血
交堂血
督血
天臼血

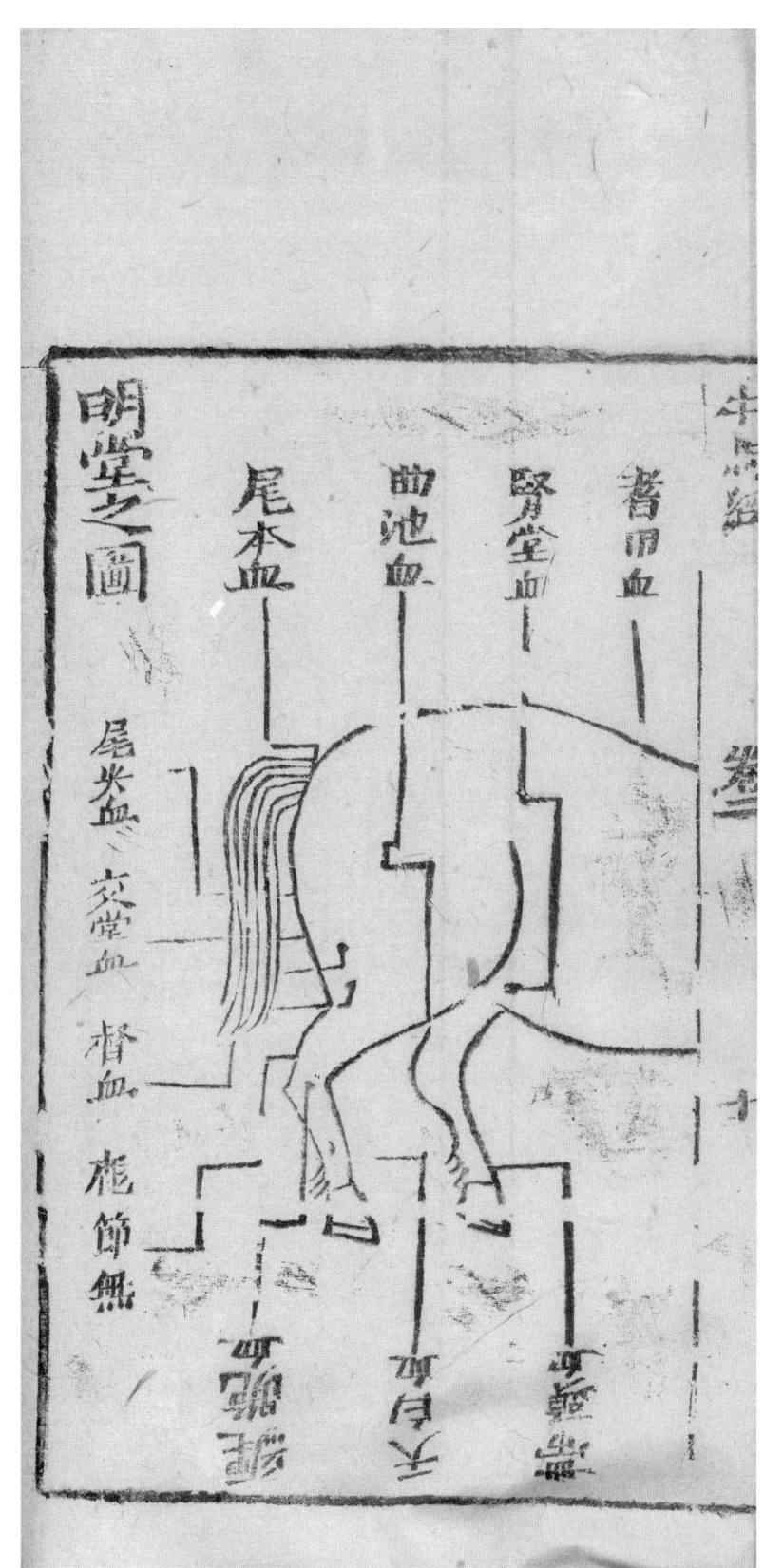

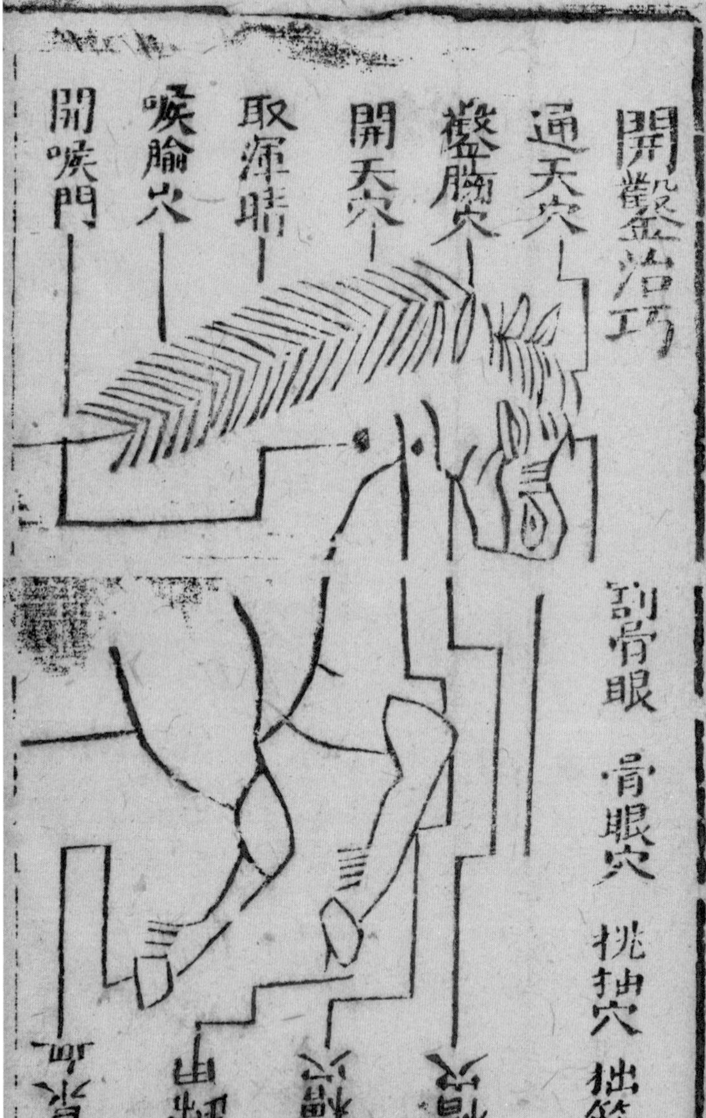
開鬃治巧
通天穴
鬃腦穴
開天穴
取渾睛
喉腧穴
開喉門
刮骨眼
骨眼穴
挑抽穴
出筋穴

明堂之圖

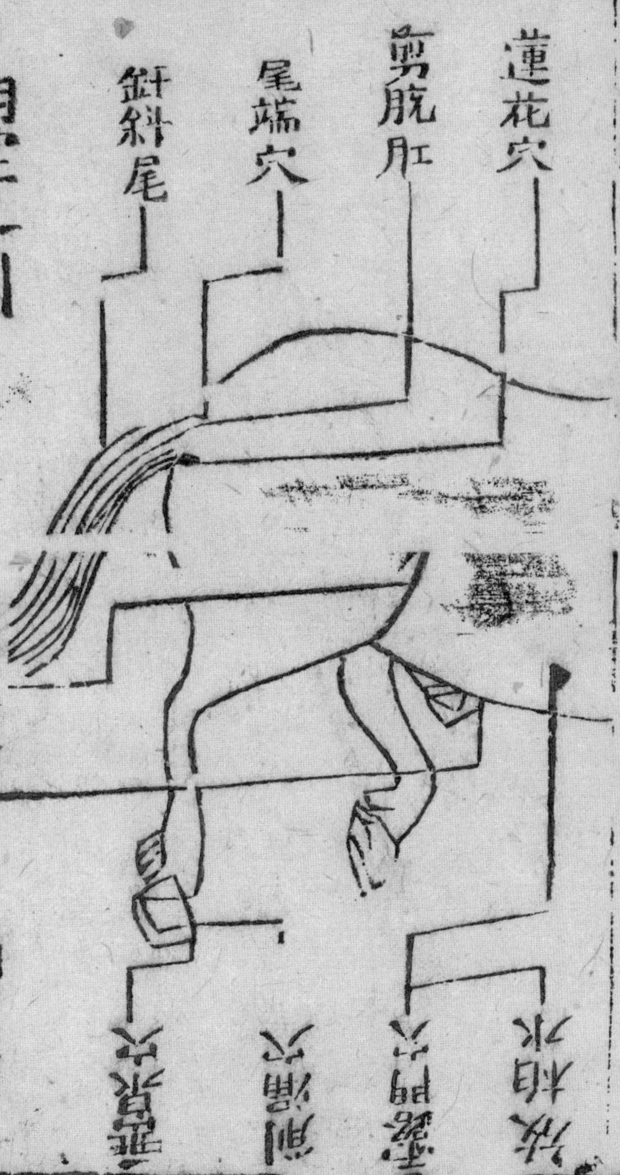

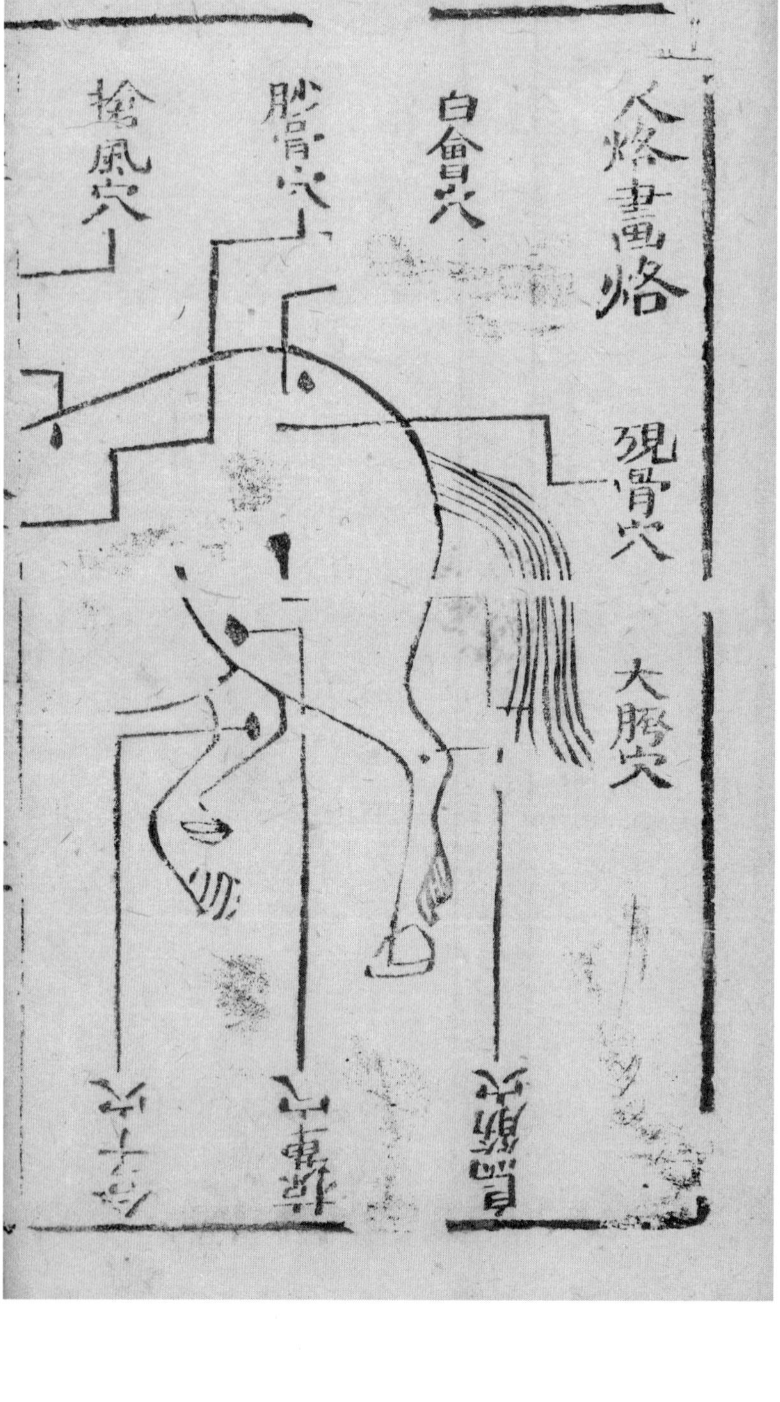
人烙畫烙
白會穴
搶風穴
硯骨穴
大胯穴

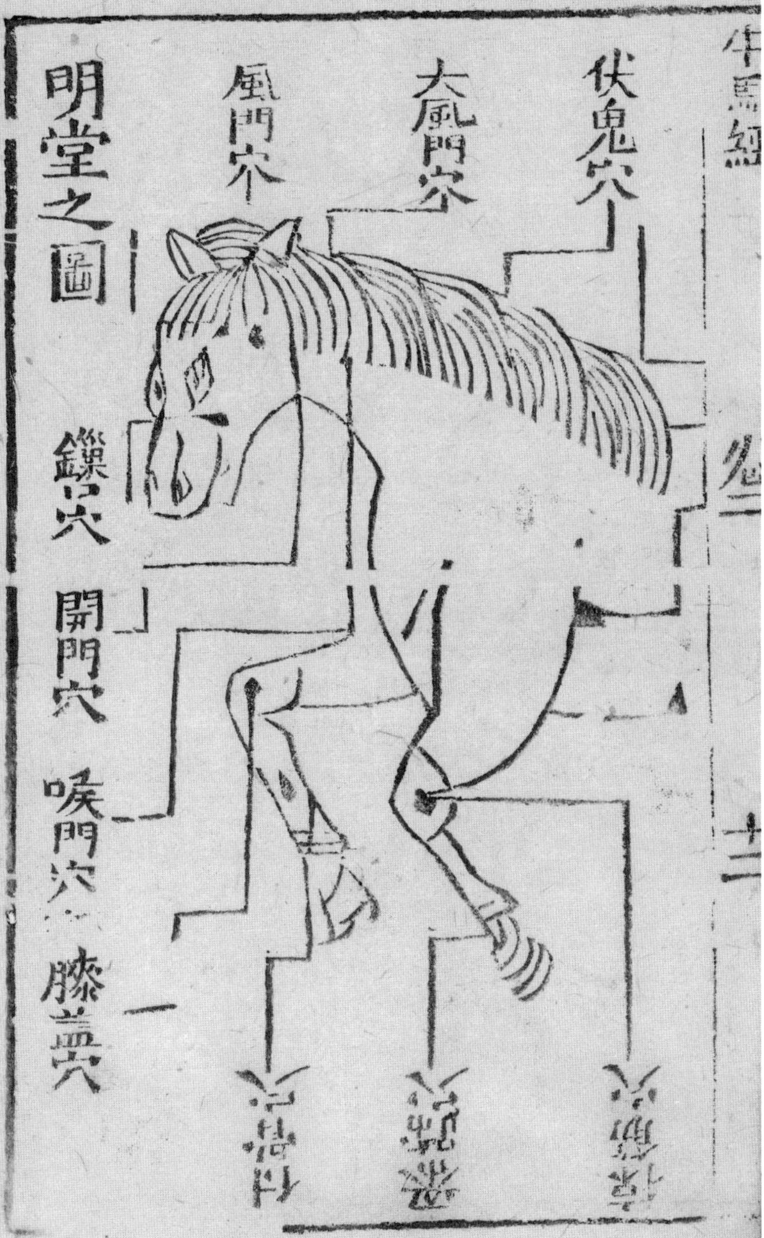
牛馬經
明堂之圖
伏兔穴
大風門穴
風門穴
鑣口穴
開門穴
喉門穴
膝蓋穴

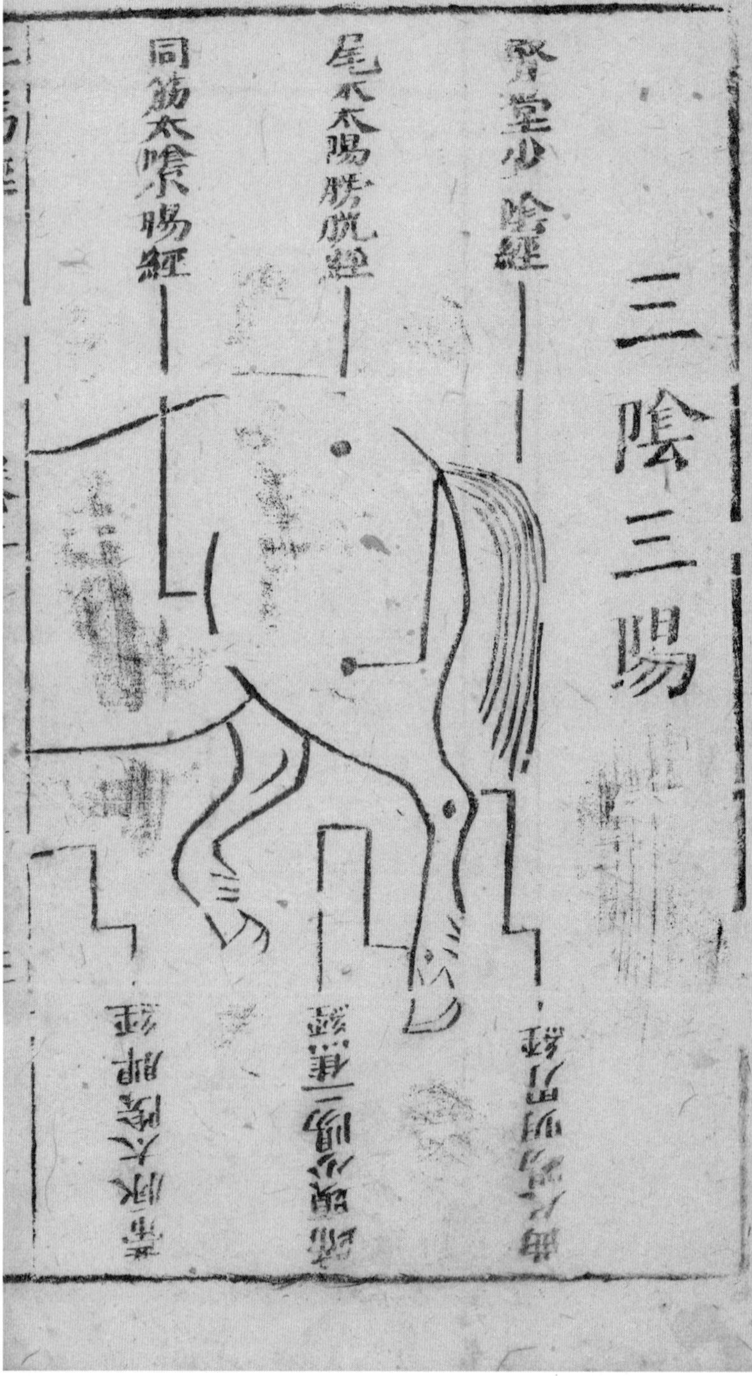
三陰三陽
腎堂少陰經
尾本太陽膀胱經
同筋太陰小腸經
陽明胃經
少陽三焦經
太陰肺經

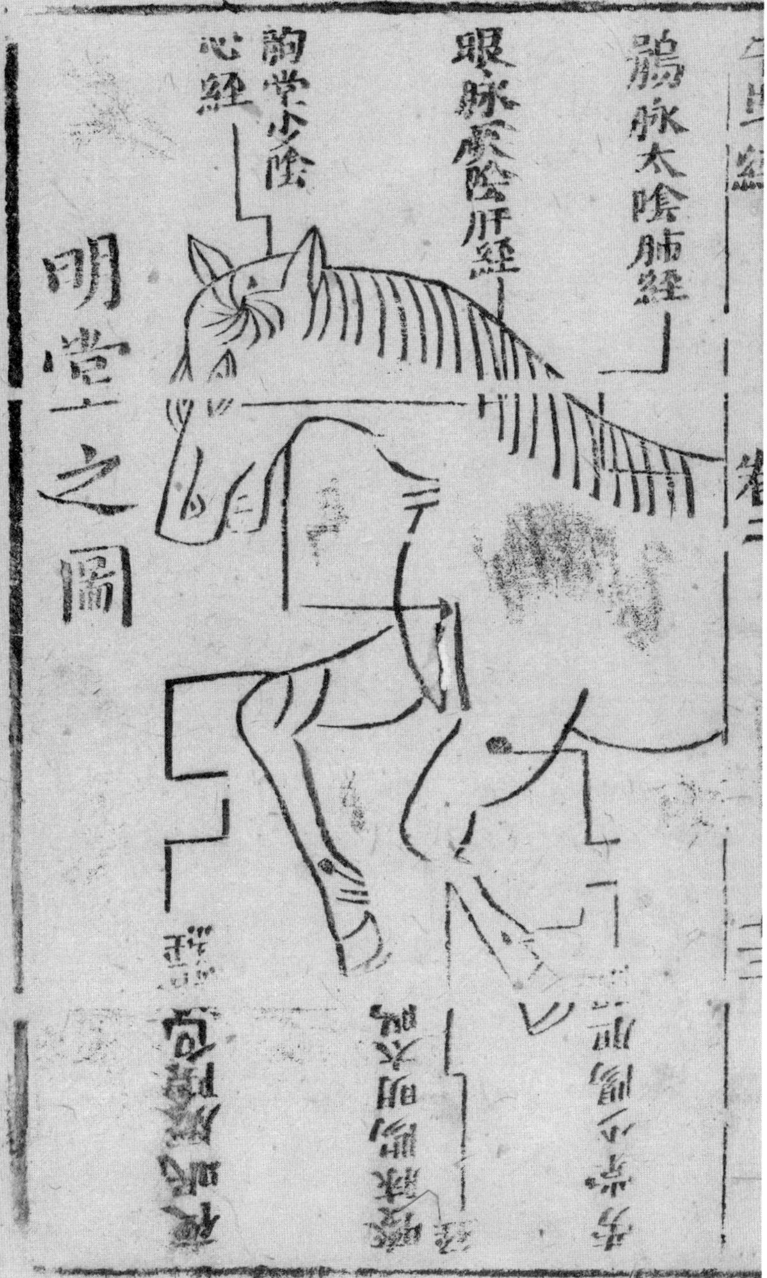
鵲脉太陰肺經
眼脉厥陰肝經
胸堂少陰心經
明堂之圖

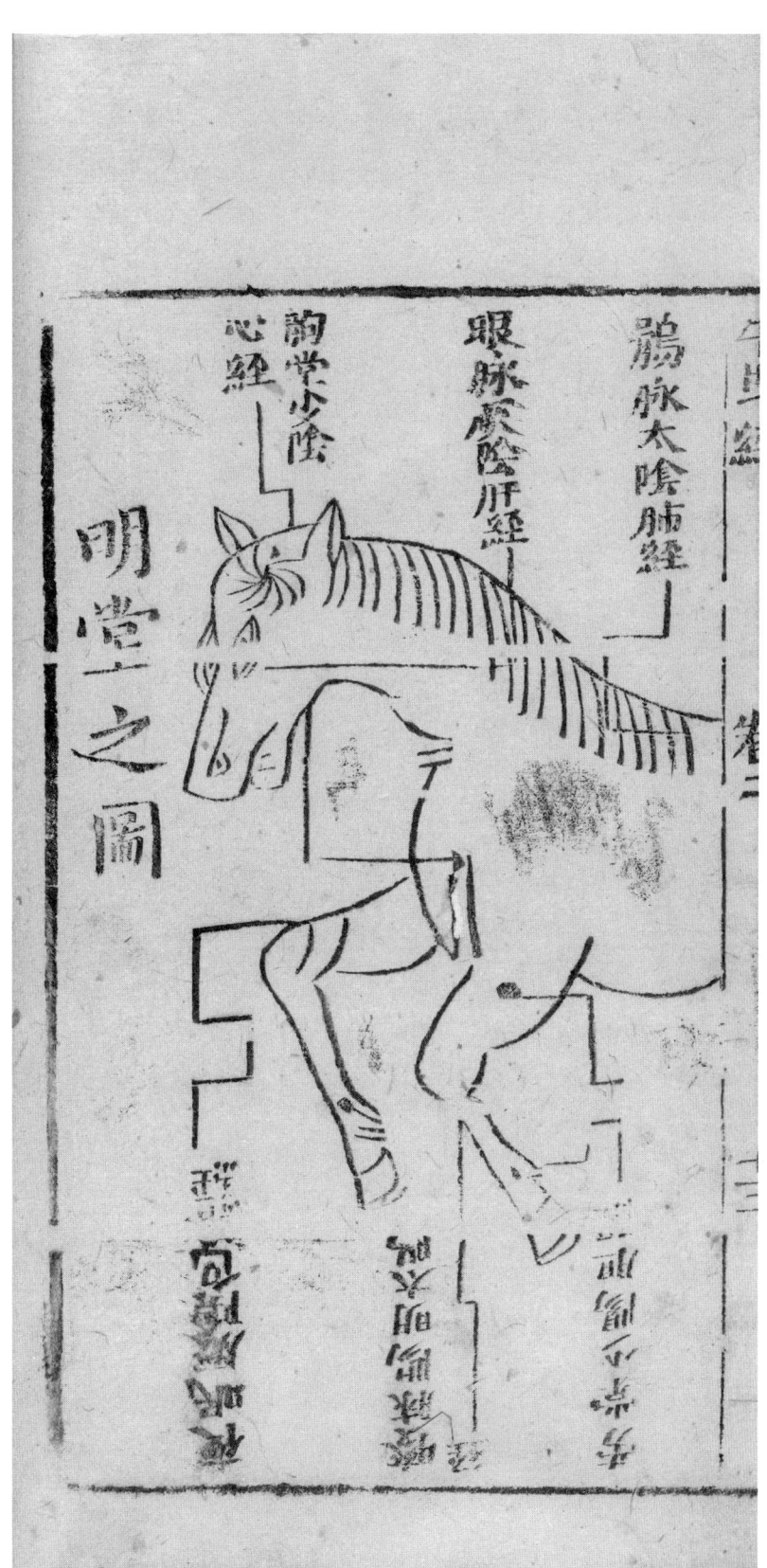

鐵穴眼脉至尾本穴是上六脉同筋至蹄頭穴是下六脉

眼脉穴在眼後四指是穴入針二分出血療肝臟熱眼腫下淚病

鶻脉穴在項下四指是穴入針三分出血療五臟積熱壅毒階瘡疥癬等病

胸堂穴在膺兩边是穴入針三分出血療心經積熱胸膊一切痛病

帶脉穴在肘後四指是穴入針二分出血療黑汗及瘡黃痛

腎穴在腎尖兩边相对是穴入針二分出血療腰胯帶氣及腎臟風和把胯病

尾本穴在尾根底四指是穴入針三分出血療腰內病及右間

同筋血在囊乘重臆骨下四指是穴入針一分出血療閃擘着乘
重骨腫痛并心疸病
夜眼穴在夜眼下四指是穴其穴禁止不針
曲池穴在兩後脚雁翅骨下曲盤曲處是穴入針三分出血療雁
翅骨腫大及鵞鼻骨腫疼等病
膝脉穴在膝下四指筋前骨後是穴入針二分出血療閃擘着炎
膝骨腫皮骨勞跛
纏蹤穴在前攢筋骨上後鹿節骨上筋前骨後是穴入針三分出血
療骨節腫痛板筋腫病
蹄頭穴在脚前川字上後脚八字上共四穴入針二分出血療攢

筋骨麁節骨腫疼及蹄胎腫毒等病用藥封裹

裏外項上共十八穴療馬逆項脊怯低頭不得病

上上委　上中委　上下委　中上委　中中委

中下委　下上委　下中委

已上十八針入針一寸三分療項脊怯低頭不得火鍼不較即絡若是血氣壅即出胸堂鶻脉大血用火針子入窮穴尾前短筋巳後兩面共有六針并入窮穴是七穴各去脊梁四指是穴入針一寸五分着是冷風吹着及簷下水淋着或臟腑冷氣摶流并出內所傷須灌補暖温脾氣藥及温骨若是損着骨髓內斷血不通須灌補暖血脉止痛藥并用火針

膊上八穴兩面共十六針用火針各一寸療血脉凝滯肺氣把膊皮及膊尖骨腫大腫痛病

膊尖　膊攔　衝天　搶風　肺門　肺攀　掩肘　乘蹬

弓子穴在弓字骨上四指是穴入針一寸三分扳根動皮入溫氣療膊怯氣滯病

胯上八穴兩面共十六穴入針各一寸療肉腎積冷抽把胯病

巴山　路股　大胯　小胯　汗溝　仰尾　邪氣　牽腎

腰上三穴兩面共六穴腎棚腎腧腎角并接脊骨前百會一穴共七穴去脊梁四指每穴相離四指入針一寸五分療肉腎和冷氣把腰病

肝腧穴在左裏仁畔從後第五肋裏去脊梁一尺五寸是穴入針

一寸瘵一切肝家之病
脾俞穴在從後第三筋裏自脊梁仰手卽合手是穴火針入一寸
瘵脾胃傷冷脾寒打酮脾不磨病
肺俞穴在從後第九肋裏去脊梁一尺五寸是穴火針入一寸瘵
肺氣喘及肺痛病
兩耳中有禁穴二道不得刺針
大風門穴在兩耳根後面一搯是穴火燒烙鐵圈深三分油塗瘵
瘵中破傷風并諸風病
風門穴三道在額上搭睛鬃下是穴火燒烙鐵烙深三分瘵肝昏
瘵黄病

通関穴二道在舌根底下兩边是穴入火針二分出血療六脉閉塞舌本脹病

玉堂穴在口內上齶第三稜是穴入針二分出血仍用塩擦之療五臟伏熱腦壅毒束口黄病

開関穴二道在口內兩頰上腫處是穴火燒項子各二分入塩擦唯冷藥療上焦壅熱咽水草難病

喉門穴二道在頰下一指相対是穴病輕即火針通関烙入三分重即火燒烙鉄令開其骨脹鱉脹咽水草病

喉腧穴在頰四指是穴鈎刀割開眼圓二寸透氣療熱病呀呷及來顙黄倒地病

黄門穴在大馬臍前三寸小馬二寸半是穴火針一寸療膀胱積
停留宿水病
蹄門穴在蹄両边是穴火針烙鉄角点烙 出膿油塗療肺門并漏
子頭腫点脚病
天白穴在蹄門上窩子是穴用分鹿火針 入三分療头患蹄病
伏兎穴在耳後二指是穴入火針三分療頂項緊硬病
骨眼穴在眼内先將針用線穿過骨眼边頭左手牢把線右手用
刀子割去骨眼穴在眼内不許割着水鹼療骨眼遮瞳病如不割
眼即不見物
心俞穴在臆骨上是穴如患心癀黄病用白針鏃十餘針出黄水

或血將韞一錢擦上針入披出水黃毒氣即消如不医療成瘡必透心肺

板筋穴在膝下是穴如患板筋大硬用烙鐵烙

鹿角節穴在鹿角節上筋前骨後是穴入針二分出血療失節腫痛病

尾尖穴在尾尖上是穴入針五分出血療馬黑汗病發癇尾病

肛口穴此穴通流小便不許行針

膴癖穴在軟膴上是穴火針三針各入三、分療脹垂蹶糞便氣痛細

血堂穴在兩鼻內是穴入針三分出血療肺熱攻注鼻痛病

三江大脉穴在鼻梁兩边四指是穴入針二分出血療鈌氣攻注

頰骨腫痛骨旁跛痛病

[illegible]睛穴在眼上四指是穴如患腫痛毒氣不散白針鐵之

之甲穴在脊梁前高処是穴如患一切腫痛用白針鍼之消散氣痛
掠草穴在曲池上是穴入針三分三鍼瘡腿摔拽胯病
鑠口穴在口角兩兩処是穴如患鑠口黃病用烙鉄深三分長半寸即愈
外乘重穴在膝上五寸是穴入火針三分療悶着腫或臟腹攻注腫痛病
懸泉穴在蹄底雀舌是穴用尖 項烙深三分療久患蹄漏腫骨毒氣不出病
陰腧穴在外腎後中心縫上是穴火燒丁子烙深三分用油塗瘡
陰腎腫 大弁水腎病

伯樂畫烙圖歌

畫烙膊龍歌

畫烙搶風骨歌

畫烙肘骨歌

畫烙硯子骨歌

畫烙大胯骨歌

膊骨腫痛病难移　當因打損受灸危
火烙之時須用字　藥針敷烙是為奇
搶風骨大說根基　皆為折損是因依
用火燒鉄田字烙　门然全愈不須疑
肘骨痛疼把脚拖　為因閃折不調和
接其骨節烙三義　當時輕健自消磨
硯子骨大却為何　盖因打傷腫痛多
用火燒鉄梔子落　免令失悞得安和
大胯腫痛拖脚行　識其此症能果明

畫烙椋草骨歌

畫烙膝蓋骨歌

畫烙付骨垂歌

畫烙合子骨歌

烙橫筋骨大歌

骨穴丙頭三点烙　更添十字便安寧

椋草骨痛損傷多　本因骨脹脚难挪

麻葉烙畫須平稳　塗油針治便消磨

膝旁腫病最难任　踏路須閃敗涎生

注膝穴内須出血　火烙過闌得差寧

付骨垂病侵於膝　行時直脚多蹺失

火烙之時亦還寵　用藥爛消為第一

合子骨脹說根基　皆為轉損是根依

筋分雁爪須消散　自然痊可不須疑

橫筋骨大為何因　失節之時是其根

川字火烙膂兼擦　便是医家妙手真

畫烙烏筋骨歌

烏筋脹病怎生医　轉筋之時受災危
火烙十字圈一道　油塗消散是為竒

烙蜷蹄大胯歌

蜷蹄骨脹最難医　因傷于骨是根基
蹄門穴内微針刺　須將烙鐵畫蛾眉

血忌日

血忌百日之凶神也十上月令分之是故正月逢丑二月逢未三月逢寅四月逢申五月逢卯六月逢酉七月逢辰八月逢戌九月逢巳十月逢亥十一月逢午十二月逢子療病者三百六十穴道百五九道明道十二道經脉三百巧治開泄火烙補瀉氣計脉

徹血鎣腦開喉取㵪　睛割眼開膲割腹一切停止戒之

針烙忌閉日

閉日者血支直日也一月二三逢之是故正月丑日二月寅日三月卯日四月辰日五月巳日六月午日七月未日八月申日九月酉日十月戌日十一月亥日十二月子日此血閉之日也凡在歠肓腑不通諸經閉塞凡医療者諸穴不宜針刺之

諸日受病歌

甲己之日肾不安　膀胱逢此亦如然　乙庚之日肝家病
丙遭膀腹不調全　丙辛防心小腸患　戊癸須教肺受愆
丁壬便与脾不合　胃腑遭傷不可言　此謂十干受病歌

諸君斟酌用心傳

凡馬本命日不宜行　針匠治欲行針知犯血忌本命晦朔弦望風雨陰寒皆是禁忌不可行針又緣春首及馬有病弄血知泥飲月及馬無病惜血如金　凡針馬之疾先觀馬之肥瘦次看吃草之多寡然後相度而行之　針皮不得傷肉針肉不得傷筋骨三補一瀉蓋大馬先針左課馬　先針右後學須當知之

馬本命忌日

九月巳日　十月亥日　十一月午日　十二月子日

醫馬買馬吉日　不拘月分用之

己巳　庚午　辛未　乙亥　丙子　丁丑　乙酉　丁亥　戊子

壬辰 乙卯 戊戌 己亥 辛丑 甲辰 乙巳 丙午 己酉
壬子 丁巳 戊午 己未 庚申 壬戌

瘡黃疔毒論

昔黃帝問於大師岐伯曰馬之腫毒瘡黃二症何也岐伯答曰馬之瘡黃者皆因氣血流行太過不及發之而殊也帝曰何謂發瘡何謂發黃岐伯答曰瘡者氣之衰也氣衰而血滯血滯而侵於肉理肉理淹滯而肉腐肉腐而化為膿故曰瘡也黃者氣之壯也氣壯使血離經絡血離經絡溢二膚腠鬱結而血瘀血瘀而化為黃水故曰黃也此謂發瘡發黃氣血盛衰之別也帝曰治則同否曰不同二症瘡者形傷氣也先治瘡而後理氣黃者氣傷形也先

導乃氣而後治黃此謂拔本塞源也帝曰余聞少火生氣氣凝而痺陰黃水黃陰腎水腎者何也岐伯答曰心者火也腎者水也火得火而生熱火得水而生氣水火合而為少陰此謂少火也內經云天為陽而左旋地為陰而不動是故動則陽生靜則陰生理自然也或合飲水太過停立不動陰氣生而侵於腎腎水相合水勝而火滅雖有氣而無熱也侵於臍者而為水黃侵於袖口而為陰黃侵於外腎為之陰腎水腎黃也或曰腫者何也答曰寒勝則浮此之謂也問曰腎部生黃有陽症乎曰有曰何以分別答曰陰者硬而多痛陽者軟而不疼且陰水腎腎腫者如石如水行者臁拖腸

洩沮烏子瘦焦氣血衰者患此甚多凡察此症先觀其鄉形辨其六

寒熱或溫或軟或陰或陽然後施加針藥此医家之明鑑也帝曰何以治之伯岐答曰凡治者滋陰降火暖後溫中以補藭芎茴香散惡酒權之三服瘥矣帝曰瘡黃余已知之但疔毒而未聞其道答曰疔毒者瘡黃之異名雖形殊而名異其理一也蓋疔者瘡也因乘觸驚濕日久鬱覆夫於解唧撩汗況於毛竅敗血凝注皮膚以致著甲梁頭挑鞍手膜兩边發生而腫者又或汁結鞦韁擦磨打破而傷者故曰疔也其狀有五曰黑疔筋疔氣疔水疔血疔是也帝曰何以辨之答曰乾靨而不腫者傷其皮曰黑疔發開潰而有黃膜者傷其筋曰筋疔誠而有黃水出者傷其氣曰氣疔浮而沙赤紫頭者傷其膜曰水疔破而赤色多水者傷其血曰血疔此謂

五疔之別也凡治者必在晴明刃近瘡巻以鋒利針刀刺破割去瘀血漬肉再以防風散煎湯候温於瘡口劆將黃水血膿洗淨史疔者用醋麵糊調續斷散塗之筋疔氣疔者以草烏散為末乾貼之水疔者以烏金膏貼之血疔者以葶藶散為末貼之已前五疔俱用藁本水煎洗以各方貼之隔日再洗貼之凡三上者痊矣帝曰毒者何也答曰夫毒者亦瘡也迺穴腧之中毒氣血而凝也其症有十曰咽毒陽毒心毒肝毒脾毒肺毒腎毒筋毒氣毒血毒是也帝曰額間 其道答曰兩胸膛及後胯遍身而生瘭癧者乃陰毒也兩前膊及 顋頭者脊而生毒癧者俗呼曰肥瘡乃陽毒也兩牙関十乃舌二 上有赤色而瘡者心毒也兩眼下及湊堂中有赤瘡以

不□者肝毒也兩唇角及口中破裂而血出者脾毒也兩耆皆及通身毛瘙而尾鬃脫落者肺毒也四蹄下於湧泉穴上有竅而出膿血者筋毒也兩鼻孔中及準頭破裂而成瘡者氣毒也四蹄中焦枯堅硬步行而難者血毒也此謂十毒之症也凡治者應病以方藥而灌之湯藥而洗之膏藥而塗之末藥而貼之火針而刺之從陰而引陽從陽而引陰此謂攻毒之治也帝曰善乎此一言而終乃黃帝岐伯問答之至論也

瘡黃歌

三十六般號瘡黃　說與醫工仔細詳
馬因年少臕分大　陽盛陰衰榮衛強
春來不抽六脉血　夏來有時啫消黃

熱積三焦沉不救
皮理淹溜漸瘡傷
瘡癰本是形傷氣

氣壯生黄衰患瘡
肉腐化膿頻腫硬
氣常後理項医瘡

氣衰血濡侵於內
此種為瘡黄作勢
衛強使血離經絡

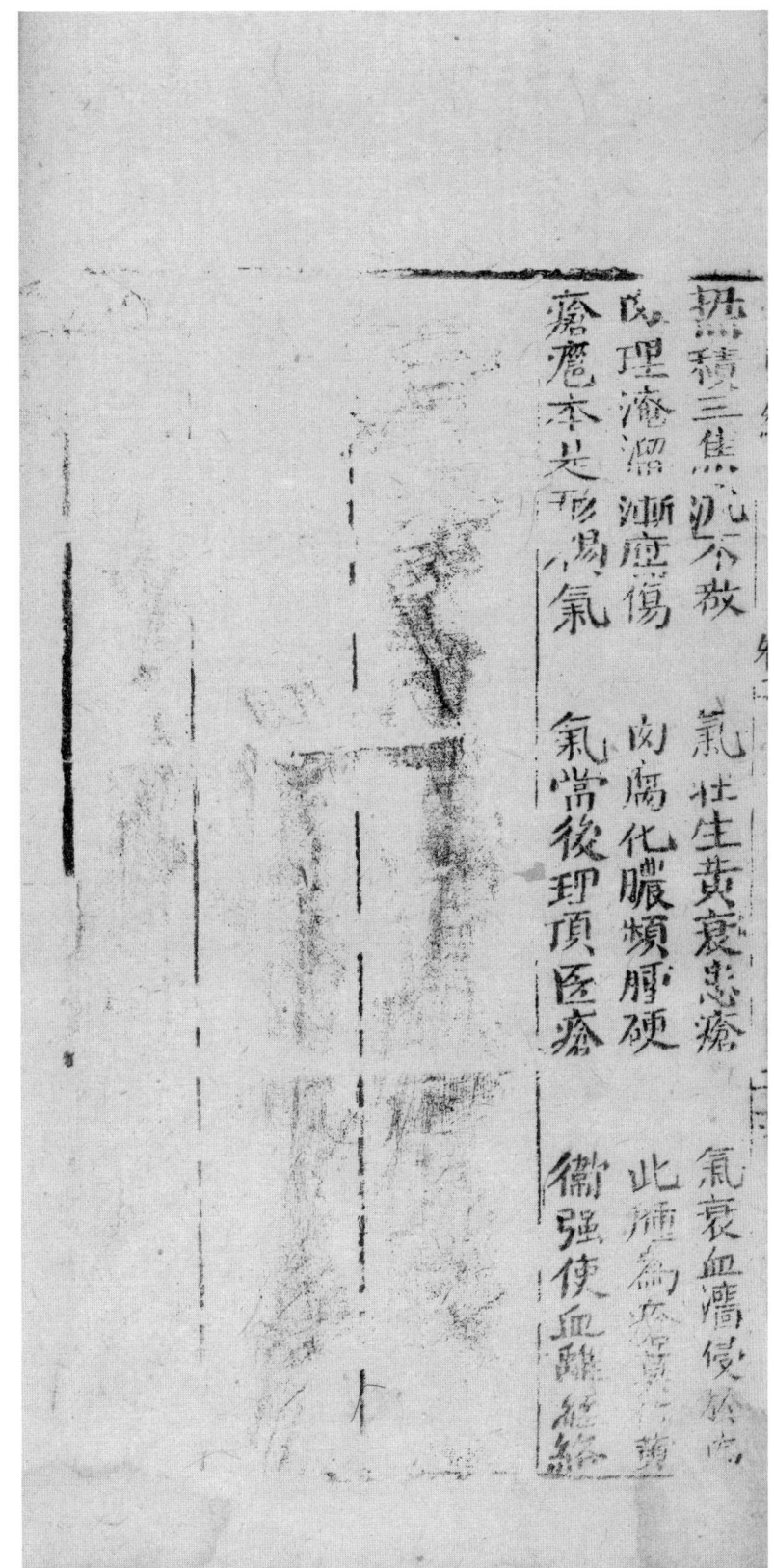

三十六黄

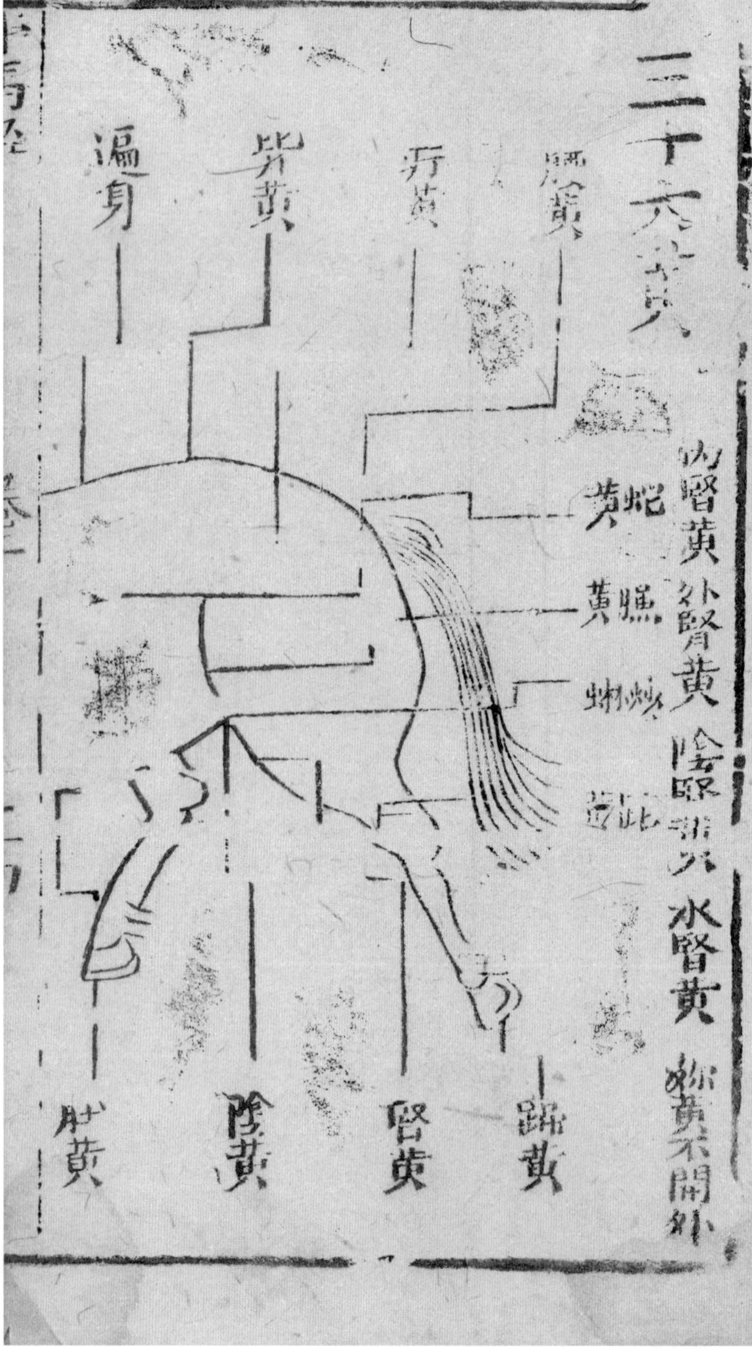

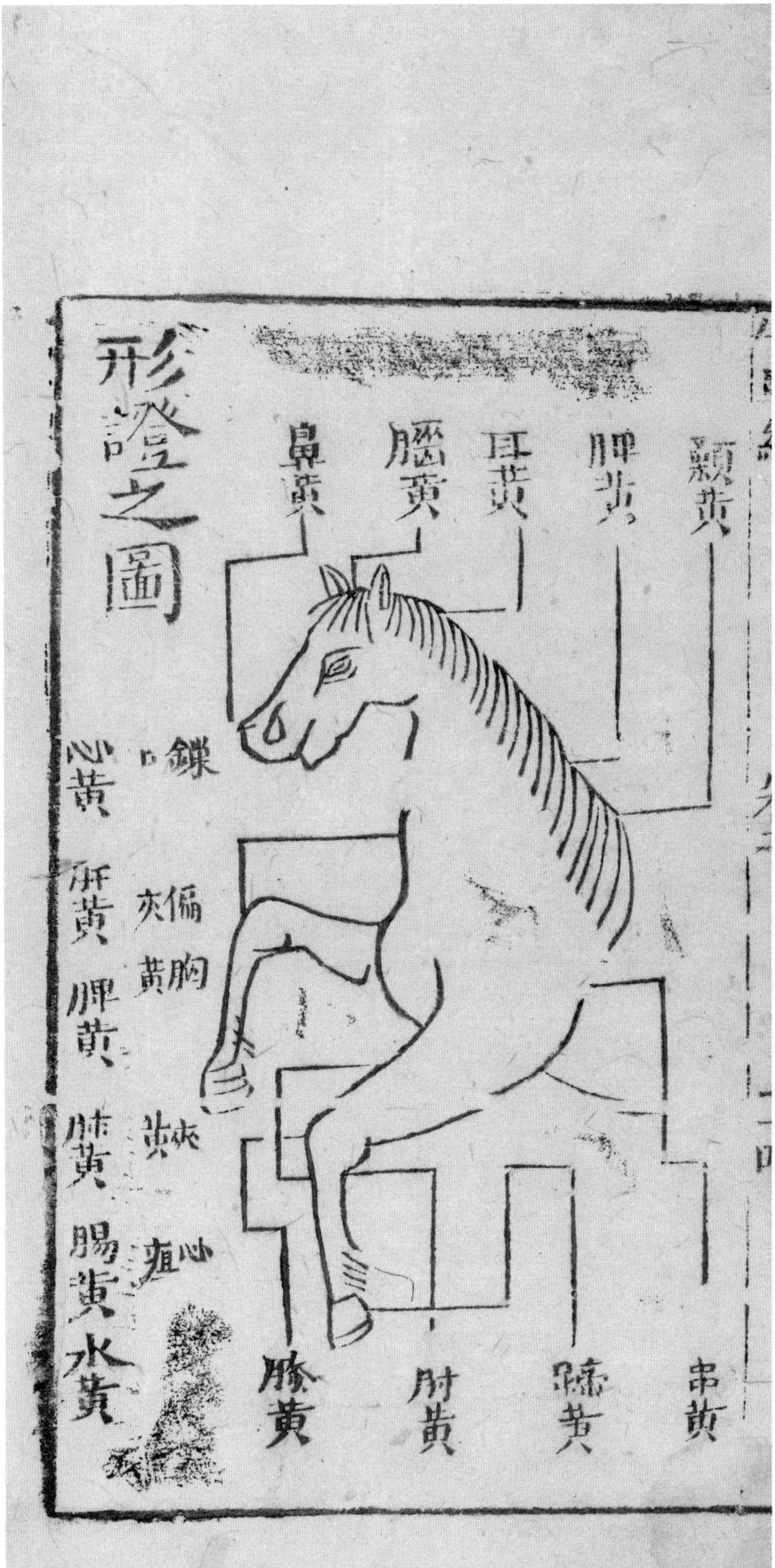
形證之圖
顙黃
脾黃
耳黃
腦黃
鼻黃
鏁口
心黃
偏胸夾黃
肝黃
脾黃
肺黃
腸黃
水黃
膝黃
肘黃
蹄黃
串黃

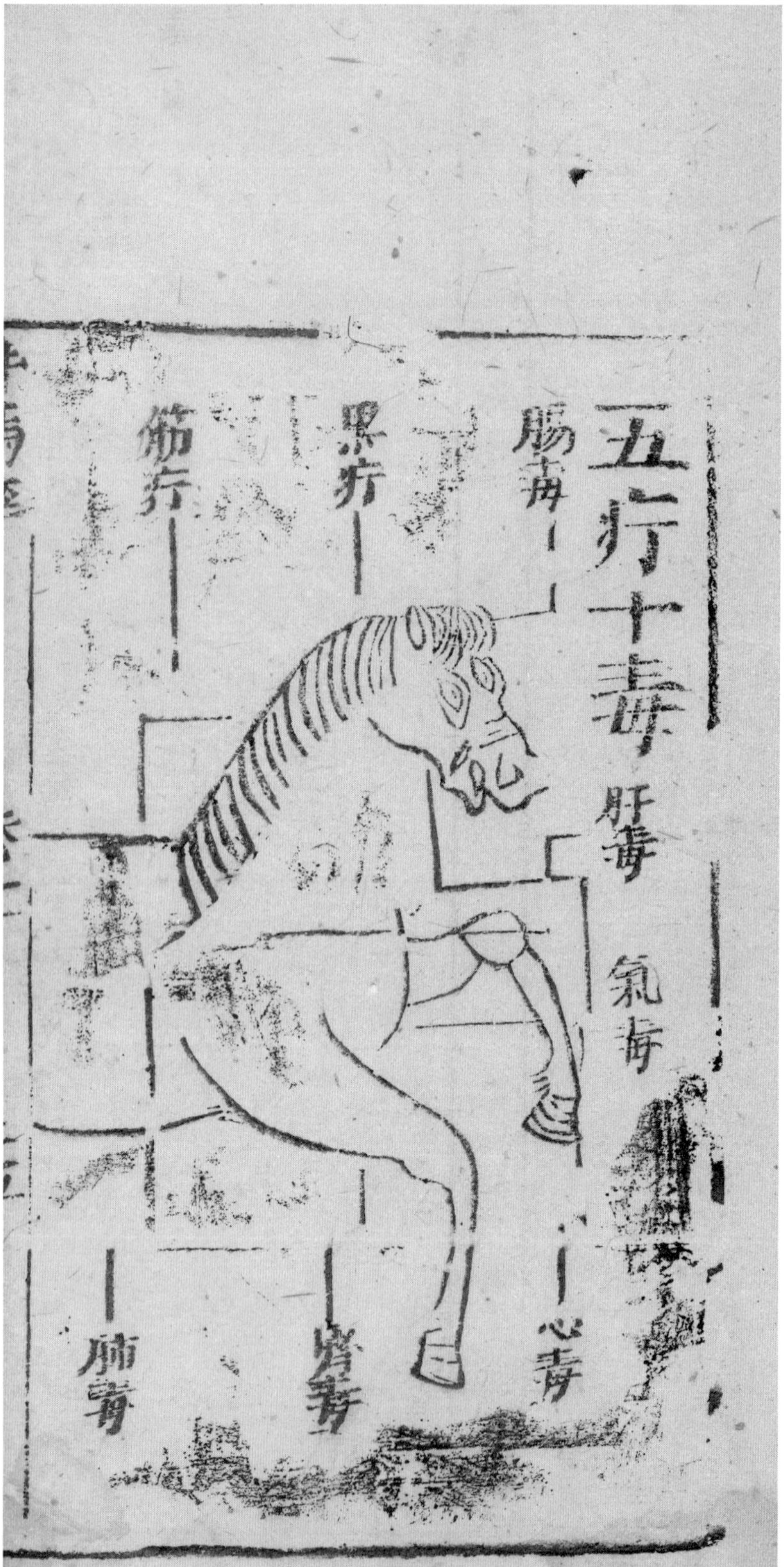
五疔十毒
肝毒
氣毒
心毒
腸毒
黑疔
筋疔
腎毒
肺毒

病源之圖

溢於膏脖結成囊　血瘀腫軟成黄水　此是大黄汸是宜
熱從内發因而得　先須導氣後医後　六脉有針須出血
消毒散嗺是奇方

五疔歌

黄癀磨傷黒點疔　五瘡方治說分明　點疔短續和酸醋
黄烏散惡氣筋疔　血疔必數真薑末　水疔洗淨貼烏金
十朝三洗三番貼　復本還元毛更生

十毒歌

馬思十毒數般医　逐一從頭說与加　陰毒渾身生瘰癧
陽毒遍体發瘡痍　心毒舌瘡口吐述　肝毒主瘡眼丁瘀

肺毒滿身毛退落
筋骨跪仁瘙為殃
此未陰湯十頃每
陽治陰瘡火針炬
潰肉爛盪前二洗
消黃內托兩相持

腎毒蹄頭膿血流
氣毒升瘙呼詨大
智者分調十種医
硬腫無膿燒鉄烙
膿消復腫用藥敷
歛口生肌膿血盡

脾毒口瘡唇角破
血毒四蹄止不移
陽毒陰毒寒熱雜
腫盛膿多令渠掏
大脉該針徹去血
臟腑調和諸毒愈

王良啌嗽論

且人之一獸雖臓形稟性之不同然資氣於陰陽未之有異也昔夫馬牛之屬繫於人之所畜苟失其調則風寒外感勞役內傷亦不能無病疾矣晉周靈王問于大曰王良曰馬之啌嗽多生於肺

岐伯大史答曰五臟六腑皆令欬咳非獨肺也王曰願聞其道
臾曰皮毛者肺之合也而皮毛先受邪氣以從其合而又食邪入
胃々氣上升於肺々與皮毛內外合邪主氣客氣兩相繫過則令
咳嗽矣又且肺為五臟之華蓋主於氣々之清濁將分則無咳
嗽若清氣不分濁氣々干肺則肺不能清道者亦令咳嗽矣然外
感內傷者則肺之先受之而傳肝々傳脾々傳腎々傳心々傳六
腑六腑傳三焦々々而氣逆氣逆而腹滿脹滿而咳也王曰五臟
咳嗽何以識之臾曰各有形狀而驗之肺咳之狀咳則喘息有音
鼻流濃涕也心咳之狀咳則前蹲跑地謂心痛也肝咳之狀咳之
則頭左額謂左脇痛也脾咳之狀咳之則頭右額謂右脇痛也腎

嗽之狀嗽則懸其後脚謂腰中痛也此謂五臟內傷外感之嗽也王曰五臟之嗽余已知之六腑之嗽其狀如何良曰肺嗽不已大腸受之嗽則氣喘息鼻流膿涕甚則屁出而遺糞矣心嗽不已小腸受之嗽則前蹄跑塵甚則咬齒頭垂於地矣肝嗽不已膽腑受之嗽則頭必左顧甚則口吐而有黃水矣脾嗽不已胃腑受之嗽則頭於衣顧甚則嘔吐而有長蟲出矣腎嗽不已膀胱受之嗽則懸其後蹄甚則小便而遺溺矣久嗽不已則三焦受之嗽則毛焦草細鼻流其膿身形羸瘦四蹄虛腫肚腹脹滿逆氣積聚乎胸膈也凡治者當養其心劑其肺清其肝總其脾滋其腎補其陰和其血順其氣調其六腑各從其類考証用藥則無差矣

咳嗽散

馬騾咳嗽說根源　不曉經書曉會难　八萬四千毛孔竅
肺經相合古來傳　誤飡邪物凝於肺　皮受風邪毛竅閉
外感內傷寒暑至　飢飽風寒勞役集　表裏合邪先從肺
脾胃心肝相接傳　肺壅發咳鼻湧湯　七焦乾嗽肺經累
草飽多咳因草損　擺頭連嗽肺風頭　五臟損傷皆令嗽
說與醫人用心看　肝嗽迴頭必左顧　腎咳之狀後蹄蹬
心咳俞是頻跑地　脾嗽迴頭向左看　胃傷咳吐長虫出
肺臟傷咳糞溢便　心嗽腑傷出硬氣　肝胆咳傷口吐涎
腎傷不已傳子腑　咳声小便滴連匕　好手医人能治療

調和五臟自然安　氣壅三焦頡腹滿　尪羸多嗽也無緣
鼻流膿血並腦顙　氣衄和錦死相撐　四肢虛腫啌無治
口色青黃嗽療難　血勞肺嗽依圖救　黃膿嗽鼻死來傳
經書之內分明說　仙人留下古金傳

起卧入手論

夫起卧者三十六般也外感着濕風寒内傷飢飽勞役冷熱相干陰陽不順氣血不調臟腑疼痛而不寧者故曰起卧也因久渴不飲或飲冷水太多冷氣入胃也或羸瘦過飡宿冷或老衰久露風霜或牧補被陰雨苦淋或繫向濕氣透入肌肉傳脾經脾嚾兩旁腎潮百脉以致脾胃合之陰令則令陰盛陽微氣血不順腹中作

痛者則令起卧也又或着月炎天氣驕負重乘飢而喂熱料熱草熱積於内已外合邪五心煩燥久渴而未得飲水遇冷水而飲之太過陽氣不升陰濁不降腹中作疼亦令起卧也是皆緣飲水之過不及也然飲水又叅牛馬之具但不能由己全賴人之所畨或於飲喂失調亦不能無病也是故三飲三喂着朝夕而不可缺也且如空腸料後飲水遽飽過草喂急疾驟停塞於腸而水充料積緊於腹内以致脾胃不和而冗佨造腸閉結内受病傳在大腸九積之間不能運轉之若或糞成結氣脉不得通宜腸中閉塞不利心胸悶亂疼痛難忍遂成起卧之疾此謂七緒之病也其大腸一丈二尺内蟠九曲九積四積受氣於前五蟠受結於後小腸二丈

四尺七彤八穳八髺三蟠粟精五穦繞水如汴河之道路運水谷
以出肛內轉於臟腑外應於皮毛三十萬三千一百一十腠理及
二尺七竅表裏無處此謂內通外達而追動也內經云結症者寡
症也停而不動止而不行也其狀有七故云暗藏七結七結之外
又有三結曰外三結也是故前結中二後結齊結吊結背子結大
肚板結此謂七結也又直門順結手結小腸結此謂外三結也小
腸者即胎轉也然三結者結在廣腸之內臟腑之外全油手刻時
而見效矣七結者暗藏於王文關中臟腑之內假如施針用藥入
手者未必便見其效又且大腸一丈二尺內蟠九曲九穳且論入
之手俱不過二尺何以得到一丈二尺九犢之中不通玄妙治則

焉能起死廻生近世医猷不察根源浅深又不知廻避凡遇閉塞
之疾不辨真偽未明于何所且就入手於谷道中進一手不見病
糞補手無言治法無措但損腸胃者十死無一生也凡入手者切
須細意進詳論病深淺治法立微先將右手指甲剪尽于石上滑
磨分肉不致縛破腸胃以温煖油水三升先嗺于谷道之中然後
再將油水於臍䏶上下潤温通滑免教入手澁滯徐徐用意塗于
于大腸𠃍通横之中左右前后穿腸漫漫尋似如遇横弦如毬打手
若律即須廻避勿令傷損再手别寂摸尋凡有㳺硬如毬打手者
則為病之結糞也得見病糞休得鹵莽慌忙看結糞於何所順逆
詳明其大腸一丈二尺前四尺前結中四尺中結后四尺後結凡

金入肛門廣腸有結糞者此謂外三結也繞三結而前於板腸中有結者乃大肚板腸也手背上有也硬而結者乃爲結背手也蓋結之前手伸而不到者乃爲男結究轉倒仰地而取之此謂七結之狀也又曰夫七結者結於板腸之前大腸之中九橫之內手指宜硬轉湧不過探見而不能取矣

十結之圖

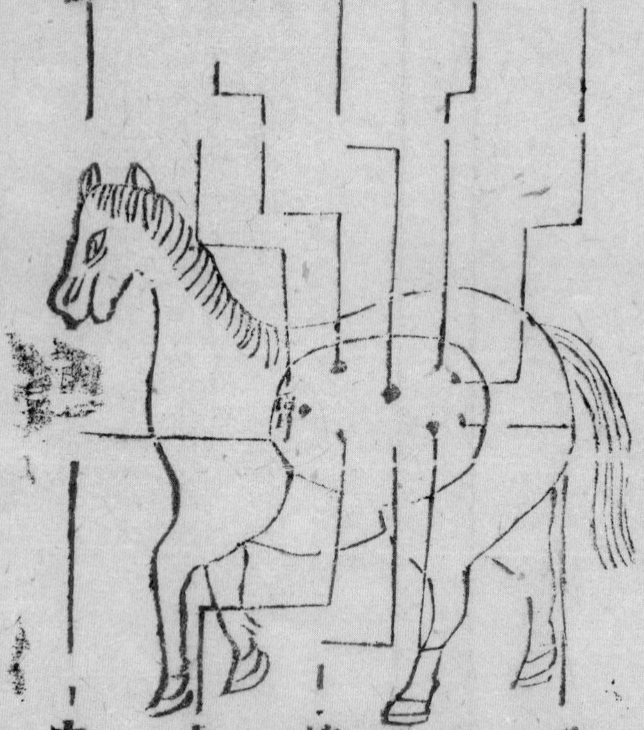

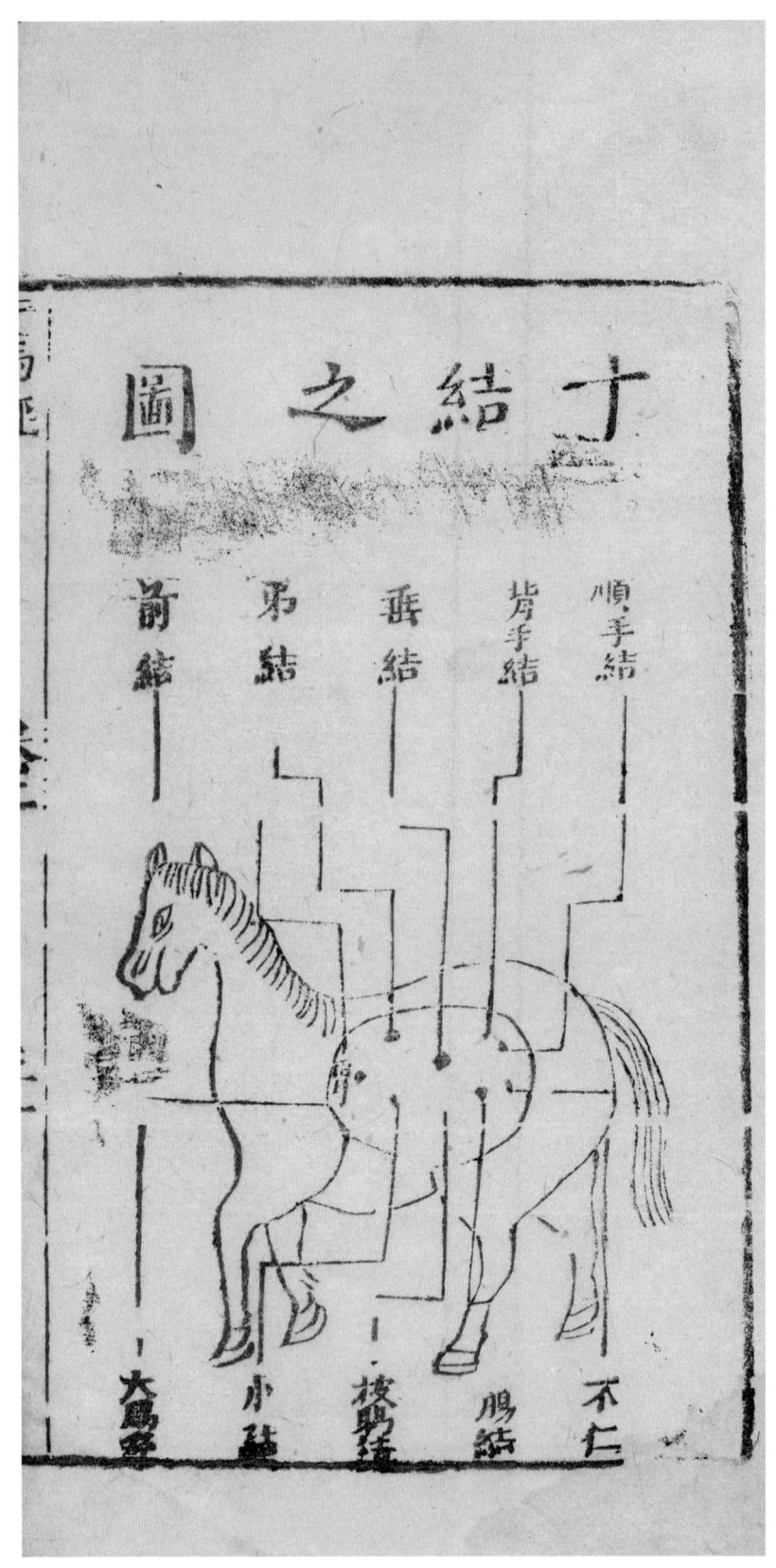

立取結糞之圖

臥取結糞之圖

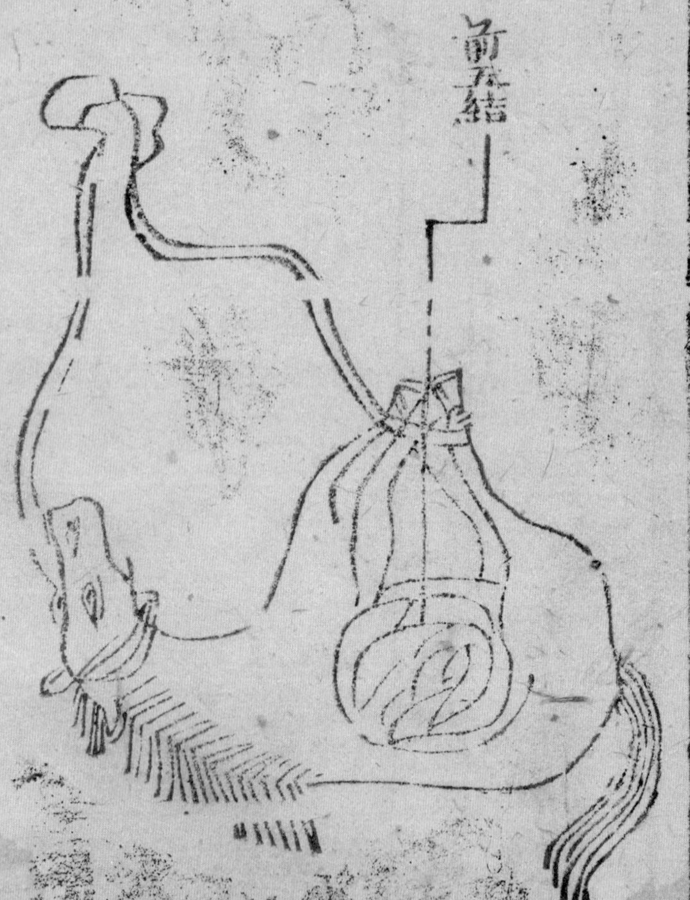

出者將焉治之曰須用立梲臨時應用可也備過前項病糞結在大腸九横之內森見而不能得取着原來須當細意從容以右手為虎就以大指虎口拳以四指夾掐於腹中摩定便糞恐對無偏膈腸輕輕按切攝病糞破碎為驗但有一二破碎者便見其效無不通剩莫手抵秘結治法取則徐入則緩燥則潤澁則滑秘則通氣則爛如鼓桴相應而無有不效者矣

起卧入手歌

論篤起卧有多般　次第且是入手难

小腸八横應八蟠　五横受結日膈夜

五蟠受水小腸旺　次第且看入手难

大腸九横應九曲

四横受氣也相連

横弦立胀須廻避

一尺三十王支開　入手多多用油水　莫教糞道向前進
行結之時靠外手　兩而披開細意看　裏結之時入手見
揄之拔動氣通宣　靠門結時熱口取　尸將油水推向前
背手結時翻手轉　合在手指恰一般　弔結之時須縛倒
兩頭墊起曲其彎　蛋結之時靠閉打　虎口撥破便能蘇
大肚被腸糞不轉　豬脂鹽鼓七聖丸　用棗調和速灌唱
盤飲中間氣接連　肉傷之時不打鼻　腰背板看亦似猿
擔上蚕傷不起臥　臥至多時起覺難　迴頭觀肚看兩肋
此馬多是損開前　口看臥蚕帶紫色　此馬必死不能痊
經書之內分明說　聖人留下古來傳

三喉論

夫三喉者顙黃嗓結喉骨脹也三者皆咽喉閉塞之症迺亦為急卒之病也且咽喉為𦞂水之驛遞臟腑之關津氣血之道路蓋緣馬為大畜象稟離宮蓄養失調喂飲無節春不擶大脉之血夏失嚾清涼之藥以致氣血太盛熱積心胸傳心於咽喉故成其患也又且心為帝王肺為丞相心主於血肺主於氣亡血流傳遍身以應四時寒暑多一遭為熱減一遭為寒或於氣血流行不足則脾胃受之而為五勞七傷之症倘如榮衛往來太過心肺受之則生三喉之病也或食糟脹穴或咽喉硬腫或瘰癧結之於舌下或硬痰填塞於喉中致令呼吸難通水草難咽喘麁氣逆鼻孔流膿生

嗽不爽音啞難低此謂三喉之病也医工分別三者治之凡欲治
者先須理氣次合清咽利膈脉減其痛大於於胸虛瀉徹心望再
於喉門通關穴輕則大針重則大烙診察盛衰辯則虛實量加施
用此謂致治之道也如食糟之內有瘰癧結之而脹者就於糟結
血中以針刺破取出病核此謂糟結也治法另開其頷頰喉脹者
医家斟酌而施偏氣喉腫合食頷無通伸頸直項偏次生黄喉內
有声如抽鋸者乃十死無一生也不可輕針刀妄加攻治如咽喉
平順呼吸以通腫而未合偏次無合方可許令開割其頰骨以下
氣頦之中去喉門四指中心是喉腧一穴凡三喉閉塞就於喉腧
穴中先用針鈎搭起大皮槍轉利刀割如小錢大圓窓口仍用其

鈎再將膜皮搭起待令其刀割去白膜勿傷採顙肌肉迴避食喉
血管仔細用心慢將氣顙胱骨䩕剜一節以中指夾稍先透其孔
搜尋血塊涎膿次用指𥫗一節安于血孔則令胸壅肚瘦呼吸通
宣矣

三喉歌

喉內黄腫氣　炙線熱積進　鶻脉須針徹　清黄灌有功
喉輸將刀割　膜皮去盡壅　㼐骨剜一節　須內真鬆[illegible]
竹筒安於大　徐白錦枝通　無血方為美　方顯神妙[illegible]

開喉之圖

骨眼論

夫獸之兩目如天之兩曜識崎嶇知深淺何所不賴察于般種萬物無所不憑故眼為肝臟之門戶內通五臟六腑外應五輪八廓五輪者其黑睛內應於肝屬木號曰風輪白睛內應於肺屬金號曰氣輪二眥代應於心屬火號曰血輪二瞼內應於脾屬土號曰肉輪瞳人內應於腎屬水號曰水輪此謂目中五輪內應五臟外合五行也然八廓者有名而無位也是故清淨之腑而為天廓膀胱之腑而為地廓命門之腑而為水廓受盛之腑而為火廓津液之腑而為風廓草穀之腑而為雷廓傳送之腑而為山廓三應之腑而為澤廓此謂八廓合之八卦也然血輪八廓總之于目內應

五臟先應于肝也肝者眼目之源也或于外感風寒内傷勞役榮衛往來太過不及傷于五臟傳之于肝〻受其邪外傳於眼也夫眼者乃五臟之精華應肝屬木故水火不可偏勝也故云肝者木也心者火也腎者水也若臟腑調和水火既濟木榮枝茂眼目光明如榮衛不足先傷於腎〻受其邪水之勝也水之勝者火滅而木則虧也令飲下元虛冷腰膝疼痛氣血太盛先攻于心〻受其邪火之盛也火之盛者水煎而令則衰也令飲上焦壅熱眼目昏朦是故心血攻而神倦則睛澀而羞明難視腎水煎而骨痿其目腫而悶骨生瘀致使睛生翳障矇盛難辨正謂骨眼之病也初時頭出渾如粟米日漸長大恰似魚鱗頻〻潤下日久磨得睛生

膜遮蔽瞳人匠工分別其偽治之凡欲治者擇令晴明日察無忌風雨陰寒莫犯血支血忌与夫本命刀砧將獸繩縛立正穩平存細於眼角大眥先將閉骨用針線度過分下膜皮以鋒利鉞刀割去病骨不損血輪為妙合用青相散嗺之兌月可成功而無有不應效者矣

骨眼歌

馬有三十六起卧　匠人箇々都讀過
偽學呼為骨眼卧　誤將閉骨令刀割
肚腹結痛轉胞疼　一病不除加一禍

骨眼之圖

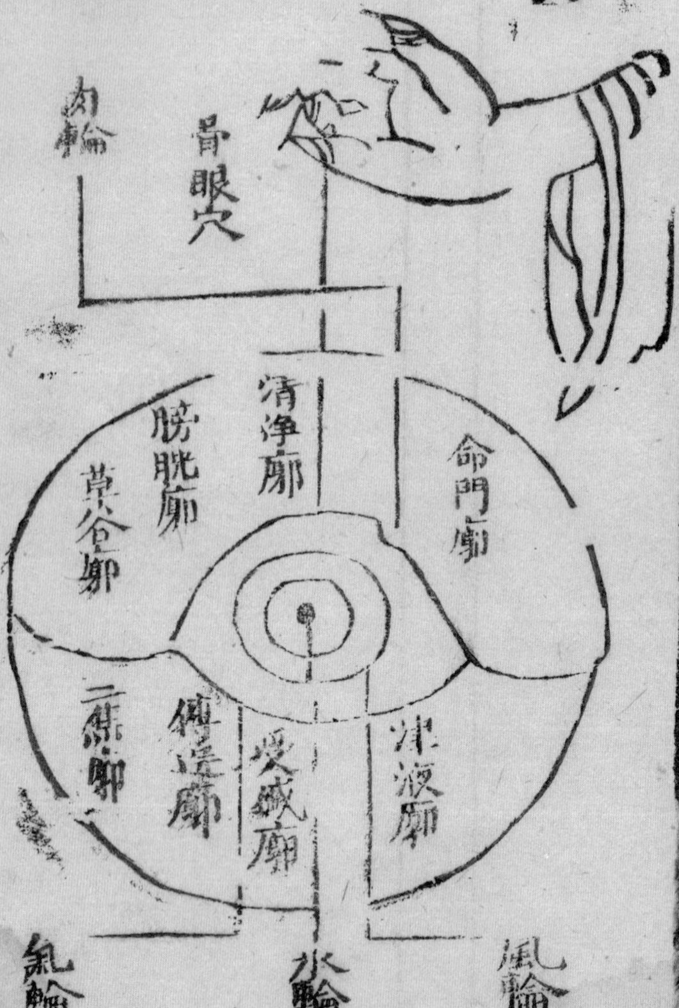

混睛之圖

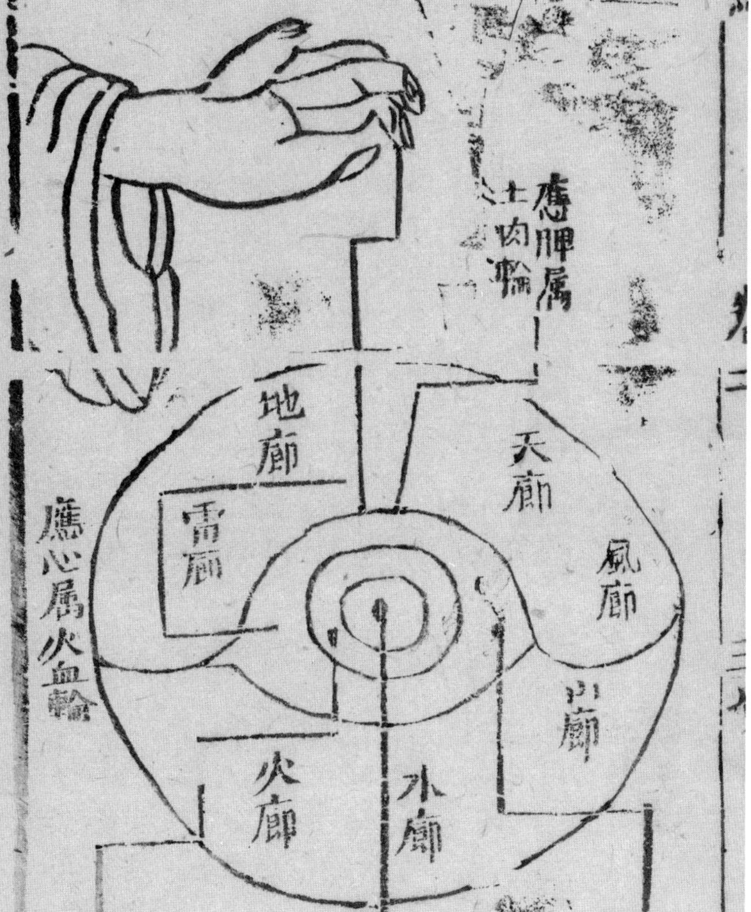

古來五臟眼医睛　初患渾如粟米粒　漸成長大似魚鱗
刑殘刀許針鉤割　眼疼何由犯眼輪　胃眼焉能有起卧
或發或落要診詳　五輪閃肯休傷錯　疊牙胃眼驗無定
聖人流傳千古濟　正工仔細用心判

瘡落空論

夫為眾生溜精者不錄五臟不在腸中又不是藥術相傳之病皆因枝夜生期外感邪疫注之于目陰陽交混變化而成形也他如夏冬秋初雨有氣未法　濁氣下雨陰陽交混之淳夜流行雷迷空宣發憂山川此謂天地發生不正之氣也內云其冬秋之月如夜間而有亦數遊若九幼馬五更不可此夜半刻其如中有棘刺上中

有菓網々中有露水々中有露毒故馬食草誤權蛛窩蛛絲一水誤入於目感天地之變氣受蜘蛛之精水文流目輪痛久故水火相交陰陽變化而成虫爽在于五輪之內往來不住遊走失所有似蛟龍戲水不能停息日久彈得睛生翳朦黑白不分凡欲治者眞患次第灌啗無應若論玄妙治法如神究須避忌風寒纔而刀砧無心愛々存日看睛明然然後纏縛立正穩平左手將開兩眼辨別渾睛白膜近下黑睛向上向間中心是關天一穴用線纏定白針尖長一分用心細意右手持針于開天穴上輕手急針一分虫隨來出便見其效矣

渾睛虫歌

年少光騮馬　三秋霧露中　蛛水入于目　變化遂成肉
渾如蚁開水　恰似戲珠龍　目淺頻含淚　時深眼瘴睛
藥点全無效　嗟咯未成功　欲通神妙訣　開天穴上針
黑白睛中刺　休教犯水輪　針出隨水出　師皇萬世功

論取槽結法則

槽結者胎中所受也凡取者先觀馬之形神別無餘証開取者尽槃若有槽結失取傳之鼻膿及遍身傳注而生肺毒瘡着十中得較二三雖取槽結亦認三般軟着是風結俱熱只用白針割破出瘀濃瘤瘊如板硬着是筋結雖取也摸着滑硬如毬着此謂槽結也夫取者忌避血支血忌本日卽刀砧擇令晴明温煖清晨空草用

好號頭于高平椿柱先將馬頭吊起先將以利刀向槽結穴中將大皮割破仔細從容勿得亂慌軟者血筒硬著為筋濇者是肉從土取下左右搜尋瘀核瘰癧一俱令割出肌肉勿令傷絡莫犯延窩舌胎廻避蛾眉血管如其血流可用下馬糞塞於刀口即止再以油鹽少許調入瘡內次日用新水于瘡口洗凈披尋積聚血膿惟時日復令春主如前再洗七日痊愈以濟世消黃散嚾之歌曰

槽結元從胎裡來　臟中飲血不能開　胃氣隨〻時毋出

血毒流傳結在頰　食槽裡面將刀割　医工仔細用心開

取槽結圖

少去丙边舌下肉　蛾眉迴避緊漗出　舌胎傷縮由方療
犯着蛾眉惹禍災

論前後十門

明堂篇針穴云耳後二針名曰風門穴也頰下二針名曰喉門穴也胸前二針名曰肺門穴也此二者乃為前穴門也四蹄堂後四針名曰蹄門穴也此為後四門也相对者左右相衝也十穴而號十門者乃為一十二道紅絡之関津三百六十絡脉之道也歌曰

良馬經中有十門　門々相对甚分明　二六風門分耳後
胸前丙道肺門針　頰下喉門挑左右　六穴分為前六門

前後十門圖

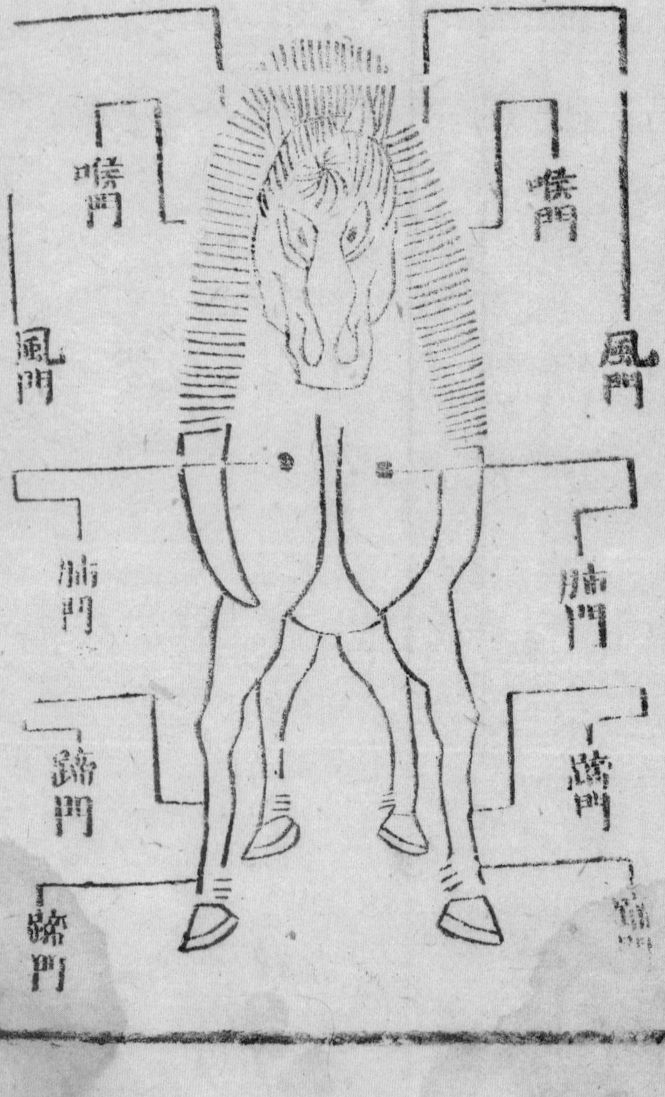

後有四門蹄上穴　四蹄掌後両旁針　八萬四千都比數
三百六十總關津　百五九道經和絡　盡在週身十穴中
此謂門匕相对歌　請君酌意用心精

論馬水火二騬法

東溪問於曲川曰騬馬法有絡筋不絡筋者何也曲川答曰絡筋者火騬也不絡騬者水騬也東溪曰何可用之曲川曰氣体弱者宜火騬也氣体壯者宜水騬也東曰両騬之法始于何時曲川曰氣体弱強勿論昔黄帝朝内出一賢臣姓董氏名仲先号通徹真人侍于黄帝之側因馬食人帝命仲先制之真人遂徐其所覌馬形神察馬臓腑用玄元夭術摘其肝胆汁其性愈矣後蹄驕不息

黄帝復命制之真人三往其處觀摽察本以砂性之法更名騸馬
奇法净其兩腎蹄齒息矣帝加其封之蓋有此騸猪有此法也凡
净腎之法有奇妙乎答曰按董氏經云净腎者上合天時下應地
利擇晴明日霧禁忌風雨陰寒莫犯血支血忌迴避本命刀砧滑
晨牽草于平坦地面將獸縛倒卧地穩乎右手持鋒左手撥穴仔
細用心于金穴上輕手急剖一鋒提出腎子推起皮膜以手摘淪
其腎拔被索其筋火燒鐵器烙之用新汲水將刀口膭血洗净油
塩少許傾入穴内即令放起徐步牽行拴養净室三七瘥愈此火
騸之法也傳流相繼至於漢楚分爭時有韓信因苦馬多発熱一
以來不利于軍遂易其騸法去其火烙用捜筋進步之工自節三

寸截之無筋五寸分之新水淨共着口油且少許入之朝夕牽行如前喂養此水騸之法也東溪曰二者何謂上下曲川曰二者不相上下騍騸者猪騸也存筋存生血凴憋炎烙令獸不損腰膀水騸若生騸也淨筋淨性血凴筋分令獸不生熱症是在用之者量觀儀衰而行之

歌曰

敗騸牛馬撥陰陽　牛有走腎馬連腸　臨期斟酌開瘡口
摘一分筋挼曲章　白筋二寸令刀割　血筋五寸莫教長
夾板東之燒鐵烙　比乃仙家淨腎方

驕馬之圖

劃鼻之圖

論馬劃鼻

問曰凡馬打鼻有言如棒花者何也答曰打鼻者洩三焦之熱也非善美而觀之四歲下歲有膔者方許副之蓋取鼻孔寬大呼吸通利令然不生熱症又且清利咽喉消除膈眼瀉心肺之火祛臟腑之熱邪疫不侵害矣故凡副鼻者擇令晴明天氣清晨空草將獸紲縛於高牢拴柱用好韁頭先將馬首東定立正穩平左手執襯領之鼻孔右手持鈹於氣洵上有下而上副之駈鳶馬直仔細從容穩厚梁穿左右勻停休傷松骨迴避血管勿損果筋為妙以新汲水將刀口積血洗淨拴養淨室勿近舍簷七日之後令養主朝夕祛後不致倦亦禾生合旬日痊愈此劃鼻之法也

割騸法歌曰

四歲以下受騸時
全身瘙痒發瘡痍
三焦熱毒俱洩出

新刻牛馬經卷之二終

傷肥肉重少乘騎
氣海穴中須令割
萬里長途任意騎

精神恍惚多驚悸
句傍八字兩边乘

脉色胎氣者潰鼻洪数唇舌燥紅胎風者腎脉壅滯口色紅緑治
法胎氣者當歸散啖之胎風者火針百會穴掠草穴搶風穴麒麟
碣治之喂養增加料草麩料喂之調理散縱于廄其聽自臥自起
鮑馬糞地鋪之戒忌飲冷腸水拴澤之處

補益當歸散　治馬胎氣
當歸全　破故芷　麒麟竭　白芍藥　自然銅醋焠　胡芦巴
紅花　胡瓜子　骨碎補　益母草炒　荷葉　淡菓
退翅　海帶　龜板醋炙　虎骨酥炙　漏芦

當歸散　治馬胎氣
當歸全　熟地黄　白芍藥　川芎　枳殼　青皮

原書卷三缺第一、第二葉

右件為末每服一兩半加紅花一錢水一盞同煎三沸温灌

麒麟竭散　治馬產後胎風把前把後病

麒麟竭　胡蘆巴　當歸　沒藥　白朮　木通

川練子　巴戟　破故芷　牽牛子　茴香　藁本

已上各等分為末每服一兩半黄酒一升同煎三五沸候温灌之

馬患胎病第三

夫胎病者胎駒患病也皆因大馬姙娠太重肉滿肥壯起行不便睡卧失調仰凹處起之太急過峽道狹轉以致虧傷孕馬閃損胎駒令獸肚腹脹滿蹊躁蹲腰駒胞溺濁氣促喘麤此謂胎動之病也医人入手驗之駒活者急血安胎藥灌駒亡者水道即與取之

休令損傷胃迴避臟腑膀胱補益當歸散治之
色脉俱見洋滑口色青黃治法驅活着嗺安胎白朮散復皮嗺已
者服些駒補益當歸散嗺之喂蒼耕加料草熱麥湯溫水飲之調
理散縱于厩穣草鋪地臥之戒忌寒來休拴外喂 二朝冷水忌之

白朮散　治馬胎動安胎

白朮　當歸　川芎　人參　甘草各三　砂仁錢三
熟地錢三　陳皮錢三　紫蘇　黃芩錢各　白芍錢五　阿膠炒大

右為細末每服一兩半生薑一斤水一升同煎五沸候溫灌之

復皮散　治孕腹痛不停

大腹皮　人參　川芎　白芍　地黃　陳皮

甘草　桔梗　半夏　紫菀　已上共為細末每服一兩半細切青蔥三枝水一升調煎三沸候溫灌之即痊也

當歸散　治孕馬胎死腹中取駒灌此藥即妙方

西江月

當歸沒藥海帶　漏蘆荷葉款花　百銅破芷胡巴
虎骨敗龜酥化　骨補連翹茴安　麒麟石藥甜瓜
胎前産後足麻　升酒調煎灌下

馬患揭鞍風第四

夫揭鞍風者揭鞍外感風也皆因騎來有汗簷下卸鞍賊風乘虛之入皮膚初患渾身皆擦欠傳肌肉腠理凝麻日久追之乎心則

令四肢僵硬口内垂涎耳聳尾直牙關緊閉难開不食水草此外感風邪之症也追風散治之

師皇曰凡治揭鞍風者相其形狀尾搐腿硬牙關不鼓緊者此謂下元所感之症也發汗散治之

形狀耳緊尾直眼急驚狂牙關口内垂涎脉色浮兒遲細口色鮮紅治法徹鶻脉血絡風門穴伏兎穴百會穴追風散灌之喂養增加草料口不佳食牙關自是開矣調理時常騎走繫於煖廐汗息方可卸鞍戒忌簷前栓濕地卧空腸水一切風寒忌之

追風散　治馬揭鞍風

麻黄半兩　烏頭去皮一兩　白术二兩　川芎二兩　防風二兩　細辛一兩

白芷二兩　蒼术炒各二兩　右為細末看病大小遲多大者每服五錢小者四錢溫酒半盞同調灌之

硃砂散　療風開孔

硃砂一錢　雄黄二錢　皂角一介　瓜蒂二錢　射香少許

已上共為細末每服一錢裝竹筒於兩孔吹之一日兩次吹之

馬患心黄第五

夫心黄者熱氣攻心也皆因料後飲水太過水穀相併傷於脾胃胃火微弱陰氣生而傳入心經心傳於肺肺氣熱盛攻之於鼻鼻者肺之竅也氣血相凝積於準頭發生病骨有似生黄菌茸而發也令獸腸中作痛覷腹跑蹄連臥地鼻中出血此謂熱氣攻心肺

安其邪也順氣散治之
脉色卧蚕白色危脉微遲治法割雙豊穴鍼三江血徹蹄頭血順氣散噇之吹鼻散吹之調理不住騎走或溺或泊遺和愈矣戒忌當口勿令飲水寒夜不可拴外厚馬不可吹鼻

順氣散　治馬薑芽腹痛起卧方

陳橘皮　青橘皮　檳榔　厚朴　桂心　細辛
當歸　茴香　白芷　木通　砂仁　甘草

右件為末每服二两飛鹽三錢細切胃葱三枝苦酒一升同煎三沸候温噇之

吹鼻散　治馬傷水起卧方

藜芦　胡椒　半夏　白芷　瓜蒂　芸台子
射香　皂角　右為細末每用一字裝竹筒内吹于鼻中
不住棒行鼻中出水或溺之大效

馬患脱肛第六

夫脱肛者臟頭脱出也皆因力敗羸駿勞傷瘦馬或負重而上高坡或夜卧仰於西陽為因努力以致肛頭努出風吹瘀膜冷硬難收令獸不時努噴尾掘腰弓頭低耳搭草細毛焦此謂臟冷虚氣力乏努傷之症也養臟通関散治之

脉色沉遲細一色微黄治法煎落花穴通関散灌之防風散煎湯洗之調理增料草減勞傷寒夜暖處拴之戒忌七日勿令騎驟

通關散　治馬大腸風臟頭翻出頻頻驚擾拋糞不下

郁李仁　麻子仁　桃仁　當歸　防風　皂角子

羌活　大黃

已上各等分為末每服一兩半生油半盞水一升同煎草前灌

防風散　治馬脫肛

防風　荆芥　花椒　白礬　蒼术　艾葉

右咀一處水二升共煎三五沸去渣滞滞熱洗淨血膿先用剪刀去尽風皮膜纯以中指入肛取出硬糞一粒再洗去血送入肛頭乾履底炙熱熨之

馬患黑汗第七

黑汗者血瘀不通也皆因蓄養太盛肉重膘肥喂多騎少料毒聚於腹内瘀血積在心胸氣凝瘀血閉塞不通胸中壅極致成其患也令毅渾身肉顫汗出如油行如醉六目瞪頭低此謂血瘀之症也茯神散啖之

膘色色黄脉洪者生色黑脉沉者死治法徹鶻脉血三江大血茯神散嗺之巧治稍刀於尾尖血上十字劈之調理一繫于涼処揺衣帶熒膳井花水頭上洗之戒忌勿令撵行休拴煖処

茯神散　治馬黑汗病　茯神各錢　硃砂一錢　玄黄一錢

右研為細末糞浸水半盞瓊碾取汗半盞猪膽汁半盞同調灌

又方　治馬黑汗　乾馬糞安于瓦上用八髮蓋之以火燒令烟

入馬鼻中少刻立瘥

師皇曰黑汗者汗之極也凡治者汗出有乾處的可治汗出無休者难医舌如煮豆汗汗出如油者亦难治也五臟論曰舌如煮豆経死汗出如油心血色　王良歌曰

四足难移步　遍身汗似油　卧蚕青紫色　此病定难留

馬患寒傷閃傷腰胯痛第八

腰胯痛者一謂寒傷一謂閃傷也皆因衰羸老瘦蓄患失調遠行乘熱而渡河卒至卸鞍而帶汗遣縱于淋雨之中夜卧于寒湿之處濕氣乘虛而入腎經受寒邪而傳之腰胯又或奔走失調閃傷壓損滞氣凝胯内瘀血注積腰間令獸前行後拽胯股腰拖毛焦

胯吊耳搭頭低此謂前熱後寒氣血凝溢之症也凡治者溫中和血分別兩症治之

師皇曰凡馬腰胯痛病治者先令相其行步蹲腰行者雁翅痛也吊腰行者脊筋痛也雁翅痛者実傷也脊筋痛者閃傷也須分別治之

伯樂曰凡馬寒傷蹲腰行者火針大胯汗溝穴門傷吊腰行者織尾本穴血大效

脉色腎命脉濇舌鮮紅治法寒傷者茴香散懽之閃傷者紅花散懽之調理晝繫于廄夜散于麻稭草鋪地臥之戒忌臥于濕地

腰胯痛卷風吹

茴香散　治馬寒傷冷拖腰胯病

茴香　肉桂　檳榔　白朮　巴戟　白附子

當歸　牽牛　藁本　川練子　肉豆蔻　蓽澄茄

已上各等分為末每服兩半匙塩三錢苦酒一升同煎三沸候温空草嚾之

後温散　治馬後寒冷拖後脚

高良姜　白附子　茱萸　蒼朮　厚朴　白朮

白芷　細辛　右為細末用藥一大匙酒一盞調煎三沸候温迭入糞門廣腸中不住牽行以拋糞帶出白膿為驗凡三次痊矣

又方　治馬後寒

用麵麩一升以醋拌溫令勻炒熱裝入袋內搭于腰上隔宿去之

紅花散　治馬患腰後胯滯氣把腰馬

紅花　當歸　沒藥　茴香　練子　巴戟

枳殼　木通　烏藥　藁本　右為細末每服二兩

飛鹽一撮春冬溫酒一升秋夏白湯一盞同調空草灌之即差

馬患敗血凝蹄第九

敗血凝蹄者蹄甲焦枯也皆因乘騎遠驟卒至卒拴來得標散血

滯于蹄又或久拴久立血注蹄胎以致蹄甲漸長日久失于修削

致筋甲焦枯蹄頭堅硬令獸把前把後攢曲頭低卧多立少起走

如攢此謂血毒之症也烏金膏治之

斷酌凡馬走傷料互攢痛爲与此症形状相同受病不一治鉤也令

師皇曰敗血凝蹄者蹄頭堅硬也凡治者修蹄大剉塗晉于臍大

燒鉄烝烙之

脉色部開平正唇日鮮明治法削垂泉穴烏金膏塗蹄烙之三字脩

三烙瘥矣調理晝縱于蒭夜散于廐沙土鋪于廐内陳猪脂塗于

蹄甲間戒忌切忌火燒熱地去脉不可施叶

烏金膏　治馬血毒蹄頭痛

紫礦　力青　黄蠟　人髮燒灰

已上四味於銚内鎔成膏先用力刀削去死蹄硬甲塗膏于蹄

火燒鉄器烙之

馬患肺寒吐沫第十

夫肺寒吐沫者氣凝肺家也皆因乘騎緊驟過冷水飲之太急傷於肺脘肺氣凝結津液變化成涎致使精神困倦耳搭頭低項上剉齒吐沫垂涎此謂肺受寒邪之症也清肺半夏散治之

凡馬心經伏热舌上生瘡口内垂涎者與此症寒熱相同治者勿得錯之也

師皇曰吐沫者津液不清也凡治者和血順氣理肺清痰飲冷水奮永嗺之也

脉色脉洪唇赤者心热瘡涎脉沉唇白者肺寒痰沫治法清痰半夏散嗺之調理喂養廐内飲水勿令太多騎乘挨縱緩時解卸鞍

忌寒夜不可外拴五更不可野放

半夏散　治馬肺寒馬口吐涎沫病

半夏　升麻　防風　飛礬　右為末每服兩半

蕎麪一匙蜂蜜一兩生薑二分酸漿一升同調草飽灌之

馬患慢症第十一

慢症者絶症也皆因暑日天氣燃遇陰雨淋之太過傷于脾經脾傳于胃胃火微弱傳入肝經　肝大虧傷遍傳五臟五經衰敗致成其患也今獸精神倦怠腦吊毛焦頭低眼腫行立如痴此謂肝危之症也無方無則治之

師皇曰慢症者秋症也五經衰敗虧由勝也凡脉大唇紅者可治

脉微唇白者难医頭低眼腫者难治也逢秋者亦难治也
趙氏曰凡馬漫症脉胞腫者肝絶也逢秋盛者金克木也脉微唇
白者氣衰血敗也
五臓論曰肝危眼腫頭垂地五十四死曰慢症逢秋命必危
脉色論曰慢症脉微白藥难醫三秋口白十中九絶
脉色浮晃微細口色如綿

馬患羅膈傷第十二

羅膈傷者一名肺類黄也皆因畜養太盛内重膘肥草飽乗騎奔
走太急湧廏損心胸氣塞咽喉吐之不及肺頭脹烈羅膈傾頽令
獸喘麁氣促咳嗽連声口吐血沫鼻孔流紅此謂王破肺傷之症

也亦無方治之
師皇曰羅腸傷者胸腸傷也一而龕氣粗者肺咋也鼻中血出者肺
破也难以治之
五臟論曰肺顏氣抽金部敗鼻中血出肺金危
王良歌曰鼻內流鮮血喉中氣出忙唇口枯骨色此病必須亡脉
色唇如枯骨脉似蝦遊
道可道先生曰唇如枯骨諸經絕脉似蝦遊五臟竭

馬患水椋肝第十三

水椋肝者水沁腹肝皆因久渴失飲重傷飲水太過侠于擁散積
注腸中不能運化滲于腸中停于腸下沁椋其肝也令獸㾞如醉

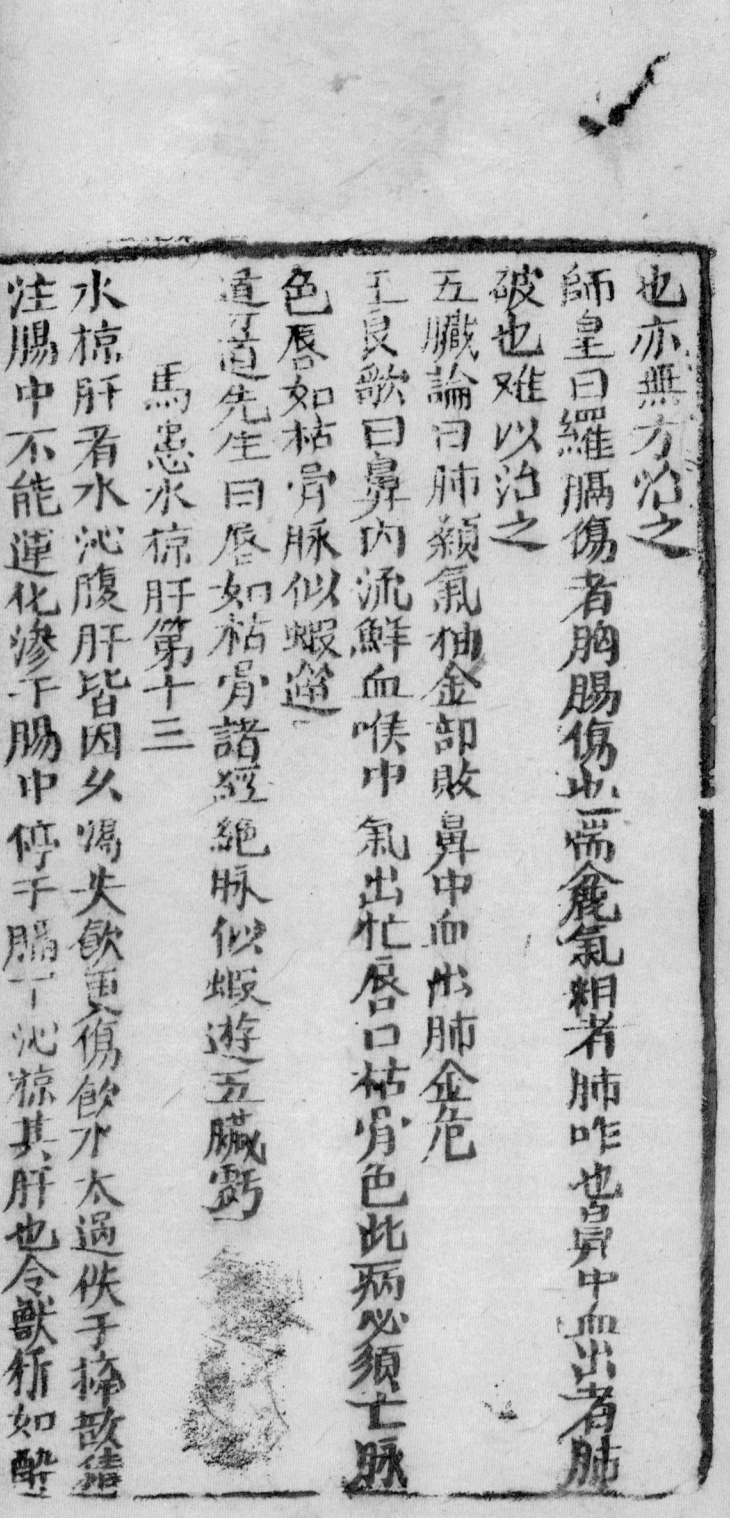

犬兩眼如痴白穿迴血水汗出無休此謂肝絕之症也無方無則治之
師皇曰水掠肝者冷水傷其肝也行如酒醉避迴血水者肝之絕
也难以治之
王良歌曰梼行似醉痴唇如煮豆色鼻中迴血水先賢無治則
脉色脹如屋漏色如炲煤
趙氏曰凡馬水傷卧蚕青紫渾身汗出不住者陰氣太盛血之所
化也难以治之

馬患蜱虫咬袖第十四

蜱虫者氣化也皆因喂養太盛肉滿膘肥口久失於洗浴瘀汗泥
于毛竅垢塵凝滯肌膚疥瀰交混汗濕相攻痞氣化生而為虫矣

在于袖袋之中有紙蜂雖蝎蛰令獸忽時倒地四足稍空起而後食水草如常此謂蛍咬陰腎之症医工择去其虫貫仲散煎湯洗之燃

師皇曰蝉虫者汗痞相生也化治者剛糞燥袖医家鼻取摘之

安驥集曰勞動医人神上覔摘卸之時便得矣

脉色準㒵平正口色平和治法袖口内蝉虫摘之貫仲散煎湯洗之調理冬栓浄室夏繫凉棚槽道糞溺潔之禁忌穢処勿令槍之

貫仲散　殺虫

貫仲　鶴虱　花椒　臭橘　蕪荑　蛇床子

右咀一處水二升煎三沸去渣将獸縛倒摘去蝉虫次令湯藥将袖口斷過帶热洗之

馬患前結第十五

前結者大腸前面而結也皆因料後乘騎驟驟歸來復又喂之況其喘息未定口涎未清又且食之太急以致殃衷料草相纏一擺遂入大腸前面四尺緊散而成結也令獸肚腹滿脹咬臆跑肭不時卧地足仰朝天此謂前結之症也以攏骨通開散嚾之

師皇曰凡馬起卧肚脹滿仰咬臆者前結也医工入手驗之入手短促不見糞者通腸剤糞嚾之喘麁氣促口色青黑者内傷腸胃也不堪治之

王良曰大抵怕青黑兼憂喘息麁神功也不救遲治氣全無脉色右尾中濇而況口色赤而帶紫治法徹蹄須血通関散嚾之

脹不效魚淶湯調馬牘九嗜之調理不住槎行用搨篇于腹下
剖之戒忌當日飲水忌之

通關散　治馬大腸閉結

續隨子　膩粉　滑石　木通　鼠糞　牽牛
酥油一合　皂角炙　右為末每服二兩生油四兩灰
湯半盞苦酒一盞調煎三沸入大黃末一兩硝一兩灌之

馬患中結第十六

中結者大腸中而結也皆因膘肥肉重遠騎奔馳乘熱而餵生料
料後而飲冷水冷熱相聚致使脂膜裹料積于大腸中而結也
令獸肚腹脹痛仆地卧跑胸進已起卧鼻咋喘急此謂中結之症

也將獸絆縛塗油入手膈腸推破病糞刺時而見效疾入手須促不能足者馬價丸嚾之

師皇曰凡馬脹痛仆卧跑胸者中結也医工入手取之腸中餘積未尽不住起卧者巴豆為末和馬價丸嚾之

王良歌曰仆卧咬胸膽糞結在中宮若能除瀉得巴豆散為珍

脉色右見中滴而沉口色赤而帶紫

治法於蹄頭血塗油入手取之馬價丸嚾之調理不住擇行竹掃箒腹下刮之

戒忌當日不許飲喂巴豆不可生用用之即死

馬價丸　治馬七病

巴豆去殼三兩 五靈脂 牽牛 甘遂 大戟 滑石
瞿麥 木通 續隨子 川大黄 香附子
以上各二兩共為細末醋竹麵糊為丸如弹子大每用一丸擂
碎溫酒一盞和生油四兩嚾之
又方 用鱔魚一尾水一升於銚内煮一沸去魚取半生半熟入
湯和生油四兩嚾之

馬患後結第十七

後結者大腸後面結也皆因空腸而喂乾料已後而飲冷水已充
谷料積于大腸後面而結也令獸肚腹飽脹覷後迴頭起而復臥
臥而後起此謂後結之症也医工入手取之起臥不佳者打結丸嚾之

師皇曰凡馬肚腹脹痛廻頭覷腹者後結也塗油入手取之氣脉不通不佳疼痛者打結丸灌之

脉色口色赤而帶紫舌皃中濇而沉

治法徹三江大脉血滴頭血塗油入手取之生油苦酒和打結丸一灌之

調理不佳樁走木枕肚下刮之

行結丸　治馬臟結

續隨子一兩　郁李仁三兩　皂角半兩煨　瞿麥一兩　鼠糞四兩　榆白皮一兩

牽牛子一兩　芫花一兩醋炙

以上共為細末麥麵半斤打糊為丸如彈子大每服一丸細切青葱三枝苦酒一盞同煎三沸入生油四兩童便半盞灌之

馬患冷痛第十八

冷氣者陰氣太盛也皆因久渴失飲空腸誤飲冷水太過停立不散傷之於脾脾傳於胃胃火微弱不能傳送膀胱積于腸內氣不升降腹中作痛令獸渾身發顫觀腹迴頭連連卧地鼻咋喘麄此謂冷傷之症也橘皮散治之歌曰

師皇曰冷痛者尋常之病也飲水太過腸中作痛也凡治者和血氣燮臟温傷腸橘皮葱酒灌之

王良歌曰識得尋常病先須用橘皮檳榔為第一葱酒最相宜

趙氏曰冷痛者傷寒所致也其痛有五医家先令观其外形分其內痛藥施加減灌之

脉色左脉中沉而濇卧蚕唇舌如綿
治法針四蹄頭血三江大脉血橘皮散嚾之射香散鼻内吹之
調理不住騎走用竹掃箒于腹下刮之
戒忌寒夜休拴冷處當日勿飲冷水胎馬勿令吹鼻

橘皮散　治馬傷水腹痛起卧

青橘皮　陳橘皮　厚朴　桂心　細辛　茴香
當歸　白芷　檳榔

右件為末每服二兩葱三枝飛塩三錢苦酒一升同煎三五沸候温嚾之
加減○大腸痛本方減白芷加蒼术木通同煎嚾之小腸扁本方
加吴茱萸蒼术同煎嚾之胞經疼本方加茴香加木通只梳茴

蹄滑不同煎嚾之冷氣痛本方加皂角及蘖同煎嚾之脾經痛

本方減茴香加白术甘草同煎嚾之

射香散 治馬傷水方

射香 瓜蒂各等 藜芦 半夏 明礬 皂角多一挺

以上共為細末每用一字裝竹筒中吹于鼻中滴下清水溺之大效

急救方 行在途間鍼藥不便用此方治馬起卧

青鹽一兩 飛鹽半兩 山胡椒半兩即茶萸

以上又味共同搗爛好酒一大碗調煎二沸傾出楊去大氣帶

熱嚾之瘥後住行溺之大效

又方 用黑羊膽內裝乾姜候陰乾復碾為細末點眼中不住瘙

行溺之大方

馬患熱痛第十九

熱痛者陽氣太盛也皆因暑月炎天乘騎地里窎遠鞍屜失于解御乘熱而喂料草熱積于胃七八過行經絡也令歡頭低眼閉[illegible]立如痴卧多立少惡熱便陰此謂暑傷之症也香薷散喟之

師皇曰熱痛者熱之所致也凡治者消頭目降陰火滋腎水化胸痰兩針喉血刺之

岐伯曰凡多熱症腰胯痛者前熱後寒之症也凡治者清心解表滋腎補陰寒凉之藥不可太過權之

王良歌曰前面熱來退腰疼[illegible]却行遲是熱須醫熱少將冷藥調

脉色變黃渙數唇舌鮮紅
治法徹鶴脉血香薷散灌之
調理散養清涼之處 水浸青草喂之 戒忌倏栓煖処諸料忌之

香薷散 治馬熱症抑暑
香薷 黃芩 天冲 甘草 柴胡 當歸
連翹 花粉 山梔子
右等分為末每服二兩蜜二兩漿水半升童便半盞同調草灌
之

馬患胞轉第一

胞轉者一名小腸結也皆因乘騎湧急卒熱而飲冷水水夾入腸

且又加之緊驟清氣未升濁氣未降清濁未分冷熱相繫以致膀
胱閉塞也令獸肚腹脹痛踏地蹲腰欲卧不卧打尾跑蹄此謂胞
轉之症也滑石散治之
師皇曰凡馬起卧肚腹脹滿蹲腰臥地者胞轉也凡治者清膀胱
利小水瀉相火順陰陽水道入手撥之
脉色右見中濡而沉口色紅而待紫
治法徹三江血滑石散喧之水道入手撥之
調理徐匕牽行腹下刮之　戒忌當日禁止飲喂
滑石散　白馬胞轉
滑石　澤瀉　一心　川楝　知母　黄蘗酒炒之

猪苓　右件爲末每服二兩水一升調煎三沸入童
便半盞帶熱空草哩之

馬患陰腎黄第二十一

陰腎黄者濕氣流注膀胱也皆因久渴失飲空腸誤飲濁水太過
傳于不散積在腸中陰氣生而傳之於腎水水相合水勝而火衰
不能運化沁于臍下凝于外腎也令獸腎囊硬腫如石如少樣行
不動臍襯腰拖此謂外腎陰黄之症也茴香散治之
師皇曰陰腎黄者膀胱積濕也凡治者溫中散後滋腎補陰匕腧
大針治之
王良歌曰　腎黄腎脉腫積冷致如然火針陰腧穴旬日始安痊

岐伯曰陰黃者飲喂食調也凡砂石硝土避惡數歲一切不可飲之
十八大病曰誤食砂石多生水腎空腸飲濁必腫陰黃
脉色遲皃細沉口色如綿
治法火針陰腧穴後腎茴香散灌之
調理晝繫于郊麓日曬之夜歛于廄穰草鋪池臥之
戒忌戒飲空腸水忌栓濕地眠

茴香散　治馬外腎腫硬如石如水摘拽後胯病

茴香　練子　甘草　秦艽　官桂　梔子
青皮　乾姜　知母酒炒

右為末每服一兩二錢青葱三枝苦酒一盞同煎三沸候溫空草灌之

馬患偏次黄第二十二

偏次黄者心肺黄也皆因喂養太盛奔走過谷料熱毒積于腸内瘀血痞氣結在胸中三焦壅極榮衛相攻痰血結于心肺而成黄也致令胸傍膈畔布滿癰疽氣引枝苗腫之于外故名偏次寔為心肺之黄也令獣喘麄氣促耳搭頭低行如酒醉目瞪唇垂此謂肺發偏黄之症也無方無則治之

師皇曰偏次黄者心肺黄也此黄直透心肺医工鑒之

王良歌曰　偏次黄虽少皆因積熱成尚聞連五臟根向肺中生

伯樂曰凡馬偏黄腫于搶風骨上硬而多痛者可治腫于臆前兩傍軟而不痛者难医

脉色焦皂凢散乱唇舌如煤

五十四死曰胹偏後膁休医瘵肺黄、腸毒総無医

馬患脾氣痛第二十三

脾氣痛者胃氣痛也皆因衰弱老瘦外感陽傷野放遭逢淋雨外拴夜露風積又渴失于飲水空腸飲水過傷于脾經脾傳于胃也大微弱氣不升降兩相促迫而成痛也令獸褰唇似笑継瀕腸鳴擺頭打尾卧地蹲腰此謂冷傷脾胃之症也健脾散灌之

師皇曰脾氣痛者胃氣痛也凡治者健皮煖胃順氣溫腸脾腧火針大效医者鑒之

王良曰　治脾人圖妙針脾第一力大針脾、腧穴氣脉當時通

馬患肺風毛燥第二十九

肺風者肺熱生風也皆因喂養太盛肉滿膘肥少騎多喂日久失於洗浴致使瘀汗沉于毛竅訪塵迷塞肥膏衝壅極熱積于心胸傳之于肺肺受其邪遍傳經絡也令獸渾身瘙痒遍体風生皮膚搔擦脫落鬃毛此謂肺熱血風之症也五參散治之

師皇曰肺風者肺熱也凡治者涼心血瀉心火清孔竅潤皮毛而針鶻脉刺之

王良歌曰　肺毒若生瘡医之要肺涼塗藥先須可下用甘草湯

岐伯曰凡羸瘦老馬三冬月冷瘙毛者與此症寒熱不同医者分別治之

脉色凡脉馬熱燥者洪大唇舌鮮紅老瘦疼瘀者沉細
口色如綿　治治肺風熱燥者猶鵝脉血五參散嚾之甘草湯洗
之老瘦疼瘀者肺風散嚾之茵蔯散洗之塗疥方搽之
調理夏繫涼欄冬拴煖廄凡馬臕卧不可用火灰地下鋪之
戒忌夏燥不宜加料冬瘦少令去血

五參散　治脉馬肺風熱燥
人參　苦參　玄參　紫參　沙參　秦艽　何首烏
右件為末每服一兩半蜜二兩酸漿水下皂角一挺搗碎取汁一盞同灌

甘草湯　洗馬熱燥
甘草　藜蘆　防風　荊芥　皂角　苦參　黄柏　[illegible]

芸薹散吹之
調理顙下用手揉 搽胸前木鍁刮之
戒忌噎通停止草料移時方許喂之

芸薹散 治馬咽噎不下

芸薹子 射香少許 瓜蒂 胡椒 皂角一挺去皮

以上共碾羅為細末一字裝于竹筒之中於兩鼻孔上內吹之即下

馬患新駒嫁濕第二十方

新駒嫁濕者熱氣所傷也皆因大馬喂拴暴日之中又或遠驟歸來喘息未定幼駒乘飢誤食熱乳停之於胸清濁不分釀成其濕也今駒腹肚脹疼 瀉糞如漿 臥地不起顧腹迴頭 此謂新駒嫁濕

之症也烏梅散治之

師皇曰新駒未[illegible]滿月泄瀉者大馬産血未盡也血熱致使嬭瀉

嬭熱致成其患[illegible]藥着大馬調和血氣幼馬分理陰陽母子協之各

駒脉色變皃洪大唇舌赤紅　治法大馬當歸散嚾之新駒烏梅

散嚾之　調理[illegible]養清淨之所大馬生料減半喂之

戒忌醋熱休拴[illegible]內寒夜霜令外拴

烏梅散　治新[illegible]瀉渴

烏梅一个去核　下[illegible]半个　黄連一分　姜黄二分　柯子肉二分

以上擣羅為細末白湯半盞調嚾移時喂養

當歸散　治馬[illegible]産后瘀血未盡血熱瀉

當歸 荊芥 紅花 沒藥 芍藥 青皮 連翹 天花粉

右件為末每服一兩水一盞調煎二三沸帶熱入童子小便之

馬患五攢痛第二十六

五攢痛者氣血凝滯也蓋因喂養太盛肉滿膘肥草飽乘騎奔走太急卒至卒拴失于牽散致血凝於膈内瘀氣結在胸中滯而不散致成其痛也令欲胸疼疼痛腰曲頭低把前把後膝毛吊焦此謂肺把五攢之病也甚難療治之

師皇曰凡馬五攢痛病其症有二一謂走傷一謂料傷此二者針血相同醫各別治者須之

脈色肺脈沉而細小則疼 舌口鮮紅

治法徹胷堂血胸堂四蹄攢血走攢者茵陳散嚾之料攢者紅花散嚾之

又方凡馬走傷料傷五攢痛者削四蹄甲大紗童便嚾之

調理晝絆于刻夜散于放聽其自然自起

戒忌勿令久立生料忌之

茵陳散　治馬走傷五攢痛

茵陳　當歸　没藥　甘草

青皮　陳皮　紫菀　杏仁　白藥子　紅花　柴胡　桔梗

右件為末每服二兩猪油一兩人非升童便半盞同調草嚾之

紅花散　治馬料傷五攢痛

紅花　没藥　桔梗　川楝　當歸全　山查　厚朴

陳皮　甘草　白藥子　牽子

以上各等分為末每服二兩麥芽一兩童便一升同調灌之

馬患腸入陰第二十七

腸入陰者寒蹇之症也皆因外感內傷陰寒過度或騎來急渡深淵或熱渴咨腸飲水或野放淋雨之中或夜繫穢窩之下以致外感風寒內傷陰冷傷于五臟純陰之症也令獸肚腹疼痛卧地蹲腰起而跪地顧腹迴頭點諸五臟純陰之症也卧蚕青黑者無方無則治之

師皇曰凡馬腹痛起卧無度滾地頑腹出不住者五臟純陰之症也無方可治之

五十四

又曰腸痛入陰須莫救汗出無休死不遲

王良歌曰　起臥無時瘥行步似狗蹲頻頻觀膝上多應腸入陰
脉色勝如乱髮似焰爆論曰脉如亂髮終難療色似焰爆命難

馬患腸斷第二十八

腸斷者努傷腸胃也皆因食之太飽負重乘騎奔走太急逢溝過
澗跳躍太猛前失後蹶損斷腸令獸渾身肉顫汗出如漿鼻迴
糞水臥地昂頭喘氣此謂腸斷內傷之症也無方無劑治之
師皇曰斷者飽騾努傷也鼻迴糞水汗出如漿者痛之所致也不
堪治也　五十四死曰糞迴漿來當時死汗出如漿來刻地危
王良歌曰　因地昂頭喘渾身汗若漿鼻中迴糞水此症必難痊
脉色辰如枯骨脉似蝦遊論曰形如枯骨諸經絕脉似蝦遊上臟虛

脉色湧息遲細口舌如綿
治法火針脾腧穴健脾散嗺之
調理不佳牽行背上氈屜搭之
戒忌寒夜休拴冷處當日勿飲冷水

健脾散

當歸　白朮　甘草　菖蒲　砂仁　澤瀉　厚朴　官桂
青皮　陳皮　干姜　茯苓　五味子

右件爲末每服二兩薑三片塩一撮酒一升調煎三沸楊去大
氣帶熱嗺之

馬患草壹篇第二十四

草噎者咽膈喉塞也皆因彖騎遠驟奔走喘來喘息未定卒而喂之料草乘飢而食之太急口嚥未盡銜鐶未卸嚼之不細細之太猛以致口中涎沫最稠草相纏一塊掂至喉中半而噎也令獸伸頭縮頭口邊涎連也故氣促喘急此謂咽噎之症也其皆散

治之

師皇曰凡馬草噎油水不入咽喉隨嗆而出不下者咽中噎也可治油水下咽不轉少刻迴出者胃脘噎也難治

五十四死曰胃咽不通終是死王閔閉塞莫能愈

脉色沉急洪數口色青黃

治法遊韁繫後腳稍高掛繫急行十數遭噎自下矣油水灌之

臭椿皮　右且一處抑花水三升同煎三五沸去滓帶熱洗之洗後候乾腊燭油搽之

肺風散　治老馬血弱瘦瘁

蔓荊子　威靈仙　何首烏　玄參　苦參

以上各等分為末每服兩半沙糖一兩溫水一大盞同調草後灌之

萬應散　治馬乾瘙風疰尾鬃脫落

馬藺根　臭春皮　白蕪荑　苦葶藶　皂角　藜芦　藺

右件為末每用一大匙漿汁三升同煎三沸入生油少許帶熱洗之冬月嚴寒洗了燒槽待乾方可換出

搽疥方　搽馬乾瘙　芫花　蛇床子

右二味碾羅為細末生油調勻洗後令乾塗之

馬患項脊脹第三十

項脹者風脹也一名低頭難也皆因乘騎遠至帶汗卸鞍夜較子含脊之下針處針而傷之瘀血凝滯脊項痞氣鬱結胸腰令獸伸頭直脊板如椽頸迴不轉皆脹难低此謂外感風寒之症也連翹散治之

師皇曰項脹者筋脹也凡治者療風解表破氣通關火針脊項百日成其功矣

王良歌曰 項脹難低首脊膞硬若椽餅但能善治百日始安痊

脈色 舌唇赤紫見脈沉遲

治法項上九針腰間七穴 大針治之徹鶻脈血連翹治之

調理喂養候晴明野放于郊麗日曬之
戒止寒夜休拴冷處隄防穿巷風吹

連翹散　治馬項脊脹痛低頭不得

連翹　知母　紫蘇　當歸　桔梗　貝母　山藥　白芷
杏仁去皮　馬兜苓　瓜蔞仁　甜瓜子

右為末每服兩半蜜二兩薑五片水一升同煎二三沸溫灌之

馬患胃冷吐涎第三十一

胃冷者脾胃病也皆因久渴失飲困湯冷水太過或繫于淋雨之中或繫于霜露之下陰氣侵入肌肉傳入脾經脾灌四旁胃滿百脉脾胃合之陰冷令獸渾身發顫口吐清涎鼻寒耳冷膁吊毛焦

此謂脾胃冷傷之癥也健脾散治之

師皇曰吐涎者胃冷也凡治者健脾胃補臟溫腸火針脾腧穴缺

王良歌曰　肺寒冷由顫胃冷吐清涎火針脾上穴煖胃藥宜先

仔細凡馬心經起熱皆上瘡口內垂涎者與此症形狀相同受病

不相同也治者勿令錯之　脉色遲皂細沉口色青黄

治法火針脾腧穴煖胃健脾散治之　調理暖養煖廐增加料草

夜蓋者毡于背上搭之　戒忌飲水莫令飲足當日冷水忌之

健脾散　治馬脾胃寒傷口吐粘涎　石脂　官桂　白朮

當歸　枳殼　甘草　葛蒲　厚朴　澤瀉　升麻　半夏

以上為末每服二両生姜一分苦酒一升同煎三沸溫灌之

馬患膁黄第三十二

膁黄者内腎黄也皆因喂養太盛料草餘多谷氣積于臟内熱蓄流注三焦致使腰傍膁畔鬱結而成黄也令獸臟傍軟腫腫上虚浮頭低耳搭行立無神此謂膁黄之症也無方無則治之

師皇曰膁黄者内腎黄也根生内腎畜長腰膀頭低耳搭脈色青紫者不堪治也

王良歌曰 耳搭無精閑 頭低喘息微 卧蚕青紫色 此症定難医 脈色脈如解索色似焰煤

五十四死曰前偏後膁休医療口腎腰黄死必期

馬患冷拖桿第三十三

冷拖竿者下元寒也皆因力敗羸瘠勞傷瘦馬空腸過飲冷水當汗簷下卸鞍邪氣乘虛而入腎經腎受其邪傳之于胯令獸蹲腰無力腿直如竿樁撥不動行走艱辛此謂腎冷之症也茴香散治之

師皇曰冷拖者腎冷也後腿直者濕氣盛也曲池腫者腎經虛也

脉色腎命脉濇唇舌青黄

治法胯九痛者火針大胯汗溝穴濕氣痛穴烙椋草穴茴香散灌之

調理喂養煖廐穰草鋪地臥之

戒忌寒夜忌拴冷處隄防簷下風穴

茴香散　治馬冷拖後脚

茴香　青皮　牽牛　細辛　巴戟　陳皮　胡芦巴　大通

川練子　羚羊安　能泓子

以上各等分為末每服二兩飛塩三錢苦酒一升煎三沸冷定嚥之

馬患舌瘡第二十四

舌上生瘡者心經積熱也皆因喂養太盛肉滿膘肥負重乘騎地里窎遠乘熱而喂料草太多熱蘊于胃胃朝百脉衝咽唇舌發生瘡也令奈咽嗄喳口內垂涎料草雖嚥耳搭此謂心熱舌瘡之症也消黃散治之

師皇曰舌瘡者心熱也凡治者洗心涼膈降火清咽鶴脉刺之徹

王良歌曰　舌赤口垂涎心熱致如熱有熱須用袋乙藥口中銜

脉色赤凡燕敷瘡舌鮮紅　治法徹鶴脉血消黃散噙之青黛散

口內啗之

調理喂養淨處水浸青草喂之　戒忌諸雜生料喂之

消黃散　治馬心經積熱方

大黃　知母　瓜蔞　甘草　朴硝　黃柏炒兩　山梔子

右件為末每服兩半雞子二个清米泔水一盞同煎草飽嚨之

青黛散　青黛　黃連　薄荷　桔梗　孩兒茶

石為末生絹袋內盛貯水中浸濕于口內啗之

馬患宿水停臍第二十五

停流宿水者臟冷氣虛也皆因勞傷瘦馬力敗瓤駒空腸驟飲濁水太過失於擀散停于腸中不能運化必參出閒停于臍下皮囊

膜外王結而相纏也令獸毛焦草經体瘦形羸頭低耳搭行立無
神此謂宿水停臍之症健脾散治之
師皇曰夫馬者稟清氣於天飲清淨之水凡一切濁惡之水經時誅
王良歌曰　濁水休教飲多饒毛色焦時間雖不覺月內不生膘
脉色灑兒遲濇四色青黄　治法針雲門穴放水健脾散啼之
調理喂養煖廐增加歸草熟米湯一日一次飲之
戒忌寒夜不可捨外飲水莫令足空腸冷水成之
健脾散　治馬停留宿水病　元味　茯苓　陳皮　青皮
當歸　桂枝　甘草　菖蒲　澤瀉　砂仁　厚朴　白木
右為末每服二兩生薑一分飛鹽一撮苦酒一升同煎三沸溫灌之

馬患心黃第三十六

心黃者心風黃也皆因膘肥肉重氣壯神強旦有炎天負重乘騎奔走大急發喘未卸鞍鞽而喂料草太多料毒積於腸內瘀氣布滿胃中瘀血鬱結逆亂其心也令獸渾行亂顧汗出如漿夾胸蹄足取急驚狂此謂心黃癲癇之症也鎮心散灌之　歌曰

馬患心黃向暖尋　若似硃砂脉數洪　癲狂掃牆遮人咬
悶乱奔馳見物驚　茯苓麥冬同甘草　茯神遠志與防風
參砂蜜膽同調灌　三服不效敢無功

歸呈曰心黃者臟熱攻心也凡治者定心定魄降火清痰風門伏兔火燒鍼開烙之

王良曰　燥悶忽啣韉此即是心黄先須用火烙時不得容緩
脉色慢鼻涙數右似雞冠　火烙大風門穴小風門二穴伏兔穴
百會穴以上燒鐵烙之
調理拴繫清凉之處井花水頂須洗之
治法徹胸堂血掆寵脉血餵心散嚾之
戒忌少令牽行休揸煖廄
鎮心散　治馬心黄　硃砂　伏神　人參　防風　甘草
遠志　蔚金　黄芩　黄連　麻黄去節　山梔子
右件為末每服一兩蜜一兩朋汁半盞雞子清二個同調井水嚾
之

新刻牛馬經卷之三

新刻繡像療牛馬經卷之四

六安喻本元亨著

馬患破傷風第三十七

破傷風着外感風也皆因傷勞太過畜養失調鞍韂撞腫鬃着頭毡鞭打傷脊背鍬皮磨破尾根肚帶搽損肘後或拴巷道之中或繫舍簷之下賊風乘虛而入皮膚皮膚而傳腠理腠理傳之于肉令獸渾身麻痺眼急驚驚狂肢体二硬此傷邪之症也口內垂涎耳緊尾直牙關緊閉難開不食水草此謂破傷外感風邪之症也千金散治之

師皇曰破傷風者傷破冐感風寒也此謂卒急之症也凡治者先徹大血即須發汗治之

王良曰　有傷呼為慢無傷呼為慢頰抽鶻脉血宜須先岀汗色脉舌唇赤紫見脉微遲　治法徹鶻血烙風門穴伏兔穴百會穴千金散雄朱砂散吹之　調理喂養腹窪口不任食毡屜皆上搭之　戒忌寒夜休拴外喂隄防落巷賊風

千金散　治馬破傷風及諸風病

蔓荊子　旋復花　白殭蚕　天南星　何首烏　桑螵蛸

天麻　烏蛇　沙参　川芎　阿膠　防風

羌活　蟬殻　細辛　千蝎　升麻　藿香

右為細末每服一兩溫水一盞調灌之天陰生姜湯一盞同調灌之

硃砂散　療風解㿃　硃砂一錢　雄黃一錢　射香　芸台子

皂角一錢 以上共為細末每用一字裝于筒中兩鼻孔吹之

馬患垂縷不收第三十八

垂縷不收者腎虛之症也皆因羸騮瘦馬過度勞傷空腸飲冷水太過停立不散陰氣生而流腎經滲于臍下積于袖口坐久陰凝結而成腫也令獸尿膀不縮垂縷不收草細膁吊膀胱腫此謂少火生陰之症也破故芷散之以治焉

師皇曰垂縷不收者勞傷過度也腎不縮者精氣敗也腰胯脧者腎水虧也　王臟論曰垂縷不收壬癸敗鼻胯拖腰腎水虧

脉色雙鼻遲細口色如綿　調理增料草省奔馳夜拴燒廄于燥糞鋪地卧之　治[illegible]火針腰上上火溫中破故芷散治之

戒忌莫飲空腸水休於溫地眠

破故芷散　治馬腎敗垂縷不收方　巴戟　胡芦巴

破故芷　肉豆蔻　茴香　厚朴　青皮　陳皮　川練子

右件為末每服一两水一中盞煎三沸童便半盞溫空草喂之

荆芥湯　荆芥　防風　艾葉　薄荷　蒼朮　排風草

右咀一處水三升銚內煎三沸去滓楊去大氣帶熱洗之

沒藥散　敷馬腎縷不收　沒藥　大黃　紫禾　蜈蚣去足

以上共為細末葱三枝和藥共搗一處先洗淨敷縷上絹布裹之

馬患遍身黃第三十九

遍身黃者又名肺風黃也皆因心胸壅極熱注三焦料毒攻于腸

内癀塵 乃寒肥膚氣血相凝鬱結而成黃也令獣渾身疙瘩遍体生癃皮 膚燥痒口眼風浮此謂肺熱生風之症也 消黃散治之

師皇曰 遍身黃者邪邪熱于毛竅也此謂血鐵須徹鶴脉血穴放之

王良曰 一切黃與膿皆因積熱生但袖鶴脉血諸毒不能成

脉色淡 危洪大長舌鮮紅 治法徹鶴脉血消黃散嚾之 調理拴喂 消凉處水浸青草豆嚾之 戒忌一切生料戒之慎之

消黃散 治馬熱極生黃

黃藥子 知母 梔子 大黃 黃芩 防風 黃芪 貝母 白藥子 連翹 蔚金 蟬退 甘草 以上共八為細末每 服二兩朴硝一兩雞子清二個米泔水一盞同調嚾之

馬患肝熱傳眼第四十

肝熱者　肝經積熱也傳眼者外傳于眼也皆因料草燔盛奔走過多熱蓄積于心肺疫氣流入肝經肝受其邪外傳于眼也令獸睹生白膜多欲難睜轉行不動耳搭頭低逢物不見東西亂撞此謂肝熱眼昏之疵也石決明散治之

師皇曰凡馬腫眼皆因肝熱所到也凡治者洗肝明目退瞖消疫寒涼藥用之不可太過

王良歌曰　一切眼昏腫皆因熱所傷莫令肝臟冷淚出轉難當

脉色中部脉弦緊蚕色紫　治法徹太陽血石決明散治之擦藥散點之

調理喂拴淨室春冬叢草用之夏秋水浸青草喂之

決明散　治馬肝經積熱白瞖遮睛

石決明　黄連　黄藥子　草決明　没藥　大黄　黄芪

白藥子　蔚金　梔子　右等分為細末每服二兩蜜二

兩雞子清二個米泔汁一升同調草飽嚾之

撥雲散　治馬眼障

大硃砂一分　白硼一分　白硇五分　乳香伍分　没藥伍分　以上共擂為細末白

綿絲羅過三次仍擂入碗嚾内用溫水洗眼去淨眼眵然後點之

馬患喉骨脹第四十一

喉骨脹者三喉之症也皆因幼駒小馬畜養失調草飽乘騎走急

脹把谷喂多以致氣血太盛熱積心胸傳之于咽喉致成其患也

令獸食槽腫脹頑核填候伸頭直項鼻空流膿水草難嚥喉嗽連
聲此謂熱積三喉之症也黃芪散治之
師皇曰凡馬三喉病症水草難嚥氣出不及者医家須令開喉嗐
之此謂急救之良法也
三良歌曰　凡馬三喉症喉中氣出難割開喉腧穴時下得安然
脉色變見洪數唇舌鮮紅　治法徹鶻脉血開喉腧穴理肺黃芪
嗐之　調理拴喂凉棚之下水浸青草嗐之春冬菉豆喂之
戒忌槽熱休拴煖處一切生料忌之方妙
黃芪散　治馬喉骨脹鼻内出膿方
黃芪　當歸　蔚金　梔子　甘草　黄芩　黃連　黃藥子

貝母 知母 桔梗 白藥子 右件為末每服二兩雞
子清二個新汲水一升同調草後灌之

馬患板腸第四十二

板腸結者廣腸結也皆因乘騎緊驟奔走歸來乘飢而喂乾料料
後而飲冷水水谷相併冷热相繫積于板腸中半而結也令獸肚
腹脹痛覷後廻頭連〻卧地鼻咋喘麁此未板腸閉塞之症也医
工入手握破瘑糞通續隨散灌之
師皇曰板腸結着結存大腸後面板腸中也凡治者消積破氣化
草通腸塗油入手取之 脉色右鬼中濇兩關沉口色赤紫
治法三江大血塗油入手取之續隨散灌之

調理不佳悻走腹下掃帚刮之　戒忌當月不可飲水

續隨散　治馬臧

續隨子　膩粉　木通　鼠糞　牽牛　滑石　右為細末每服二兩猪脂四兩熱化灰湯一盞苦酒一盞温熱同調灌之

馬患胃寒不食豆草第四十三

胃寒者脾胃寒也皆因久渴失飲空腸飲水太過陰氣積于臓内寒溫流入脾經脾傳于胃脾胃合之陰冷土衰火弱不能運化致成其患也令歛毛焦草細膁吊　頭低鼻寒耳冷口内垂涎此謂冷傷之症也　　心散治之

師皇曰胃寒者脾胃寒也凡治者和血順氣暖胃温脾冷水三點

脉色卧蚕白色関脉微遲　治法桂心散嚾之徹玉堂血射香散
鼻内吹之　調理喂拴煖室増加料草拌草少令拌温米湯水飲
之戒忌寒夜休拴冷處治馬勿令吹鼻冷水三日忌之
桂心散　治馬脾胃寒　陳皮　砂仁　甘草　五味
桂心　青皮　白朮　厚朴　益智　乾姜　當歸　肉荳蔻
右為末每服二两飛塩五銭葱三枝酒一升同煎調嚾之
射香散　治馬傷水方　別香　皂角　瓜蒂　楜椒　芸台子
右為末每用一字装竹筒中吹入鼻内滴血清水立效

馬急慢腸黄第四十四

急慢腸黄者料傷過度此皆因妄喂差食太盛肉蓮膝肥暑月炎天乘

騎奔走太急乘飢谷料喂多谷氣凝于臟內熱毒積在腸中臟腑壅極致成其患也令獸蹲腰卧地傾腹廻頭蕩瀉如水赤穢無腥此謂腸黃之症也蔚金散治之

師皇曰腸黃者六腑中毒也令膘體壯者可治羸瘦草少者難医唇青黑者五經敗絕也難以治之

王良歌曰　忽患蕩糞如水赤黃氣穢惺饒任能用藥只青肉歛青

脉色　脉洪色者黃生沉色瀉如水赤臭糞腥者死

治法　徹帶脉血蔚金散灌之無根水造首昇尾三處甚妙

調理　拴于清涼之所飲水勿令飲足菉豆糯米煮粥喂之

戒忌　酷熱休拴㬉處一切生料忌之

蔚金散　治馬急慢腸黄

蔚金　柯子　黄芩　大黄　黄連　黄柏　梔子　白芍

右等分為末每服二兩白湯調灌急者三服

馬患骨眼第四十五

骨眼者肝經風熱也皆因外感風寒内傷勞疫榮衛往來太過不及傷于五臟傳之于肝肝受其邪外傳于眼也令獸兩目淸爛眵多難睁二胞翻腫閉骨生瘀此謂肝熱生風之症也青箱散治之

師皇曰骨眼者閉骨生瘀也凡治者針線穿過瞙皮利刀割去病骨莫損血輪血妙医者鑒之

王良歌曰　肝熱眼生核眼瘀肝有風刀剜骨眼穴旬日自光明

脈色帶赤弦數唇舌鮮紅　治法徹眼脈血割骨眼穴青相子散治之　調理喂養淨處每朝用青皮榅温水于兩眼角内洗之戒忌酷熱不可野放一切生料忌之

青相散　青相子　石決明　地骨皮　旋復花　龍胆草　草决明　甘泉石　乾菊花　防風　黄連　石膏　末賊　右為末每服二两蜜二两猪胆半盞米泔水同調灌之

治馬患内障眼第四十六

内障者毒氣衝肝也皆因暑月炎天草飽乘騎奔走太過氣出不及流于膈下熱毒冲心肝經肝受其邪障膜凝于瞳面也今獸睛生黄暈掩閉瞳人撺行亂走撞壁衝墻此謂内障肝風之旋也宜服散治之

師皇曰内障者五臟虛極毒氣衝肝翳障遮眼瞳人也其症有二
一謂烏風内障一謂黄風白障此二者開列于后医若分别治之
烏風者黑風起自肝臟也瞳人反閉色不堪治也医者鑒之
王良曰烏風起肝臟忽患眼青盲若能通神妙除非改換睛
黄風者黄風浸于睛中也凡治者割去眼中閉骨两針眼脉徹之
王良曰黄風起赤脉黄昏浸于中頻抽眼脉血救療有功能
脉色舌唇青紫肝脉洪弦　治法徹眼脉血割肉眼穴瀉肝散嚨
調理喂養净處草飽休令騎驟清晨用井花頂洗之
戒忌忌生料少令喂之
瀉肝散　治馬内障眼黄昏浸睛

石決明　草決明　龍胆草　旋覆花　川梔子　青葙子

蔚金　黄連　甘草　右為末每服兩半細切白羊肝

二兩水一升同調拌勻草飽喂之隔日再喂之

退障方　點馬內障眼

取白綻礬小酒盞去底不用點翠　右共一味洗淨搗為細

末入器仍播萬遍白綿綿羅三遍再播每朝兩次点之

馬患混睛虫第四十七

混睛虫者疫氣化生也皆因三秋月令瘴疫遍發之期新駒幼馬五更野放于郊郊中剌剌中蛛網毛中露水誤入其目感天地之霧氣受蜘蛛之精水陰陽交混變化而成虫也在于五輪之中

從來不住遊走令猷睛生翳膜田訂白不分白睛近上黑睛近下兩瞼中心是開天一穴醫家用綿纏定白針尖一分在手指開黑眼右手持針於開天穴上輕手急針入一分虫隨水出便見其功三朝之內雲翳自然退矣七日不愈蛐可退散雖之

師皇曰混睛虫者外感疫邪也凡 治者多在針工日久結為窩窠不能取也醫者慎之

王良歌曰 混睛生眼內野放病 生多日淺猶堪治惟恐結成窩

脉色淺見乎正唇舌鮮明 治法 針開天門蟶退散雖之鷹爪散點之 調理慎養淨室勿令冒風 凡點眼翳一七之後待針痕生合方許點之 禁忌三秋月冷夜有霧者不可野放于郊

蟬退散　治馬混眼蟲翳不退方

蟬退　黃連　馬蘭花　地楡各一兩　蜜蒙花　山梔子　川芎

荊芥　蒼朮　龍膽草

右為細末每服止二兩白湯一盞一同調草飽灌之

鷹糞散　治白膜遮睛

鷹糞一兩　大硃砂　白礀砂　白硼砂各二分

以上共為細末用綿絹羅過二分再研入磁罐内不俱時點之

馬患心經熱第四十八

心熱者心經伏熱也皆因喂養太盛肉滿膘肥負重乘騎馳騁遠鞍屉失于解卸乘熱而喂料草熱積于膈内痲痹結于胸中

膈心經極熱氣衝咽令獸舌長口赤口內垂涎精神困倦兩眼卯

砂此謂熱積心胸之症也洗心散之

師皇曰心者君相也外連于舌舌上有瘡心經有熱凡治者洗心

清肝降火清爽兩針堂穴刺之

明堂曰堂穴者胸堂穴也少陰心經之脉在臆骨兩旁胸前凹處

是也入針三分出血洩心胸之鬱熱瀉少陰之變瘀胸膈一切痛

脉色選息洪大口色鮮紅　治法微微胸堂穴洗心散噙之膽礬散

舌上吹之　調理喂養淨處用二遍米泔水口內洗之

戒忌酷熱休拴𤸃內一切生料忌之

洗心散　治馬心經伏熱舌上生瘡

天花粉　木通　黃芩　黃連　連翹　茯神
山梔子　黃柏　桔梗　白芷　牛蒡子
右為末每服二兩蜜二兩米泔水一升同調草飽灌之

胆礬散　治馬舌瘡　胆礬　黃連　黃柏　孩兒茶
以上各等分研羅為末先用米泔水洗去口涎用竹筒盛藥吹於舌上

馬患胸膊痛第四十九

胸膊痛者血凝羅胸也皆因食之太飽負重乘騎奔走太急卒至卒拴失於牽散瘀血凝于膈內痞氣結在胸中令獸胸疼膊束步難行頻頻換脚站立艱辛此謂肺把胸膊之症也當歸散治之

師皇曰膊痛者飽聚所傷也凡治者和血順氣止痛寬胸兩針堂以刺之

王良曰肺把胸膊痛前襟九声啌胸堂微去血散縱自然康
脉色風閃脉沉細小卧蚕紫而唇紅　治法胸微堂血當帰散啡
調理晝縱於郊夜散于槪任其自卧自起
戒忌食飽休令騎驟一切生料忌之

當歸散　治馬胸膊痛

枇杷葉　黄藥子　天花粉　牡丹皮　皂藥子　大黄
白芍　當帰　紅花　甘草　没藥　桔梗

右為末每服一兩水一升同煎三五沸傾出入童便半盞候温草飽服

馬患蹄頭痛第五十

蹄頭痛者血凝蹄甲也皆因膘肥肉重多立少騎久拴久繫血瘀

蹄頭以致蹄甲漸長失于修削日久致使蹄胎脹硬筋甲焦枯令
獸𢷹行不動行尾昂頭蹄懸脚点慶步難行此謂敗血凝蹄之症
也烏金膏治之
師皇曰点頭害脚擺頭害膊脚上痛修蹄甲膊上痛放胸堂
王良歌曰　膊痛緣蹄苦蹄傷敗血攻痛時鉗且妙蹄損必能通
脉色雙息平正尸色鮮明　治法徹蹄頭血削蝅泉穴烏金膏塗
蹄胳之　調理散縱于廐用白沙于廐内鋪之
戒忌勿使久灰墊地
烏金散　治馬枯蹄方　紫礦　力青　黃蠟　人髮灰
右四味於銅銚内溶成膏先用利刀削去硬蹄塗膏于上火熔

獸醫經之

知聖散　治馬枯乾蹄甲

猪脂四兩熬油去滓　生薑二兩　胡椒仁五分燒灰　甘石一兩　右四味銼　用文

武火熬成膏先用溫水洗淨待乾塗于蹄上一日三次塗之

馬患腰黃第五十一

腰黃者內腎黃也皆因三焦壅極熱積腰間青氣凝內腎臟血鬱結而成黃也令獸腰傍腫合膁上浮虛頭低耳搭行立無神此謂腎發腰疽之症也無方無則治之

師皇曰腰黃者即膁黃也腫於上者為之腰黃腫于下者為之膁黃此二者俱從內腎而發也

五十四死曰前徧後嫌休医療内腎腰黄死必期

王良歌曰　腰間若生癰此症必然凶常聞連五臟根曰腎經生

脉色脉如觧素色似炲煤

馬患腎冷拖腰第五十二

腎冷者外感内傷也皆因久渴失飲空腸飲水太過或于帝散停住于腸夜卧温地温氣浸入腎經簷下卸鞍賊風吹傷腰胯令獸腰拖胯戰後脚难移犄曳不動耳搭頭低此謂腎冷拖腰之症也

金鈴散治之

師皇曰拖腰者温氣凝于腰脊也其形有四医工分别治

相形法　蹲腰行鷹翅痛吊腰行脊筋痛㩻腰不起内腎痛雖移

御腎經痛　針治脊筋疼徹尾本血腎經疼徹腎堂血凝[illegible]穴
針大胯汗溝穴內腎痛火針腰上七穴　脉色下部命脉沉濇[illegible]
蚕唇舌鮮紅　治法金鈴散啃之神效散治之　調理喂養煖厩
穰草鋪地臥之　戒忌濕地臥空腸水簷下拴一切風寒忌之

金鈴散　治馬腰胯痛　荳蔻　蓯蓉　木通　黄澄茄
南桂　没藥　當歸　檳榔　茴香　防風　荊芥　川練子
右為末每服二兩青葱塩酒調煎三沸入童便半盞同調嚾之

神效散　治馬後寒腰胯痛
茱萸　蒼朮　厚朴　細辛　白朮　附子　良姜　白芷
右為細末每用藥一大匙酒一盞同煎三沸候温逆入谷道不

住撻行以拋糞帶出生膿為驗三次立效

馬患肺敗第五十三

肺敗者肺勞也皆因食之太飽色重乘騎奔走太過渴急促攢蹄經滯氣凝于肺經瘀血結在胸中令獸鼻流膿涕氣促喘麄毛焦膁吊搭頭低耳此謂肺壅勞傷之症也必用秦艽散治之

師皇曰凡馬肺病腦顙鼻温膁膿血兩兼腥臭者俱難治也脊背板硬氣如抽鋸者亦难治也医者慎之

王良歌曰　鼻中出膿血如加氣轉抽豈堪連背硬何必更開喉

脉色風關脉浮大唇舌色青黄　治法開喉喻血秦艽散灌之

調理畏養净室執料增加每朝童便一大盞灌之即妙無二矣

戒忌寒夜不可捨外用葉煑煎猪脂

秦艽散　治馬肺病　山梔　黄芩　遠智　麦冬　牡丹皮

秦艽　知母　百合　甘草　大黄　梔子　紫菀　貝母

右為細末每服二兩蜜二兩薤汁一盞童便半盞灌之

馬患心痛第五十四

心痛者心不寧也皆因食之太飽乘騎奔走太急蒸痰鬱於羅膈痰氣衝寒心胸分歛胸堂出汗氣促喘麄前蹄跪地眼閉頭低此謂心氣怔忡之症也清心散治之

師皇曰心痛者勞傷也凡治者寧心順氣養血安神如驚狂蹄嚙舌如硃砂者死医者慎之

脉色双鬼洪数色似雞冠　治治清心散嚾之　戒忌酷熱係拴暖處生料

調理喂養净室毎用童便一盞草後嚾之

清心散　治馬心痛不寧

當歸　茯神　遠志　甘草　六黄　芎藭

紫菀　芍藥　黄連　鬱金　麥冬　生地

共為末毎服二两蜜二两姜三斤雞子清二个無根水同調嚾

馬患傷水起卧第五十五

起卧者腹中疼痛也皆因久渇失飲誤飲冷水太過停住于腸陽氣不升陰氣不降冷熱相繫致成其病也令獸蹗蹄打屋覷腹廻頭蹲腰卧地腸鳴如雷此謂冷痛之症也温脾散治之

師皇曰凡馬起臥㨾尾蹉跎廻頭覷腹者腸中氣不順也凡治者清利小便分理陰陽温腸逐水調和血氣治之

王良歌曰　㨾尾蹉跎臥蹲腰四足攢頻回覷臍心冷熱氣循還脉色左脉中沉上下牆舌色青而唇色黄　治法針蹄頭血温脾散治之　調理不佳檊行竹掃帚于腹下刮之

戒忌當日勿令飲冷水次日徐徐飲之

温脾散　治馬傷水腹痛方

當歸　厚朴　青皮　陳皮　甘草　益智　牽牛　蒼朮　細心　共為細末每服一两細切青葱三枝苦酒一升調煎三沸揚去大氣帯熱灌之

馬患肝經風熱第五十六

肝風者肝熱生風也皆因喂養太盛外感內傷暑月炎天負重乘騎奔走太急熱積于心心傳於肺肺傳於肝肝傳于眼也令獸眼胞翻腫皆肉瘀紅睛生翳障眵多難睁此謂肝熱生風之症也防風散治之

師皇曰凡馬眼障兩眦有瘀肉者肝經風熱也用線度過膜皮用刀割去病骨其眼胞上下翻過眼皮名曰睛腧穴也火燒鐵器烙之

王良歌曰　肝熱眼生眵　眼瘀肝有風　兩眥生瘀肉　惟烙祇神功

脉色肝脉弦數唇舌鮮紅　治法徹太陽血割骨眼穴烙睛腧穴防風散灌之　調理繫於淨處每朝用青布温温水于眼內洗之

戒近三日勿令冒風一切生料停止

防風散　治馬肝風腫閃骨生瘀

防風　黄連　黄芩　荊芥　沒藥　甘草　蟬殼　青柏子

胆草　石決　草决　右等分為細末每服二兩蜜二

兩雞子清二個米泔水一盞同調草後啗之

馬患肺壅第五十七

肺壅者飽傷肺也皆因膘肥馬氣壯補強草飽負重寒騎奔走

大過傷急藏損肺經瘀痰凝於羅膈痰氣填塞心胸令欬咽喉哽

噎鼻空流膿嗽不爽臙吊毛焦此謂肺壅之症也百合散治之

師皇曰肺壅者飽驟藏損也凡治者養心斂肺降火清痰騎時少

令馳驟喘麄氣促鶻骨抽着难治勞傷爆發者亦难治也蓄慎之

王良歌曰　肺脉多方疼心傷鶻脉抽自前難得效已後再無停

脉色肺脈洪大色似雞冠　治法徹鶻脉血百合散治之

調理喂養凈处每朝用童便一盞草後灌之

戒忌少令騎驟生料喂之

百合散　治馬鼻内出膿方

百合　貝母　大黄　甘草　瓜蔞根

右為細末每服一两蜜一两蕎麺一匙羅蔔湯一盞同煎草後灌之

馬患肚脹第五十八

凡脹者肚腹膨脹也皆因喂肥肉重負重勞傷草飽乘騎奔走太

急氣出不及凝結于胸不升不降致成其患也令歎肚腹胸膈
胸膨咽喉哽咽氣麁喘促此謂肺脹勞傷之症也天仙散治之
師皇曰肚脹者氣不升降也凡治者寬胸破氣歛肺消膨喉脉小
許微之　脉色肺脾脉數唇舌青黄　治法徹喉脉血天仙散之治
調理徐徐牽走腹下刮之　戒忌當日勿令飲喂

天仙散　治馬腹脹方

天仙子	牛蒡子	白芍	當歸		
連翹	大黄	白芷	貝母	百合	甘草

以上各等分共為細末每服二兩蜜二兩加韮汁一盞同調灌之

馬患尿血第五十九

尿血者努傷也因羸瘦馬負重勞傷乘騎奔走太過又或夜卧

失調御于四処努氣傷臓腑熱蓄流入腎經陰陽失序清濁不分
矣令獸尿膀溺血小便澀紅頭低耳搭膁吊毛焦此謂血淋之症
也秦艽散治之
師皇曰尿血者膀胱積熱也凡治者清利小水分理陰陽血溺黑
者不堪治也醫者鑒之
王良歌曰　尿血還緣熱風虛結壅為秦艽散治療通利大黃蔚
脉色腎命脉滑脣舌如綿　治法秦艽散治之　調理喂於暖室
增加草料青竹葉空腸喂之　戒忌七日勿令溺血
秦艽散　治馬溺尿血方
秦艽　蒲黄　瞿麥　當歸　黄芩　甘草

紅花　大黃　芍藥　梔子　車前子　天花粉

右等分共為細末每服一兩五錢青竹葉煎湯一盞同空草啃

馬患腎虛第六十

腎虛者腎敗也皆因傷勞過度餵少騎多傷于五臟傳入腎經腎虛其邪外傳腰胯也令獸後蹄虛腫胯拽腰拖精神短慢耳搭頭低此謂腎敗之症也車燈茄散治之

脉色雙息沉細口色青黃　治法火針百會穴巴山穴車燈茄散治之　調理餵養煖處增加料草穰草鋪地臥之

戒忌寒夜休拴冷処風寒陰濕一切生料忌之

車燈茄散　治馬腎虛後腿浮腫

蓽澄茄　破故芷　胡芦巴　川練子　肉蓯蓉　肉豆蔻

茴香　巴戟　桂心　益智　檳榔　厚朴

右為末每服二兩葱白三枝飛盐五錢苦酒一升同煎三沸空心灌

馬患傷料第六十一

料傷者生料過傷也皆因蓄養太盛多喂少騎谷氣凝于脾腹料毒積在腸內不能運化郁熱妄行五臟也令獸神昏似醉眼閉頭低拘行束步四足如攢此謂谷料所傷之症也麯蘖散以治之

師皇曰傷料者草料喂多也凡治者消積破氣化谷寬腸蹄頭四穴針之　脉色沉洪大唇舌鮮紅　治法徹蹄頭血麯蘖散治之

調理晝縱于朝夜散于廐勿令繫之

戒忌當日不得飲水一切生料忌之

麯蘗散　治馬傷料

神曲　麥蘗　山查　甘草　厚朴　枳殼　陳皮　青皮

蒼术　以上右為細末每服二两生油二两生蘿蔔一個搗爛

小便一升同調嗺之

馬患腎經痛第六十二

腎痛者内腎痛也皆因騎驟失調奔走太急蹉不平坐傷胯腰踏空虛促損腰窩滯氣凝於腎部瘀血流注膀胱氣血結于腰脊也令獸前行後拽胯痛腰疼難卧難起体瘦脿羸此未氣凝腎腰之芷也破故芷散治之

師皇曰腎痛者閃傷內腎也凡如此 看先徹腎堂高血次用火針腰上針之

三不同 年老兒馬胯鞍者也 把胯也腎敗不治臨月孕馬腰跧

皷者子宮把胯也產后鼡 肥馬 膝風卧地者胡骨把胯也難療難痊

全良歌曰 兒馬抽腎痛 小駷子 宮傷脿驄胡骨瘢三病無消方

脉色腎命脉濇口色赤紅

治法 放腎堂血火針腰 七穴 破故芷散治之

調理 鬆攏于厩穩草鋪地卧之

戒忌 休拴寒濕之處只防簷巷風吹

破故芷散 治馬內腎痛難卧難起

麒麟竭　玄胡索　破故紙　胡芦巴　没藥　青皮　甘草
烏藥　當歸　茴香　陳皮　肉桂　白朮　牽牛
茱萸　右等分為末每服二兩葱三枚酒一升同煎三沸候溫灌

馬患心絶第六十三

心絶者心經絶也心經敗絶無方無則治之

歌曰

心經熱極走顛狂　兩目睜開汗若漿　忽時倒地渾如醉
驀然又起似驚獐　熱狂亂撞逐人咬　鬭亂心慌見物傷
謹請治者休妄作　料知此病必难康

馬患肝絶第六十四

肝絕者肝經絕也肝經敗絕無方 無則治之

歌曰

肝病逢秋木遇金　頭抵耳搭少精神　四肢倦怠行無力

兩目虛腫閉不睁　腹中細小尫瓤瘦　口色如綿脉細沉

雖有医工休令治　定知此命不能存

馬患脾經第六十五

脾絕者脾經絕也脾經敗絕無方 無則治之

歌曰

脾受絕病喘微微　口色殊黃脉消遲　瀉糞赤腥渾似水

腹中虛氣响如雷　身戰肉顫渾身汗　目瞪看人亦似痴

休咁治來休令悋　早知此病不堪醫

馬患肺絶第六十六

肺絶者肺經絶也肺經敗絶無方無則治之

歌曰

鼻流膿血肺金傷　爲縁飽驟失收繮　喉中氣响如抽鋸
渾身皮破發爲瘡　四肢虛腫行無力　鼻中時流臭水漿
謹請醫工休要治　料知此命不如常

馬患腎經絶第六十七

腎絶者腎經絶也腎經敗絶無方無則治之

歌曰

腎家有病脚難移　胯靸腰拖行步遲　毛焦胠吊精神慢
脉行沉細口如煤　陰囊虛腫身形瘦　頭低眼閉喘微亡
告與後醫休忘治　定知此病必須危

馬患脾虛濕邪第六十八

濕邪者脾虛風邪也皆因幼駒小馬血氣未全夜拴舍簷之下斜風細雨漂之濕氣凝于毛竅瘦邪傳注膚肌膚浸入腠理傳之于內也令獸偏頭直項眼目歪斜神昏似醉行立如痴此謂脾虛濕邪之症也天麻散治之

師皇曰邪症者風症也凡治者熱血休令發汗濕邪廻避陰寒和血順氣定魄安神宜與脉兩針量觀肥瘦微之

玉氏歌曰　風病為邪病邪病即為風溫邪宜發表热邪從血宗

脉色洪見遲細口色青黄

治法徹三江血鶻脉血火烙風門百會穴天麻散灌之芸台散吹之

調理喂養煖厩背上鐙屜搭之

又方風門百會三穴火烙上面再加艾壯炙之大效

戒忌五更不可野放休令外拴

天麻散　治馬脾虛邪風

天麻　人參　川芎　防風　荆芥　甘草　薄荷　蟬蜕

何首烏　茯苓　右件等分末每服兩半蜜二兩米湯一盞同調草灌

芸台散　治馬偏風

芸苔子　皂角　硃砂　雄黄　瓜蒂　射香

以上碾羅為末每用一字裝竹筒中於兩鼻吹之

馬患冷腸瀏瀉第六十九

瀏瀉者水瀉也皆因久渴失飲乘渴誤飲冰水太過失於撲散停住于腸臟冷氣虛不能津液膀胱陰陽不分釀成其瀉令獸肛門瀉水腹內如雷飲多食少膁吊毛焦此謂冷腸瀏瀉之症也猪苓散治之

師皇曰瀏瀉者臟冷氣虛也凡治者分陰陽和血氣利膀胱煖腸胃三朝熱水飲之

王良歌曰　肛門瀏瀉裊水渣糞不成毬猪澤青皮蒼與牽牛

脉色氣閉沉滑脣舌青黃 治法放帶脉血猪苓散治之熟水飲之

又方 豆箕餵甚妙 調理少飲水休飲足飲後牽行百步[illegible]

戒忌空腸冷水三日忌之

猪苓散 治馬御瀉

猪苓 澤瀉 青皮 陳皮 葶苦 牽牛

右為末每服二兩粟米二合煮粥同調嚾無根水洗口鼻立瘥

馬患胡骨把胯第七十

胡骨把胯者一名腰腿風也皆因傷肥肉重多喂少騎谷料𤍠毒聚于臟內瘀痰壅而積滿胸中三焦壅極熱盛而生風也令獸左攤右瘓四足拳攣臥地不起氣促麁喘此謂風攤之症也疾勢大

者無方治之疾勢小者麒麟竭散治之
師皇曰凡馬服腿風症四腿俳縮起而立住者可治四足拳攣臥
地不起者難醫大胯肉陷者亦准治也
王良歌曰　服腿肥風癱瘓則腿拳攣兩胯肉消陷能醫療不痊
脉色舌唇赤紫命脉澁沉
治法灸針膊尖搶風大胯小胯穴麒麟竭散治之
調理散養煖廄穰草鋪地臥之　戒忌休拴冷處濕地臥之
麒麟散　治馬筋痠骨痛把前把後病
㕦藥　當歸　白朮　木通　茴香　巴戟
藁本　牽牛　胡芦巴　破故芷　川練子

以上各等分為末細每服一兩苦酒一升同煎三沸温候灌之

馬患束顙黄第七十一

顙黄者卒急之症也皆因蓄養太盛肉重膘肥三焦熱極壅極心胸鬱結於咽喉致成其患也令獸氣喉腫合食顙虚浮仰頭直項氣促喘麄此謂顙黄之症也消黄散治之

師皇曰凡馬顙内生黄喉中氣响如抽鋸此謂結成囊也不堪治之

王良曰喉内若生黄此病還難當饒医能治療惟恐結成囊

脉色淒皃洪数舌鮮紅

治法徹鶻脉血割喉腧穴消黄散灌之雄黄散腫処塗之

調理繫拴涼處水慢青草喂之

戒忌酣熱体拴煖厩諸料一切忌之

消黃散　治馬熱極生黃

知母　貝母　黃芩　甘草　大黃　蔚金　黃藥子　白藥子

右爲末每服二兩蜜二兩雞清童便同調草遠嚾之

雄黃散　塗馬黃腫方

雄黃　白芨　白蘞　龍骨　川大黃

以上各等分共研爲末用井花水調勻塗抹腫処如乾再塗之

馬患心熱風邪第七十二

熱邪者正名中風也皆因三焦積熱胞膈咳血鬱結于心心寒痰迷亂其心也令獸渾身出汗肉顫頭揺左右乱跌氣促喘麤此謂熱極中風之症也鎭心散嚾之

師皇曰熱邪者心之極也[?]砂者死凡治者寧心順氣瀉熱
鶻脉兩針徹之
王良歌曰　不可全憑藥時間亦用針但抽鶻脉血心定自然寧
脉色變見洪數舌似雞冠
治法徹鶻脉血蹄頭血火烙風門百會穴鎮心散嚾之
調理喂養清凉之處水浸青草喂之一方竹葉喂之
戒忌少令蹄行諸料一切忌之
又方　針玉堂血硃砂散嚾之射香散鼻内吹之
安驥集曰射香瓜蒂吹鼻内上唇出血當時安
鎮心散　治馬心風驚悸顛狂不寧

人參一兩　桔梗一兩　白芷一兩　茯苓二兩

右件為細末每服一兩童便一鍾同調草後灌之

硃砂散　治馬心熱風邪

硃砂　人參　茯神　黃連各等二个

以上各等分共為細末猪胆汁半盞童便同調草後方可灌之矣

射香散　治馬中風

射香少許　瓜蒂　硃砂　雄黃　青黛　皂角炙

以上共分為細末每用一字裝於筒中於兩鼻內吹之立效

新刻療牛馬經卷之

新刻繡像療牛馬經卷之五

六安俞本元亨著

蓄養本草 喂飲須知 驢騾通用經驗良方

料部

粱米本草分三種青黄白以色而名之即秈米也青者襄陽出黄者西洛出白者東吳出於今江南江北淮南皆有之味甘微溫無毒羸馬生食者皆能補脾胃養五臟生血生膘無不美矣

粳米即白晚米處處有之大小四五種同一類味甘性平無毒能補脾胃並五臟壯氣力止泄瀉惟粳之功第一耳

糯米造酒之米味甘性平無毒凡喂馬者以糯用之皆能補中益

氣寬腸胃壯筋腿生膘旬日而見其功
粟米即小米山東最多味甘性溫無毒和中益氣養胃寬腸止泄
瀉利小水陳者最良
赤黍米穗熟色赤者是也味甘溫有微毒能補中益氣多食者生
煩熱昏五臟軟筋骨尤甚
陳倉米味酸性平凉無毒平胃寬中下氣消食補虛損除
五臟止泄瀉甚嘉
大麥煮半熟用井花水淘過味甘性溫無毒寬腸
氣搗糙生用補胃氣強筋髓爲藥化消食逐冷氣
開胃口甚美

小麥味甘微寒無毒解心熱消煩渴利小便養肝氣[illegible]
麵麩味甘性温無毒厚腸胃飢膚強氣力壯筋脈大者[illegible]

熟料部

黄豆煮熟用之生者作瀉味甘性温無毒生心血寬脈理厚腸長肌肉通為諸料之首
黑豆味甘性平無毒其功與黄豆相同又能解烏頭毒
豌豆味甘性温無毒和脾胃長脂臓寬腹臟潤皮毛有驗
紅豆又名赤小豆味酸性平凉無毒利水氣消脹滿止泄瀉解諸毒立大效
白豆即今飯豆味酸性温無毒補五臟煖腸胃益十二經絡之氣

菉豆味甘性平寒涼無毒熱用心肺火生用泄五臟熱解諸毒

青草部

木稗草俗種草也與蔥韭類割而復發河西河北多種之其形枝高葉密味甘性涼無毒祛臟腹熱瀉三焦火生臕和血無不甚嘉

觧草溪澗深水而生江南淮南多有之味苦性寒無毒濟咽膈濕心火臕馬食之甚嘉

巴根草味甘性平無毒食之健脾胃最見其大功矣

狗尾草味甘性平無毒滋臕和血可見其有小功矣

胡麥苗俗名彥麥即野生麥也味酸苦性寒有微毒食之破腹損臕傷血敗氣臕馬有熱者可以食之

麥豆苗、味甘性溫無毒、寬腸味化草谷、開胃口、知神、

枯草部

粘稻草、味甘性平無毒、生心血、養胃氣、强筋骨、壯精髓、喂羸馬同

餘而成駿驥、

黏秈稻草、味甘性平無毒、生心血而不足、保元氣而有餘

晚稻草、苦稻草也、味甘性微寒、健脾經、開胃口、生臕、和血而有功、

糯稻草、味寡性寒、無毒、臕馬食之、秋可、羸馬食之冷腎經、敗元氣

傷脾胃損臕、

大谷草、味甘性溫無毒、比方嘉禾也、食着生血、生臕甚美

糯谷草、燒者之酒之谷也、味甘性涼無毒、食着平和、

台草即晚谷也味寒性寒無毒不可食食者損臁

黑豆稻味甘性温無毒健脾利小水久食作渴

黑豆稻味甘性微無毒其功與黃豆稭同

菉豆稻味甘性凉無毒清土臟之小水分陰陽止泄瀉如神

水部

井花水味甘性平無毒清心解暑又健脾胃北方者水深土厚性嘉江南味寒性寒久飲者令馬焦毛損臁積濁

河道水北方澄清者可飲混濁者不可飲南方近山者味寒性毒飲者損臁傷血

澗水山澗之水味酸性温有瘴毒飲者令馬生瘴

溪水村溪之水味甘性平無毒飲者和血生臟

塘水塘池之水與村溪同性味

溝水不澄清混濁穢汚之水也不可食飲者傷血敗氣損臟衷臟

諸疾由此而發也

敎水豬食之水也家家有之味酸性熱有微毒飲者傷胃藏草東

騰焦毛牛無論

麯醬水味甘性寒無毒去心熱久飲者傷腰膝

米泔水淘米之水也味甘性寒無毒飲胃傷胃傷血損膀胱積滯

濁熱疾者用二道水少許飲之

熟水部

豫白湯、味甘性温無毒温腸胃煖子宫、比馬墮胎者用甚效、

米飲湯、即熟米飲湯、一沸澄清者候温飲之、味甘性温無毒煖胃

化草谷、和氣血、長脂膘、寒疾飲者甚良、久飲多、生熱疾、

五經治療藥性須知

療心驚悸　龍腦　天門冬去黄

鎮心　硃砂　遠志　黄連　雄黄　紫菌

茯神　麥門冬　巴戟去心　鬱金　金泊

療肝明目

鎮肝　鉄華粉　夜明砂

涼肝　龍胆草　黄柏

涼膽　海桐皮
瀉汗　牛蒡子炒　威灵仙　蒺藜去尖
涼肝血　五靈脂
去翳　穀精草　茺蔚子　炉甘石煅　乾地黄　青葙子
草决明　枸杞子　乾菊花　秦皮　蛇退
羊肝　木賊　蟬退

温脾和

健脾　厚朴　陳皮去白　白术　白茯苓　蒼术
青皮去肉　砂仁　益智仁
温脾　乾姜炒　木香　丁香　糯米炒　厚朴

肉豆蔻(煨) 良姜 草果 白扁豆(炒)

開胃 生姜 大棗

涼脾 皮杷葉(去毛) 美木草 黃藥子 白藥子

療肺喘嗽

潤肺 天門冬 瓜蔞根 知母 貝母 人參 杏仁

清肺 紫蘇(炒) 甜葶藶(炒) 雞子清

瀉肺 紫菀 白芥子 桑白皮

補肺 款冬 黃蠟

涼肺 黃藥子 荷葉 枇杷葉

定喘 訶子(去核) 麻黃(去節) 罌粟(去皮)

止咳　款冬花　五味子　旋覆花

化痰　白礬枯　半夏製　南星炮　砒礵　硼砂　桔梗

止渴　烏梅　乾葛

腰腎小腸

煖腰腎　猪腰子　破故芷炒　南蓯蓉　葫芦巴　川練子

茴香　山藥薑製　青鹽　鹿茸　玄胡索

杜仲炒　巴戟

利小腸　木通　車前子　滑石　赤茯苓　甜瓜子

萹竹　石燕子　瞿麥　海金砂　猪苓

葵子　澤瀉

宿水便　龍骨　石菖蒲　草解

通[illegible]　大腸草結

大黄　朴硝　螻蛄　蜣螂　鼠糞

通草　酥油　巴豆

潤腸　麻子仁　郁李仁　續隨子炒

滑腸　生猪脂　膩粉　麻油　滑石　芸台子

寬腸　枳殼炮去穰

化草　麥蘗　神麯　山查子

治痢　粟米　莨菪子

澁腸止瀉　桑螵蛸　五倍子　訶子　石[illegible]

諸風解表

疏風 川附子 川烏炮 白附子 防風蜜炒 漢防巳

獨活 蔓荊子 荆芥 麻黄去节 麝香

全蝎 天麻 烏蛇 川芎 藁本

柴胡 升麻 豆豉 生姜 地龍

羌活 姜蚕去足 牙皂 葱白

五勞七傷

勞傷 秦艽 鱉甲酥炙 百合 黄耆蜜炙 阿膠炒

没薬炒 白及 白蘞 楓脂 自然同

虎骨酥炙 地龍 血蝎 狗脊去毛 木鼈子

骨碎補　乳香　紅曲　山藥　童便

解熱

導熱凉三焦

茵陳　連翹　犀角　地漿　薄荷

玄參　茶　清　香薷　青黛　瓜蒂

黃芩　天仙子　寒水石　地骨皮　山梔子

瓜蔞子　天花粉　米泔水

導積滯氣

去積

巴豆去油　烏藥　檳榔　藿香　莪术

蘿蔔　川椒炒　半夏　枳殼　青木香

京三稜　香附子去毛

療血和血

生血　當歸首　白芷　肉桂

散血　黄丹　紫礦　油髮

行血　當歸尾　白芍藥　生地黄　榆白皮

化血　牡丹皮　草薢　桃仁

　　　斑猫　䖟虫　水蛭炒　蒲黄炒

和血　當歸全

殺虫治疥

疥虫　硫黄　雷仲　雄黄　鶴虱　輕粉

　　　錫灰　蔾蘆根　蛇床子　苦練子　石榴皮

史君子 爲 鴿糞

辟瘟殺氣

辟瘟 獺肝 獺糞 蒼朮 胡猻 雄黃

解毒 甘草 藍汁 黑豆 地漿 菉豆粉

菉豆湯 人糞汁

陳皮畏忌禁藥須知

六陳

枳殼陳皮幷半夏 狼毒茱萸及麻黃 六般之藥宜陳久

入用方中最效良 六陳之外餘藥皆新

十八反

本草明言十八反　逐一從頭說與君　人參芍藥与沙參
細辛玄參及紫參　苦參丹參并前藥　一見藜芦便殺人
白芨白蘞并半夏　瓜蔞貝母五般直　莫見烏頭怕烏喙
逢之一反疾如神　大戟芫花并海藻　甘遂已上反甘草
若還吐蠱及翻腸　尋常犯之都不好　荅硝莫與葱相覩
石决明休見雲母　穴蘆莫使酒來侵　人若犯之都是苦

十九畏

硫黃元是火之精　朴硝一見便相爭　水銀莫與砒礵見
狼毒最怕蜜陀僧　巴豆性裂最為上　更與牽牛不入情
丁香莫與鬱金見　牙硝難合京三稜　川烏草烏不可犀

人參又忌五靈脂
大凡修合看順逆
胎娠服忌
蚖斑水蛭及虻虫
牛膝薏苡與蜈蚣
牙硝芒硝牡丹桂
瞿麥乾薑桃仁通
引經
少陰心經
太陰脾經

官桂善能調冷氣
炮爁炙煿要精微
烏頭附子配天雄
三稜代赭芫花射
槐花牽牛皂角同
硇砂乾漆蟹甲爪
少陰腎經 獨活官桂引
陽明胃經 竹根白芷升麻引

石脂相見便蹺蹊
野葛水能并巴豆
芫戟芫蜣黄鵾鴿
半夏南星與通草
地膽茅根都不中
太陰肺經 [illegible]
厥陰包絡 [illegible]

少陰膽經
太陽膀胱經
瀉火
黃連瀉心火
白芍瀉脾火
柴胡黃芩瀉肝膽火
和血
破血用桃仁
調血用玄胡索
和血用當歸全

少陰三焦經
太陽腸經
知母瀉腎火
黃芩瀉大腸火
知母黃蘗酒炒降陰火
活血用當歸
逐血用紅花
化血用蒲黃

厥陰肝經
陽明大腸經
梔子黃芩瀉肺火
黃栢瀉膀胱火
補血用川芎
止血用當歸尾
養血用當歸身

理氣

順氣用烏藥　補元氣用人參　破滯氣枳殼青皮
正氣用藿香　降滯氣用沉香　調諸氣用木香

凡調諸氣者醫之切要也且冷氣溫氣逆氣滯氣與諸風皆同名因肺部受邪邪炎上有升無降流行太過不及以致氣之凝血血之凝氣氣血相凝經絡鬱結而成疾也是故凝于經絡而成瘡癰凝于膺膝而成黃腫凝之于前胸膈疼痛之于後胯拽腰梅近之醫獸多用木香調之夫木香者味辛性熱能升氣於上如氣之鬱結而不達者方可用之若陰火衝上則不可用若用之反助陰火而為邪火矣故必用知母黃蘗酒炒陪之少用木香為助可矣

君臣佐使用藥須知

製陰火用知母黃蘗酒炒[illegible]

退三焦火以黃芪為君茵陳黃連為佐柴胡黃芩為使升麻引之

顧渴貪水以人參為君烏梅干葛為使白茯苓蘆根為佐

調諸氣以木香為君枳殼青皮為使紫蘇子當歸為佐

煖腰腎以茴香為君川練子葫芦巴為使巴戟為佐破故芷杜仲官桂引之

心風黃以硃砂為君茯神為佐黃連人參遠志為使獨活引之

腹痛以橘皮為君細辛白芷檳榔枳殼為使厚朴當歸為佐

嗽欵冬為君知母貝母為佐馬兜苓桑皮為使雞子清引之

喘盛用附葶藶為君梔子黃芩為使天門冬麥門冬為佐

化草谷以山查子爲君只殻陳皮爲使神曲麥芽爲佐
逐水草用當歸爲君陳皮白芍爲使黃藥子白藥子爲佐
通腸用續隨子爲君大黃朴硝爲使酥油通草爲佐
健脾胃以厚朴爲君甘草陳皮爲使砂仁白朮爲佐
瀉肝火以黃連爲君青相石決明草決明爲使黃芩石膏爲佐
化痰以薑汁半夏爲君升麻桔梗飛凡爲使火炮南星爲佐
勞傷用益智仁熟地黃爲君當歸白茯苓爲使爲臣
諸風解表用川烏附子爲君爲佐羌活獨活天麻全蝎爲使爲臣
洗肝明目以青相子爲君爲佐石決明乾菊花爲使爲臣
久瀉不止以肉豆蔻爲君牽牛莨菪陳皮爲使猪苓澤瀉爲佐

和藥必用

甘草湯和藥性解諸毒　菉豆湯解毒瀉上焦火　生姜湯快氣開胃　葱湯發汗通痰

烏梅湯分陰陽止瀉　竹葉湯清心利小水竅血　米飲湯養胃　棗湯調胃

漆白湯和脾胃　魚沫湯打結　茱萸湯止嘔痛　熟酒煖胃

熟佳酒健脾　苦酒通腸　清心糊米茶去熱　糊米茶養胃

藜汁開胃　蘿蔔湯化痰寬腸　溫水半和[illegible]　無根水清心

丹花水去熱　米泔水去上焦火　蜜水止鼻臟　麵漿水滋五臟熱

螺清水明目瀉肝火　蚯蚓水治濕熱中氣　藕汁治小虛　薺津水治心舌

朴硝水治諸黃毒　鮎魚腸通腸　韭汁開胃　糯米粥開胃瀉火

粟米粥滑湯　蜜漿水去三焦火　童便降目補腎　酸漿水止味

狗湯添膘　茶清清心　雪消氷去病熱　陳小麥湯止虛汗

引藥必用

生薑連皮溫熱開胃去皮正氣　青葱發汗　栗肉開胃　祛風歛肺
炒白麵止瀉　猪膽清肝　蜂蜜清心養肺　飛鹽引經
紅花和血　雞子清　熟猪脂潤腸　朴硝通腸
生猪脂潤肺　生油清心滑腸　灶心土止腹痛　乾柿宣腸
菉豆粉瀉心火　烏梅止瀉　生鮎魚通腸　雛雞通腸
猪肋肉添膘　砂糖養肺　白羊肝明目　炒紅花下血
胡桃仁補肺　生蘿蔔化谷　百花霜　狗腦煖子宮
小醋消脹　蕎麪化痰　臭椿枝清肚腹脹　黃蠟排脹

酥油通腸　鶯毛油煮止咳人髮油煮止咳鵲糞沙[illegible]

陳倉麥打疲虫　火麻灰存性療風　青苔利小水　炒麩止瀉

四時調理　使用藥歌

春嚾茵陳与木通　消黄三伏有奇功　理肺散宜秋季嚾

茴香冬月莫教空

茵陳散　春季用此方

茵陳連風俱等分　漿水生薑蜜共煎　立[illegible]喘[illegible][illegible][illegible]慢

三春嚾此即安然

消黄散　夏季用此方

知母使苓草　三子用黄金　新水調蜂蜜　消黄有大功

理肺散　秋季用此方

知母山梔與蛤蚧　升麻麥冬天門冬　蓁艽百合馬兜苓
防巳枇杷葶分攻　天花粘子白藥子　乾山貝母與停流
蜜米糯粥共調勻　肺疾鼻膿神應通

茴香散　冬季用此方

茴香厚朴玄胡索　芍藥當歸益智仁　黑豆陳皮川練子
苟藥青皮與木通　一十三位同為末　葱白三根酒一升
童便半盞同煎灌　溫巾熳後立大功

補益當歸散　治馬胎前產後

當歸沒藥並海棠　漏蘆荷葉與紅花　酥　故並自然銅

虎骨敗龜及胡巴　肯補連翹同益母　麟甜瓜皂角茲
胎前産後兒頭痲　米酒調羹共嚾下

消風散　治馬肝經風熱閃骨生痲　歌曰

肝經風熱双眼昏　四蹄如柱不能行　大小一皆生壅肉
兩胞腫腫開難睜　骨眼穴中今先割　痲黄壅痲骨盍齒存
眼脉兩針流出血　消風消瘴不一能　川芎黄芩二胆草
黄連青松與防風　木賊蟬退蒼木蔚　甘草大黄各決明
旋覆石膏俱等分　猪清蜂蜜兩停勻　雞子一双同共使
米泔調灌即除根

平胃散　開胃　歌曰

蒼人育三陳皮五　七棗同擂五片姜　升水同調煎一沸
胃寒草少嚾安康
大七傷散　調理麤牛瘦添瀌　訣曰
知母貝母漢防已　青皮陳皮用干姜　虎骨芍藥當歸妙
瓜蔞桔梗川大黄　豆蔻人参破故芷　茯苓甘草使茴香
茴陳益智香白芷　檳榔官桂廣木香　水和猪脂煎三沸
瘦馬麤牛嚾便安
益胃散　治馬翻胃吐草　六言訣曰
益智檳榔豆蔻　陳皮白术苻藭　細心當帰[illegible]
厚朴砂仁官桂　甘草木香白芷　川芎草果[illegible]

薑三棗七同擂　酒煮能医翻胃

厚朴散一　治馬脾胃寒不食草　歌曰

厚朴青皮五味子　牽牛官桂與砂仁　升酒同煎加葱蘗

脾寒草慢發如神

清脾散　定喘　歌曰

桔貝藍根一處擂　甜葶甘草共相隨　蜜和糯粥調童便

非時惡喘即時愈

馬價丸　治馬喘結　歌曰

巴豆續隨通草　大黃香附靈脂　瞿麥甘遂相使

大戟牽牛滑石　豆向淨用三兩　其餘二兩無疑

醋糊丸油酒桶　嚾下能通結閉

款冬花散　止喘　歌曰

款冬黄蘗及人参　白斂殭蚕與欝金　再加蜂蜜兼童便

和湯調嚾嗽除生

清皮散　止瀉　歌曰

歸朴青皮白五妙　赤芍益仁生姜搗　兩葉水升一處熬

吟腸泄瀉當時好

滑石散　治馬小便澀濡　歌曰

路地蹲腰不溺　滑石瞿麥燈心　猪苓澤瀉茵蔯

知母黄蘗酒浸　升水調煎三沸　更加童便和灌

空腸嗺半時辰　濇溺尿難神應

當歸散　治馬胸膊痛　歌曰

立時地下褸足忙　頓上換鄉痛難當　騎來走急困拴繫
失於擂散致其殃　堂內兩針胸膊血　當歸散是好奇方
天花白芨枇杷葉　桔梗當歸與大黃　芍藥牡丹同共使
及藥紅花黃藥凉　水煎三沸加童便　散服三朝病自康

半夏散　治馬口吐涎沫　歌曰

良馬脣中吐涎沫　防風半夏與桔梗　升麻蕎麵生薑盃
和飛調嗺當時安

香薷散　治馬中暑者　歌曰

盛暑炎天遠出奔　肺心壅極氣相攻　四肢倦怠行無力
兩目昏矇閉不睁　芩連香薷同花粉　歸草梔翹等分停
童尿蜜水相和嚾　馬針鶴脈自然寧
秦艽散　治馬胞　歌曰
騾馬因何患胞脹　只緣努力臟中傷　風吹硬冷難收持
弓腰努縱痛難當　剪去膧茄温藥流　归芫木朴與茴香
薑桂青陳川練草　酒葱煎灌當時安
消積平胃散　治馬傷料不食草　歌曰
甘草山查香附子　砂仁术朴與陳皮　豈葱水調煎一遍
料傷草少嚾即愈

麥蘖散　治馬傷料　歌曰

馬因谷料過多食　胃火流行五臟傳　精神困倦渾如醉
行步狗然亦似攢　蘿蔔麥蘖生薑用　枳殼山查神曲研
朮朴青皮加國老　生薑同童便共兼　白湯半盞同調嚾
一劑得效自安然

三參散　治馬久啌不止　歌曰

卿參連翹大黃參　梔夏柴胡各等分　飛礬油蜜相兼用
白湯調嚾嗽除根

白朮散　安胎　歌曰

白朮當歸熟地黃　川芎芍藥人參湯　紫蘇甘草同砂仁

陳橘黄芩依等分　阿膠一味麪炒黄　生薑五片調勻灌
良馬腹中胎動疼　水煎嚾下即穩當

秦艽散　治馬尿血　歌曰

羸馬逆行力重傷　小腸積血注膀胱　毛焦膁吊頭垂地
精神漸减趲藥常　秦艽瞿麥車前子　歸芩芍粉共蒲黄
梔草大黄同共使　竹葉煎湯調嚾康

烏梅散　治新駒妳瀉　歌曰

新駒妳瀉糞如漿　臥地回頭顧兩相　乘熱渴飢食熱妳
三陽相引到空腸　烏梅乾柿同為末　黄連梔子共姜黄
漿水調和一處嚾　便是師皇真妙方

子恳散　治新駒嬭肺病不食乳

新駒肺病乳不飡　升麻黃渠及黃連　生地蔚金并葶子

蜜水同調嗺即安

千金散　治馬揭鞍皮傷及諸症　歌云

只朮芎阿蒺蘆　藿荆橘薄南星　两烏三附天雄

二活羌麻等分　皂射辛砂蟬殼　殭蚕蛇蝎蜈蚣

防風藁荆蒺復　薑酒能医表症

雪花散　治馬嗓結喉骨脹熱盛喘急

熱發三喉心肺極　朴硝黃丹寒水石　猪膽調和嗺入咽

三唯喘盛當時息

石決明散　治馬肝熱眼昏

肝家受病不尋常　外傳兩眼熱瘀瘡　頭弦耳搭精神少
藥用鮮毒決明散　便明師皇伯藥方　逢物不見撞着墻
黄芩黄蘗蔚金良　草决石决黄芩妙　桃子大黄白藥子
雞子一隻藥一兩　窖水同調嚾便康　沒藥黄連等分涼
能治四蹄目無光　又斷東西走發狂　方知奇良是妙方
前賢流傳後医觀

秘方　治馬花瘡

回綱魚　舊壇䕸後跟　二味等分燒灰存性為末帖之宜大效

降氣散 治馬欝氣而成黄腫
黄芩 黄連 蒼术 知母酒炒 黄柏酒炒 香附 木香 當歸
右件各等分為末每服二兩温酒一大盞同調嚾之
消黄散 治馬一切熱毒及諸黄腫病
知母 黄藥子 梔子 黄芩 大黄 甘草 貝母 連翹
黄連 白藥子 欝金 朴硝
右為細末每服二兩蜜二兩雞子清一盞漿水同調嚾之
雄黄散 塗馬黄腫方 雄黄 白芨 白蘞 龍骨 大黄
右研為細末井花水調勻塗之腫處如乾再塗之
治疔毒 凡十四方

續斷散　治馬黑疔瘡

續斷　鼠糞　乾薑燒灰　皂角燒灰存性

右件為末醋打麵糊調勻藥末塗之立效

草烏散　治馬筋疔氣疔瘡

草烏去黑　巴荳去油　杏仁　斑苗　葶藶

右件五味搗羅為末防風散煎湯洗淨乾貼之

葶藶散　治馬血疔瘡

草烏　大葶藶　川山甲　蠹虫　硇砂　龍骨

以上六味各等分共研為細末防風湯洗淨乾貼之

烏金膏　治馬水疔瘡

巴豆　烏頭　刀青　血竭　紅娘子
以上各等分研為細末防風湯洗淨乾貼之立瘥
防風湯　洗馬五疔瘡
防風　荊芥　花椒　薄荷　苦參　黃柏
右為咀片清水不拘多寡調煎二沸去滓候溫洗之
雄黃散　治馬陰毒瘭癧瘡
硫磺　雄黃　輕粉　硼砂　雌黃
右為細末麵為丸如棗核大用刺針破瘡著一丸
黃柏散　治馬陽毒脊背肥瘡
黃柏　當歸　大黃　白芨　白蘞　防風

以上各等分研為細末以醋調勻塗之瘡上立瘥

青黛散　治馬心毒舌上生瘡

青黛　黃柏　訶子　白礬飛過

已上各等分研為細末蜜水拌勻裝生絹袋內口內噙之

白礬散　治馬肝毒眼下赤瘡

白礬　硇砂　輕粉　黃丹

右為細末水洗淨乾貼之次日再洗貼之

秦艽散　治馬脾毒唇腫生瘡

秦艽　鹽豉　黃柏　炒鹽

右等分為末好醋調勻塗之唇上立瘥

乳香散　治馬胆毒毛燥尾髮脫落

烏賊　魚骨 各二兩　白凡 二兩枯　乳香 五錢

右為細末血瘡防風湯洗淨干貼之干瘡油調塗之

龍骨散　治馬筋毒燥蹄寸蹤生瘡

龍骨　白凡 枯　乳香　烏賊　魚骨

右件為末漿水洗淨干貼之可見其宜效矣

木別散　治馬氣毒鼻孔準頭破烈風瘡

木別子　出衣粉　川山甲　黃柏

右為細末醋打面糊熬成膏塗之鼻準隔日再塗三四次愈矣

白芨散　治馬肺熱肺傷咳嗽喘息有音鼻流濃涕

白茂　茵蔯　梔子　甘草　黃連　防風已上各四兩
杏仁炒　阿膠二兩
右為末每服二兩蕤瓜蔞一个研細水一升煎三沸饑方可灌

防己散　治馬肺啌不止大便乾出遺糞病
漢防己　白牽牛　款冬花　桑白皮　陳皮　甘草結
知母　黃栢　木通　杏仁去皮尖
右為末每服二兩蜜二兩薑三片水一升煎三沸草後可灌之

螺青散　治馬心啌日久不食頭垂至地
螺青　川芎　知母　貝母鬱金　薄荷　牛蒡子
右為末每服三兩蜜三兩漿水一升同煎三沸草後灌之

枇杷散　治馬肝傷喘嗽左脇疼痛廻頭顧

枇杷葉　款冬花　瓜蔞根　紫蘇子　乾地黄　自然銅

紅花子　天門冬　麥門冬　乾山藥　馬兜鈴　知母

貝母　秦艽　當歸　芍藥　木通　紫菀

瞿麥　没藥　阿膠　地龍　黄連　甘草

已上各等分為末每服二兩童便一升同調草餵嚾之

石燕散　治馬肝傷熱盛頭廻左顧口吐黄涎

石燕子一对　紫菀　乳香二个　右為細末加蕎麵四兩水和

成餅焙乾復碾為末柳枝熬湯濃煎一半草餵嚾之不愈再嚾

百部散　治馬脾胃傷喘右脇疼痛廻頭右顧

百部 兩三　青皮 兩二　厚朴 一兩　枇杷葉 四兩去尾

右為末分作三服葱一莖糯米粥半盞酒半升同調饒灌之

沒藥散　治馬腎傷腔嗽腰中疼痛空動懸其後脚

沒藥　當歸　元参　貝母　紅花

白芷　秦艽　白藥子　甜瓜子　自然銅 醋炮

右為末每服兩半蘆汁半盞煎服入小便半盞同調灌之

荷葉散　治馬腎傷咳嗽小便遺溺病

荷葉　烏藥　羌活　當歸　沒藥　血竭

右為末每服兩半蘆汁半盞煎沸入小便半盞同調灌之

治起卧　凡四方

[illegible]滑散　治馬非時起臥腹痛

木通　滑石　瞿麥　青皮　細心　續隨子

茴香　蒼朮　亭牛　陳皮　甘遂　當歸

右件為末每服二兩水酒各半并同煎三沸嚾之

厚朴散　治馬吃盡冷水腹痛起臥

厚朴　桂心　細辛　當歸　白芷　陳皮

右件為末每服則半飛盞三錢溫酒一大碗同調嚾之

麝香散　治馬起臥

谷精草　細辛　胡椒　瓜蔕　皂角　射香少

右為細末於一用一字裝竹筒中　于鼻孔內吹之立效

急濟左天治馬起卧

用鼎一平膽內裝飽蒸才喚宜細為末煎服之小佳二行即愈

治臟結　凡六方

續隨散　治馬大便不通腹脹起卧病

續隨子　木通　滑石　大戟　牽牛　鳳各等分

膩粉　酥油　皂角　右件為末每服二兩生油四兩

苦酒一升煎湯大黃朴硝各一兩一候溫加初滚鮮魚末另一兩調

九龍轉江散　治馬七結

大黃　滑石　皂角　木通　脂一兩　白术二兩　大黃四兩

苦參　當歸　茴香各二兩

右為末每服二兩生油四兩蜜清一升

之藜散　治馬臓結腹脹起臥糞滴不下

肥皂五个去皮　草烏个二十　甘遂仁二　海金沙三錢

棉惟為末先用生油一兩和溫水灌入肛門次用葱白汁[illegible]

送入谷道廣腸中遠行百餘步即能下

馬價丸　名打結丸

牙皂半两去皮　瞿麥一兩　牽牛四兩　芫花二兩醋炒　郁李仁两　續隨子[illegible]

白榆皮二兩　右為細末　用大麥麵半斤煎糊為丸如[illegible]

子大每用一丸蜜湯同煎三沸加生油四兩童便半盞灌之

又方　治馬七結　五靈脂四兩　巴豆一兩　黑牽牛三錢

右為末醋糊為丸如彈子大每一丸生油半斤温酒調灌

知母散　治馬小便不通

知母酒炒　黄栢酒炒　滑石各三　木通一兩　官桂三錢

右件為末每服二兩温水一升同調草煎灌之

治咽喉凡五方

濟世消黄散　治馬熱毒積結喉骨脹噤水草難病

款冬花　白藥子　黄藥子　山梔子　知母　貝母各等

大黄　黄連　秦艽　鬱金　黄芩　甘草各一兩

右為末每服二兩蜜二兩雞清一箇芒硝一兩水一升同調

草上後方可灌之即愈矣

百合散　治馬鼻内出膿方

百合　貝母　大黃　白草　瓜蔞根

右為末每服一兩蜜一兩蕎麵一匙蘿蔔湯一盞同和灌之

蔚金散　治馬三喉鼻濕或流白膿啞喘病

蔚金　桔梗　大黃　甘草　黃藥子

右為末每服兩半飛鹽一兩羊血一盞同調草飽灌之

大黃散　治馬鼻濃不止

大黃　秦花　黃芩　撓芩　荊芥　莪朮

朴硝　白芷　杏仁炮　甘草　茴香　知母

貝母　茵陳　漢防己　瓜蔞根　黃藥子　白藥子

右為末每服兩半蜜三兩生油半盞水韮汁各一盞煎三沸灌

霜花散 治馬心肺熱極積結肺顙服

朴硝四兩 黃丹一兩 寒水石一斤

右三味為末每服二兩豬脂四兩細切水半盞煎後嚾之

治眼同 凡六方

青葙子散 治馬骨眼磨眼睛腫淚下 青葙子 草決明

井泉石 龍胆草 石決明 蟬退 木賊 黃連

黃芩 蔚金 蒼术 防風 菊花 甘草

右為末每服兩半水一升細切羊肝三兩拌勻草後嚾之即效

蒼术散 治馬內障眼黃暈浸睛

蒼术　黄芩　當歸　白藥子　龍胆草

右為末每服两半蜜一两水一升同調草後嚾之

升麻散　治馬内障　黄藥子　白桒子　白茯苓

升麻　黄芩　人参　甘草　柴胡　乾葛

黄耆　黄連　羌活　防風　當歸　白术

右件為末每服两半水一升同煎三沸候温嚾之

六一散　治馬外障眼一切雲翳

鷹糞六分　白硼砂一分　白硇砂二分　大硃砂二分

以上四味擂羅為細末不拘時候點之外障不過三次神效

撥雲散　点馬内障眼黄暈浸睛穴剜骨眼後点藥

蘆甘石（煅）　青鹽　黃連　銅綠（各二錢）　硇砂　腦子（各一）

以上七味右件為細末每朝三次点之即愈矣

瀉肝散　治馬內障眼黑眼先青桃後變綠色

石决明　草决明　青相子　龍胆草　旋復花　山梔子

黃連　甘草　蔚金

右為末每服两半水一升細切羊肝三兩拌匀草後嚾之

治點痛　凡五方

没藥散　治馬肺氣把前把後或閃傷跌傷膊膀止痛和血

没藥　當歸　知母　貝母　秦艽　甘草　天門冬

百部　紫菀　麥門冬　柴胡　桔梗　葶藶子

右為末每服一两清一两紅花二錢水一升煎三沸灌之

止痛散　治馬閃傷腸脊腰積聚惡血不散不食水草

防風　連翹　官桂　水蛭炒　當歸　柴胡　羌活　射香少許

右為末每服兩半酒半升同煎三沸候温灌之

定痛散　治馬撲跌損傷筋骨和血定痛

當歸全个二　鶴風个三　乳香一个　沒藥　血竭

右為末紅花三錢酒一升同煎三沸大小便半盞灌之

知母散　治馬肺耙膊胸膈一切痛病

知母　枳殼　白芷　茯苓　破故芷　枇杷葉

青皮　貝母　大黄　菖蒲　瓜蔞根　赤芍藥

右味各等分為末每服二兩麻醬一盞同調草後嚾之

芍藥散　治馬腸黃痛

芍藥　當歸　荷葉　羌活各半兩　沒藥各二分　血竭各二分

白藥子　甜瓜子各等分

右為末每服二兩秋冬漿水煎熟入小便半盞調之春夏減白藥子加山藥去小便加蜂蜜同煎熬灌之

麻黃散　治馬心臟壅熱中風

天南星　白附子　白殭蠶　乾蝎　白花蛇　麻黃　川芎

白茯苓　海桐皮　黑附子　防風　甘草　天麻　藁本

桂心　以上各等分每服二兩溫酒一升同調嚾之

大黃散　治馬心臟熱草慢并鼻內出血

黄藥子　款冬花　貝母　黄芩　梔子　欝金
白藥子　黄栢　紫菀　黄連　大黄　甘草
右為末每服兩半蜜一兩水半升同調灌之
龍骨散　治馬心熱舌上生瘡
龍骨飛　黄丹飛　白芨　白歛　狗糞燒灰
右件各等分搗為末　舌上有瘡乾貼之立效
人參散　治馬心黄忽起忽卧多饒驚心
黄藥子　吴藍　欝金　大青　人參　甘草　茯苓　板藍根
右為末每服一兩油一盞一兩薑一錢水升煎草後灌之
遠志散　治馬久伏熱心經眼色朦朧多驚多怕及慢肺病

遠志　茵蔯　人參　茯苓　大青　黃連
甘草　防風　吳藍　地皮
右為末每服兩半水一升同煎三沸放溫草飽灌之

胡黃連散　治馬心經熱燥風癇發倒地痾

胡黃連　川黃連　川大黃　黃藥子　甘草　扁竹
滑石　人參　茯苓　木通
右為末每服兩半水一升竹葉一把煎三沸候溫入蜂蜜一兩雞子清一雙同調灌

青效散　治馬木舌腫

款冬花　山梔子　地仙草　瞿麥
右件各等分搗羅為塗子舌上凡三上者瘥矣

桔梗散[illegible]馬心經不調陰陽不通百脉凝重始膈如痴眼不[illegible]

桔梗　升麻　鬱金各一　生地黄研汁两　牛蒡子半两

右件為末先用牛胆一個窨一两調地黄汁牛蒡子一两拌匀後入三味藥末一两水一升同調草後嚾之

乳香散　治馬心寒吐

乳香　没藥　人参　當歸　肉桂　血竭

良薑　遠志　芍藥　香附子

右為末每服一两細切青葱三枝苦酒一升煎三沸溫嚾

清心散　治馬心熱舌上生瘡

梔子　黄芩　木通　白芷　山藥　桔梗

黄柏　天花粉　牛旁子

右件各等分為末每服二兩蜜二兩韮汁一升同調飽灌之

人参散　治馬心風黄

人参　硃砂　遠志　茯神　防風　甘草

黄芩　黄連　山梔子

右件為末每服一兩蜜二兩新汲水一升同調灌之

治肝部

凉肝散　治馬肝熱眼生翳障遮蔽瞳人

甘菊花　白蒺藜　防丰　羌活

右為末每服一兩蜜一兩水半升同調草後灌之

蒼朮散　治馬肝經積熱生翳膜

蒼朮　蟬退　木賊　黄芩　甘草

右等分爲末每服一兩清水一升調勻草後喂之

黄連散　治馬肝黄四蹄如柱捧動坐而倒

黄連　天門冬　大黄　知母　麥門冬　貝母

黄芩　黄藥子　蔚金　黄耆　山梔子

右爲末每服一兩雞子清二個生地黄一兩搗碎水半升喂

補腎散　治馬虫食肝病兩目如睡頻頻搐項頭低耳搭

黄藥子　石决明　龍胆草　蕪荑　貝母　大黄

白藥子　草决明　乾地黄　秦艽　知母

右為末每服兩半蜜四兩醋一合陳漿水一碗同調草飽嚾之

黄芩散　治馬瞖暈遮睛不見物色

黄芩　黄連　生地黄（巳上酒洗浸）　龍胆草

右等分為末每服一兩水半升同煎三沸午時前嚾之

桃仁散　治馬兩眼白曚

桃仁　甘草　秦皮　梔子　菊花　黄芩

黄柏　石决　草决　龍胆草

右為末每服二兩蜜二兩猪胆一個蘿蔔汁一升草后嚾之

蟬殼散　治馬谷料喂多眼暈及腫

蟬殼　宣黄連　菊花　地骨皮　甜苧子巳上各[illegible]

龍胆草兩 白朮 蒼朮 當歸全 厚朴 陳皮

白牽牛炒 益智仁 赤芍藥 陳皮

以上各等分右為末每服兩半姜三錢水一升煎三沸空心

黃柏散 治馬肝黃外腎腫上出涎及兩脥浮腫

黃柏 知母 貝母 鬱金 大黃 山梔子

茯苓 白芷 桔梗 山藥 瓜蔞仁

右為末每服一兩蜜四兩油半兩水一碗同調灌之

氣滑散 治馬非時起卧眼蓋

續隨 木通 滑石 瞿麥 青皮 茴香

陳皮 細辛 甘遂 當歸 蒼朮 牽牛

各等分為末每服二兩水酒各半升同煎三沸溫灌

七寶散　治馬脾寒胃冷腸鳴泄瀉腹痛草慢及老馬久經陰雨目色青黃宜服此藥方妙甚矣

白牽牛炒　赤芍藥　益智仁炒　當歸　厚朴　青皮　陳皮

各等分為末每服一兩鹽一分水一升煎三沸空草灌之

當歸散　治馬脾黄初起精神短少鼻出冷氣頭低草慢病

當歸　五味子　白藥子　沒藥　細辛　槀本

厚朴　白芷　牽牛子　青皮　芍藥　陳皮

右等分為末每服一兩生薑半兩溫酒一升同調灌之

厚朴散　治馬脾不磨草口色此為

厚朴 陳皮 麥蘖 五味子 官桂 砂仁 益智 白豆蔻

各等分為細末每服一兩半溫酒一大盞同和啖之

桂心散 治馬飲冷過多傷脾作泄瀉

桂心 厚朴 當歸 細辛 桑白皮 青皮 陳皮 蒼朮

右為末每服兩半溫水半碗童便一碗同調啖之

消腸散 治馬肝脹兩前腿伸探二足左右倒腳

蔚金 梔子 細辛 青黛 萆薢 玄參 紫參 人參

沙參 大黃 甘草 茯苓 漢防已 青皮 草豆蔻

各等分為末每服兩半蜜四兩水一升同和草后啖之

治脾部

枳梗散　治馬非時飲蕩因傷冷水太過草慢病

枳殼　官桂　當歸　乾薑炮　赤石脂

右為細末每服一兩水一升同煎三沸候溫草前灌之

益氣黃耆散　治馬脾寒胃冷草谷不化四肢虛腫行動無力

黃耆　青皮　茯苓　黃柏酒炒　人參　蒼朮

升麻　澤瀉　甘草炙　生地黃

右為末每服兩半薑五片水一升煎三沸草前灌之

白附散　治馬脾胃虛弱脾寒打顫毛焦草細病

白附子　丁皮　益智　陳皮　厚朴　蒼朮

秦花　甘草　當歸　青皮　良薑

右為末每服二兩姜一分溫酒二升同和灌之

治肺部

紫菀散　治馬肺病鼻濕毛焦喘粗前探胸膊一切痛疾

紫蘇葉　苦葶藶　茯苓　甘草　貝母　防巳

當歸　桔梗　木通　牽牛

右為末每服兩半姜三片水一升同煎三沸草后灌之

貝母散　治馬肺熱喘麁及空

貝母　梔子　桔梗　甘草　杏仁　紫菀　牛蒡子　百合

各等分為末每服兩半水一升同煎三沸草后灌之

清肺散　治馬肺熱喘麁及時非惡喘

木賊根　板藍根　苦葶藶　甘草　貝母　桔梗　瓜蔞[illegible]

右為末每服兩半蜜一兩糯米粥一碗酥油二兩小便半盞同調灌

黃藥散　治馬發熱草慢並胷內出血

黃柏　黃連　貝母　紫菀　蔚金　大黃

款冬花　黃芩　知母　黃藥子　白藥子　甘草

右為末每服兩半沙糖一兩漿水一升同調灌之立效

肺風散　治馬揩擦疥癆病

蔓荊子　威靈仙　何首烏　玄參　苦參

右為末每服兩半砂糖一兩水一升同煎草后灌之

[illegible]龍散　治馬肺毒瘡

地龍三十条　夜明砂二兩　白礬二兩
共為末每服二兩塩一兩水一升同調灌之

砒礵散　治馬肺毒瘡
砒礵一分　藜蘆半兩　百草霜一兩
右為細末如瘡處乾貼之凡三次即效

立效散　治馬非時喘麁
大黃一兩　三靈脂一兩　杏仁去皮尖半兩　朴硝半兩
右件為末每服一兩水一升同煎三沸出露一宿方可嚾之

黍粘子散　治馬肺毒瘡
黍粘子　甘草　黄芩　連翹　大黃　柴胡　當歸　薑

地骨皮　各等分為末每服兩半水一鍾煎三沸温灌之

蛤蚧散　治馬肺勞鼻温四肢虛腫遍身生肺毒瘡

蛤蚧對　天門冬　馬兜苓　漢防巳　麥門冬　秦艽

白藥子　瓜蔞根　枇杷葉　山梔子　紫蘇子　知母

升麻　貝母　沒藥　百合

右為末每服兩半新汲水一盞同和草后喂再喃日灌之

一方　治馬喉骨脹鼻温鼻膿不止先教大藥後用此藥

右將猪膽爛剥如泥飛礬為末蜂蜜拌勻草后宜噇之

大黃散　治馬鼻不止

大黃　防巳　黃柴　秦艽　甘草　[illegible]

肉蓯蓉　蓽澄茄　白附子　金鈴子　當歸

檳榔　肉豆蔻　肉桂　茴香　木通

右爲末每服二兩葱三枝炒鹽三錢溫酒一盞小便半盞同煎[illegible]

雜治部

七補散　治馬七傷

青皮　陳皮　練子　茴香　益智　芍藥

當歸　木通　滑石　官桂　紅豆　乳香　沒藥　自然銅火煅醋淬

右爲末每服一兩半葱三莖切細酒一升同煎溫灌之

木通散　治馬春季草細病

木通　乾山藥　山梔子　牛旁子　瓜蔞根

原書卷五缺第三十五、第三十六葉

右為末每服兩半姜一心錢沸湯一盞小便半碗同調嗐之

白藥子散　治馬秋季草少病

白藥子　赤芍藥　當歸　桔梗　白芷　桑白皮　瓜蔞根

右為末每服兩半姜五片水一升煎三沸入小便嗐之

神麯散　治馬傷料腹痛起卧方

神麯　麥蘗　牽牛　木通　山查子

右為末每服二兩粟米粥一盞調嗐新水洗口咀即效

厚朴散　治馬傷水

厚朴　當歸　甘草　青皮　陳皮　益智

牽牛　細辛　蒼术

右為末每服二兩炒塩三錢葱三枝温酒一升調灌之

没藥散　治馬蹙損罷膊病

没藥　乳香　白藥　山藥　然銅　元參　杏仁　青皮

陳皮　當歸　芍藥　牽牛　貝母　五灵脂　玄胡索

右為末每服二兩葱三枝水一升煎三沸入童便半碗調灌之

天麻散　治馬破傷風

天麻　乾蝎炒　蝉退　南星　烏蛇酒浸去骨　半夏　防風　藿香

川烏炮　蔓荊　白附子炮　硃砂　射香　膩粉巳上三味各一分另研

右為末每服三錢將末三味拌勻温酒半碗調灌之

天麻散　治馬搐搦風及諸風病

天麻一兩　白附子炮半兩　南星炮半兩　蔓荊子半兩　半夏半兩

川烏炮三分　麻黄半兩　乾蝎炒　烏蛇酒浸　硃砂二分另研

右為末每三錢入硃砂拌匀豆淋酒半盞同調嚾之豆淋酒法

黑豆半升炒令出烟以酒一升入之

玉金散　治馬奔走太急小便當溺失溺變作胞轉令馬腹脹頭

腰起卧攛正膀胱尿溺出后用此藥

玉金　甘退　升麻　紫菀　黄芩　朴硝

各等分為末每服一兩蜜一兩油四兩温水一碗同調嚾之

婆娑石散　治馬尿血

婆娑石　當歸　雲藍根　蒲黄　白礬飛　紅花　井花

右等分為末每服兩半溫酒半升調灌之

款冬花散　治馬非時啌喘

款冬花　黃藥子　白殭蚕　蔚金子　白芨蘞　元参

右等分為末每服一兩溫水調灌之

三母散　治馬卒熱

知母　貝母　瓜蔞根　山梔子

右等為末每服二兩姜半兩研細漿水一升同和草後灌之

桂心散　治馬患吹鼻

桂心　牛蒡子　甘草炙

右為末每服二兩半猪脂四兩細切酒一升同煎三五沸候灌

紫菀散　治馬駒肺病不食草鼻

川升麻　紫菀　黃藥子　乾地黃　黃連　蔚金

右爲末每服兩半蜜一兩瓜蔞少首同和嚾不發再加麻子竹瀝鑵

獨活散　治馬五勞七傷四肢疼痛

當歸　桃仁　連翹各一兩　漢防巳一兩　獨活　大

羌活　防風　甘草炙　四錢　澤瀉　黃柏酒浸一兩

右爲末每服兩半酒半碗水半碗同煎微熱方可嚾

雄黃散　敷馬諸般腫毒及筋骨脹大

雄黃　川椒　白芨　白蘞　草烏　官桂

大黃　硫黃　白芥子去白

右爲末每用大匙醋一盞面一匙同熬熟敷腫處立效

牡蠣散　塗馬神口陰腫塗搽消腫毒

牡蠣燒過　硇砂　天南星　天仙子　木鼈子

右為細末每服一大匙醋一盞同煎熟膏藥塗腫處立消

猪脂膏　治馬枯死蹄甲血毒痛病

猪脂四兩熬油去滓　生薑二兩搗汁　胡椒仁一兩半八錢　蘆甘石一兩為末

右四味熬膏溫水洗過待乾塗之次日再塗方妙

定粉散　治馬花瘡

定粉五分　砒霜一分　膩粉五分　菉豆二百粒

四味一處不語搗為細末漿水洗過乾貼之三次立效矣

硇砂散　治馬癧蹄　硇砂一兩　黄丹三錢

右二味同研為末羊骨髓調勻搽之

洗疥方　洗馬疥燥

馬脹根　臭椿皮　白蕪荑　芥穗蘆　皂　藜蘆　萹蓄

右為末每使一大匙韭汁三升同煎三沸入生油少許洗之

搽疥方　狼其加四　牙皂四　巴豆　雄黃六　輕粉二錢

右搗羅為細末以生油燒熱調勻搽之次日再搽

治馬喉腫方

青黛　川芎　知母　蔚金子　薄荷貝母　牛旁子炒

右為末每服二兩蜜二兩漿水一升同調草嚾之

治馬結尿方　滑石　木通　朴硝　車前子

右為末每服二兩和嚾　結甚加鹽一兩　亦同嚾之

治馬結糞方

大黄　枳殼　麻子仁　黄連　厚朴　皂角

右為末每服二两米泔水一盞同調嚾之如不通加荆芥子

治馬舌硬方

地仙草　梔子　朴硝　青黛　硇砂　款冬花　油烟墨

瞿麥　已上各為末每用半两貼於舌上凡三次者瘥矣

治馬流沫方

白朮　枳殼　甘草　當歸　菖蒲　澤瀉　厚朴　赤石脂

以上共為細末每服两半酒一升葱三根同煎三沸候温嚾之

治馬腸痛方

白藥　羌活　當歸　没藥　苟藥　甜瓜子

右爲末每服一两蜜二两春夏漿水嚾秋冬小便一盞嚾之

治馬傷蹄方

海桐皮　白芥子　五靈脂　芸台子　木鼈子　甘草　大黄

右爲細末黄米一合煮粥調藥攤之帛上於蹄上裹之立效

丹礬散

柯子核五个去皮　白凡半两　黄丹半两

右三味先將白礬于銅銚内溶化入黄丹攪匀令熬枯乾看黄丹色紫爲度后將柯子核爛碎入丹礬内共羅爲末臨用先以温漿水將瘡口洗净温乾用米末附之極若不過兩次神效

新刻療牛馬經卷之五終

大經堂藏板

新刻繡像療牛馬經卷六

論牛保第一　　耕牛係養民之道

僕聞古今聖帝明王亨國裕民之道莫先于耕種若以勸課耕桑馬務急則其當有天下者宜也此民之力穡為勞而耕牛若又以其力而代民之勞者也知此則力田者可不知放牧飢飽之宜哉苟放牧違時飲餵失度則致多傷損或承飢而致瘦或身患而衝風自此暴病猝生不知察病揀方及時醫療却信巫師許言鬼祟或燒錢而祭醮或壓禳而書符不但轉加瘴疫且益傷損[illegible]足二雖不田而食生長田間備知養牛之理乃於諸家牛經內友類撮入況耕牛毛相之壽夭證病之異同方藥之纖悉皆備論馬初角

牧之庶不忝於飯牛之職耳

天子耕田勸農第二

傳曰藉者借也天子耕千畝但三推發再三推而止其後借民力治之其所收之穀藏於神倉以供祀天地宗廟神祇之用也天子以身耕於天下者所以勸農也以建寅之月而郊以北郊即所谷之祭也郊而後耕者也郊用辛日而耕用亥日蓋亥之地直土是天倉星又以建辰月祭靈星以求農耕也靈星是天田星此亦循於辰位故農字從辰亦此義也若諸侯之耕百畝以祀宗廟所耕在東郊少陽之位自天子以及諸侯皆以身先於農所以重農事也

論古來有異相第三

三子璞顧寘記曰秦時有獻花蹏牛高六尺長尾繞角生四耳子寶禊神記曰晉大興元年有牛生犢一頭六足兩尾而共腹又云昔有人月叔保病將垂死医者曰此病須得大白牛鱉為羹病方得瘥時楊子玄有大白牛求之不得後一日有大白牛從西而來欲見叔保叔保聞之驚惶其疾即愈又關令尹喜傳曰周無極元年老子度關尹喜先誡闗吏曰若有乘青牛車來者勿令過去後果有乘青牛板車而來吏白曰乘青牛車者已至喜曰我遇聖人矣即帶印綬而出迎之執弟子之禮以見焉

辨牛將來有萬年相牛灋第四

甯戚相牛經曰任重致遠以利天下牛為利也傳載牛口常有例

鳴者當有牛黃、又曰牛羊無角者謂之牸、稍牛眼近角者及牛眼、大者及眼中有白線入童子者、其牛行最快、壁堂欲得濶（胷腋下曰壁堂也）膺延欲得廣（平也）前之髆肩中央欲得下、豐岳欲得大（體也）䐈尾下欲得大、脚腕下欲得肉覆蹄、又宜體緊身促、此相法之大略也、口中斗者肉重千金、牸水牛肶大尾清、最是有力、最大者欲重千斤、牛最小者亦數百斤、由廣州高涼郡也、

大凡黃牛、青牛、黑牛、赤牛、總有額上一花黃者、養之主人多吉慶康寧、喜事、招橫財、大吉之兆也、

黃牛若胸前一蓍白如手掌大者、此上相牛、養之添丁進財、子孫豐盛、家財興旺、大吉之兆也、

牛角相去一尺者名為龍門牛牛中王也養之主人多興旺六畜
犧牲大吉昌主人家多招資財孝子賢孫進朝郎
凡牛黃黑而脊背上一條白者名為蔦脊牛養者主家道興隆衣
食豐足子孫和順一門平安大吉之兆也
牛有麗斑者養之主人家財業冷退所作不遂田蚕不成若有此
牛主人切不可養當戒之
牛若有頭上白者名為孝頭牛養之主人家多凶禍喪事臨門官
事連纏口舌相生六畜不順此乃大不吉祥也主人切宜慎之
黑牛頭白尾白者名曰喪門牛主人養之多招凶禍事田蚕六畜
財帛等事一切諸事俱不美也

穴法

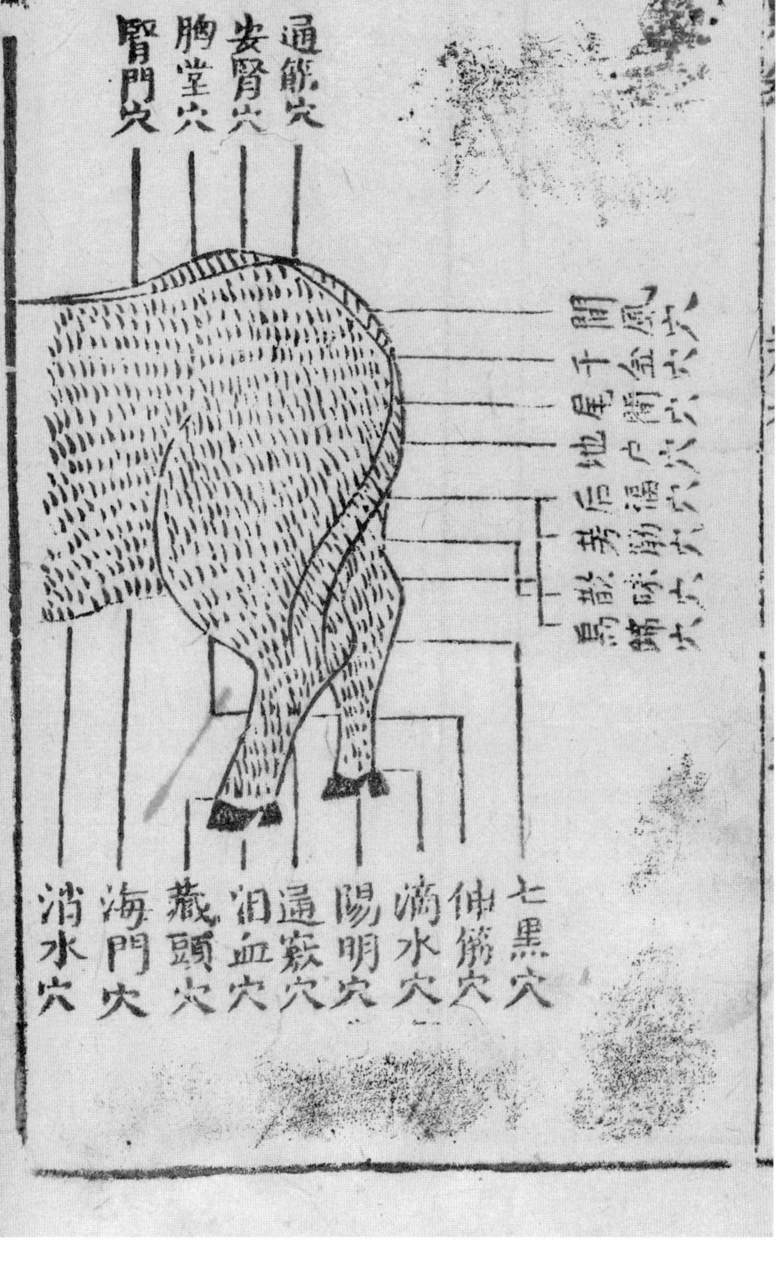
通筋穴
安腎穴
胸堂穴
腎門穴
開風穴
千金穴
尾閘穴
地戶穴
后濡穴
芳膀穴
馬蹄穴
七黑穴
伸筋穴
滴水穴
陽明穴
通竅穴
泊血穴
藏頭穴
海門穴
消水穴

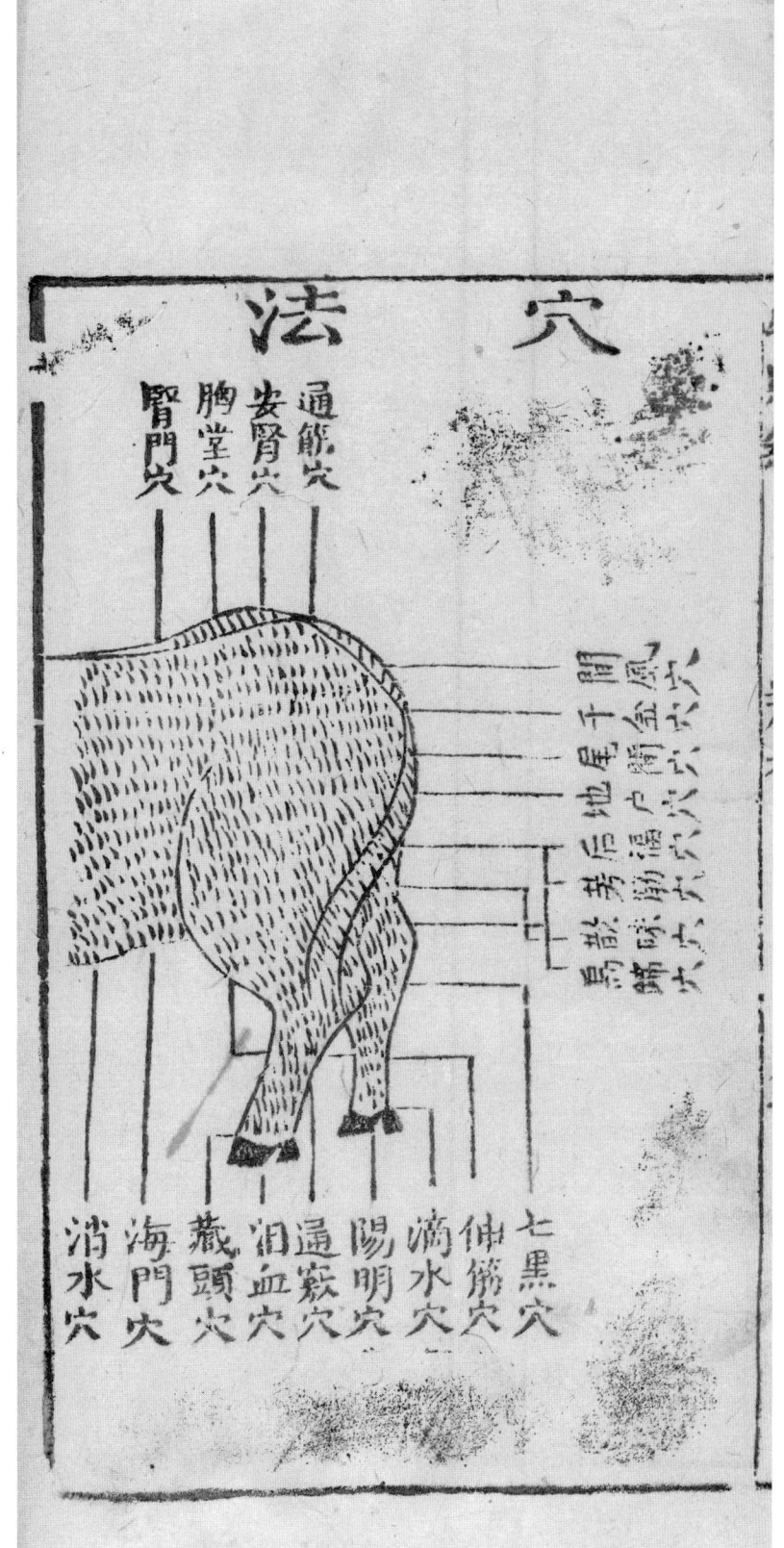

名
圖
中水死穴
鎖喉穴
丹田穴
天樞穴
天門穴
血即穴
八字穴
漏泉穴
通氣穴
三空穴
八勢穴
台門穴
命牙穴
三關穴

拖犁力弱瘦病

頌曰

能困傷乎肺家衛却頭指頭眼淚汪
不思水草又糞緊醫遲必定肺生瘡
久卧多時發硬氣起來喘息口虛張
但用補肺杏仁散嚾時切忌着油漿

杏仁散

杏仁　蒼术　阿膠　麥門冬
白芷　苽蔞　牛旁　桔梗
右為末每服二兩白凡姜黃各二兩
水二升嚾之即愈

因水腸痰牛圖

頌曰

因中錯水臟中藏　頭懸搵拖口中黄
角耳冷時身又顫　眼中流涕却成行
用藥通腑脾家快　整遲必定水攻腸
仙經論裏分明說　瘦損惟調有妙方

四順散

茴香　桂花　蒼术　白水

有為末每服一両炒盐一匙生姜一两水二升同煎灌三效

肝黄病牛之圖

頌曰

肝黄得病要知長眼赤頭昂尾撑張
東奔西走不停足口青舌黑病須防
日淺通医容易治延深不救没奇不

天竹〻　黄芩　玄参　天竹黄
五灵〻　大黄　木贼　青相子
甘草　車前　班竹笋

右為末每服二兩朴硝四兩枳殼四
兩好酒一升引筒灌立大效矣

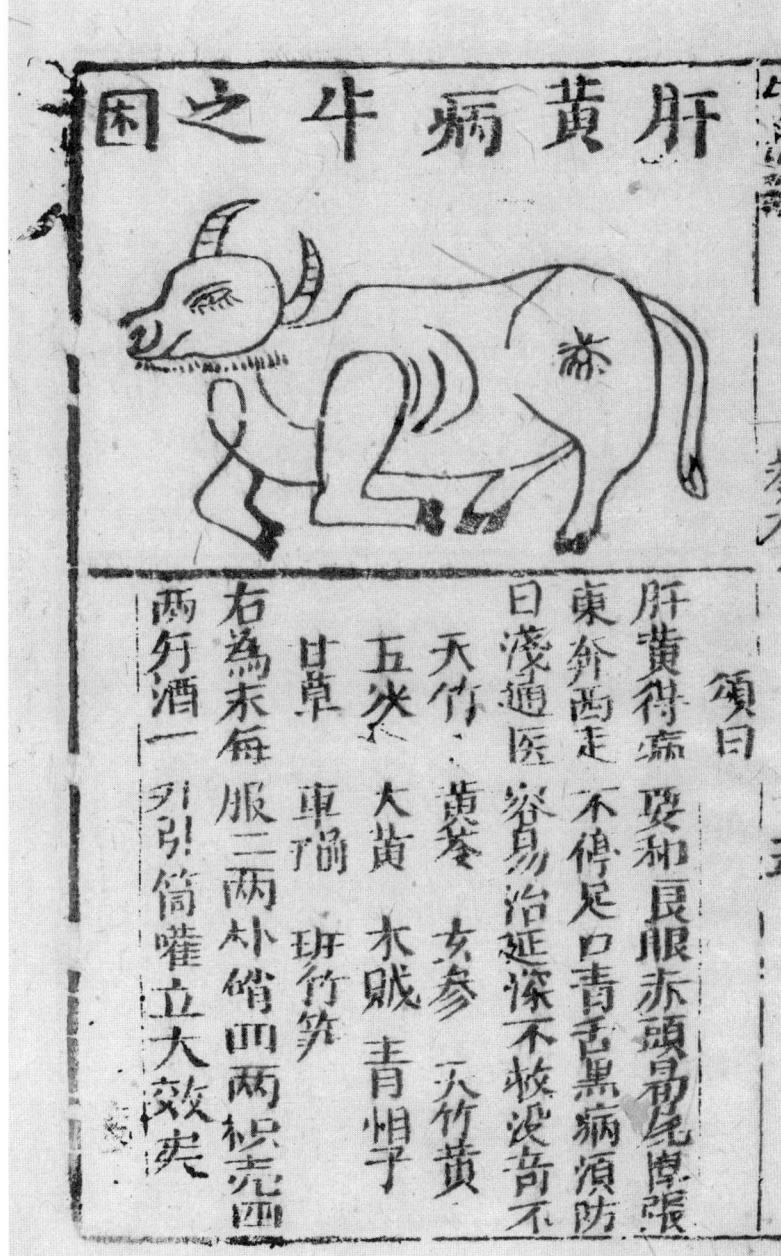

黃顛瘦病牛圖

頌曰

膀胱有病毛皃焦　日日朝朝氣不調
攧身俏渙脚又腫　懶拖犂耙治田勞
仙經論理分明說　烏金散子有功高

烏金散

沒藥　芍藥　茴香　麒麟竭
黃藥　牽牛　茱萸　地骨皮
甘草　川大黃　胡黃連

右為末每服一兩水一升醋半盞同煎溫候嚥之即效

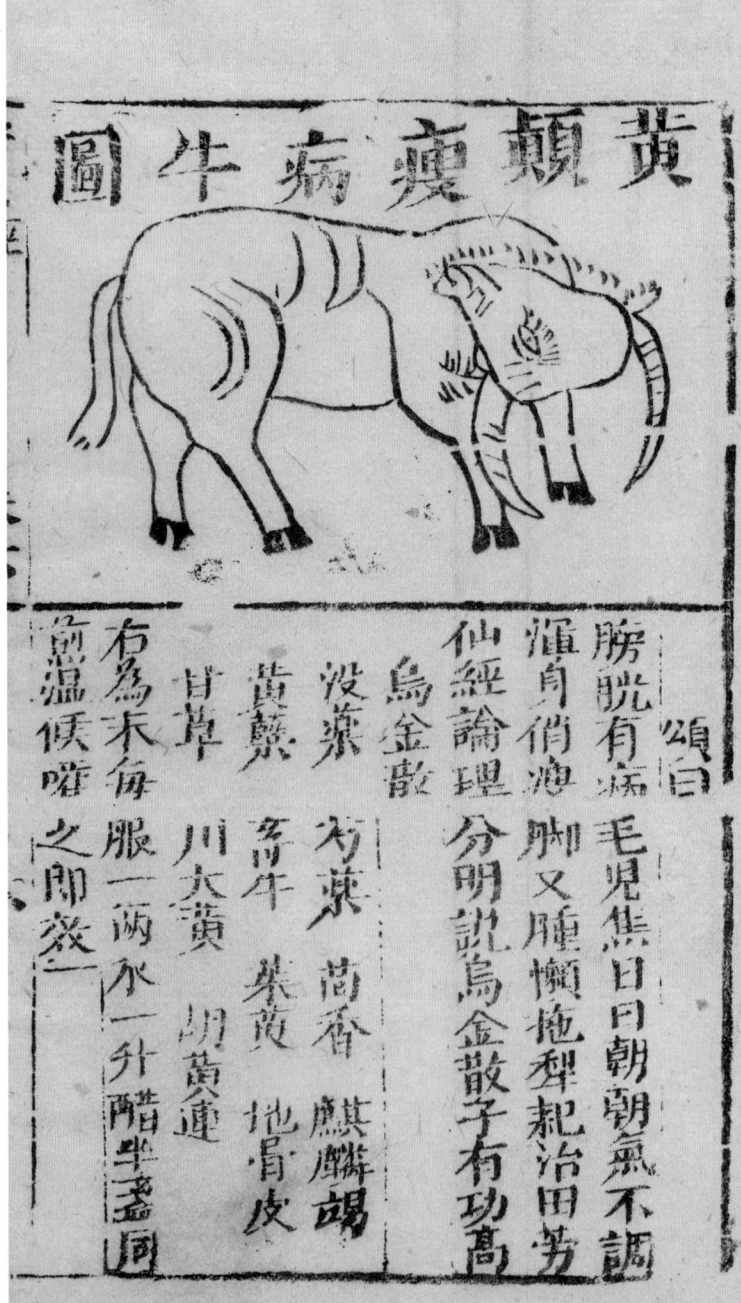

心黃病牛之圖

頌曰

心黃得病走忙忙眼目睁開尾直張
牛有一心一竅屬火火盛攻心病难防
積熱久聚傷臟肺且須急治可消黃

清心散

人參　茯苓　草藍　青黛
大黃　甘草　黃梔子

右為末每服一兩蜜四兩水二升同
調灌之立效

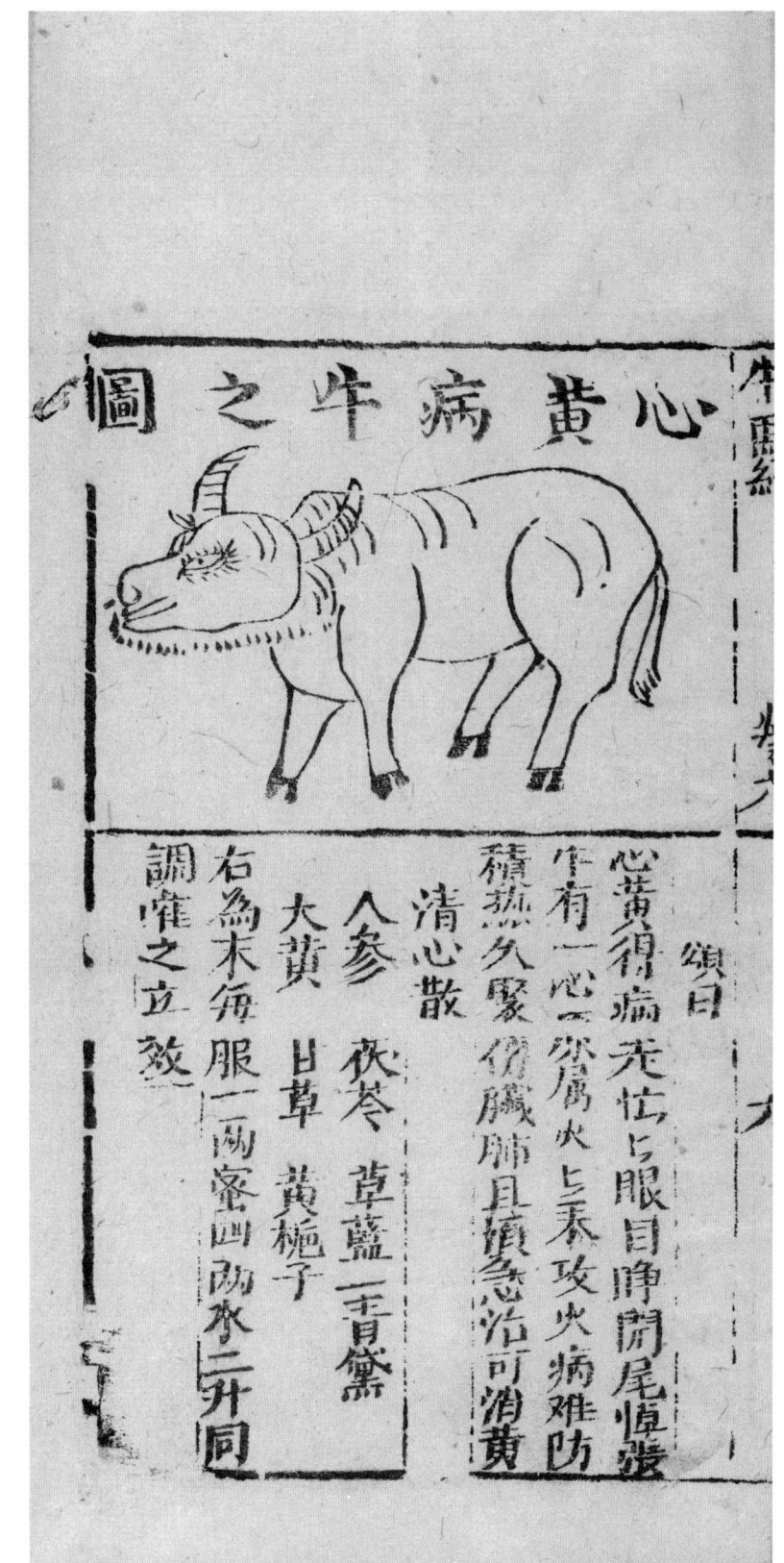

腦中黄病牛圖

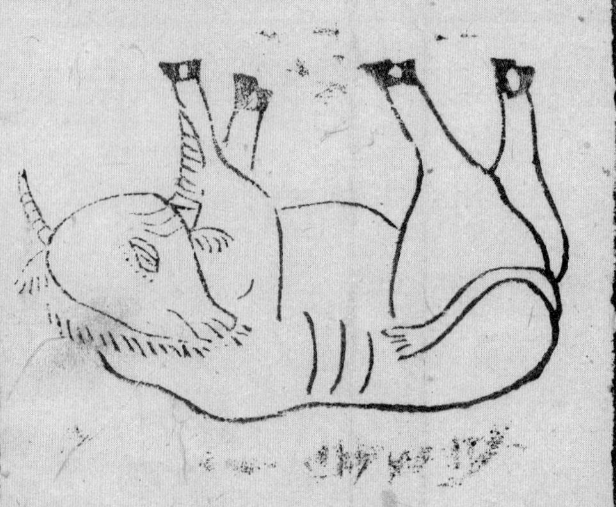

頌曰

久熱積或聚腦中盤身宛轉作旋風

予為星門絡一道行夭取透有神功

狂㕵水林二数度定風散下更除風

定風散

天竹黄　防風　人参　乾地黄

天麻砂　川芎　紫参　黒附子

白蒺藜　甘草　麻黄

右為散每服半両水一升入蜜二両

同拌温服立效

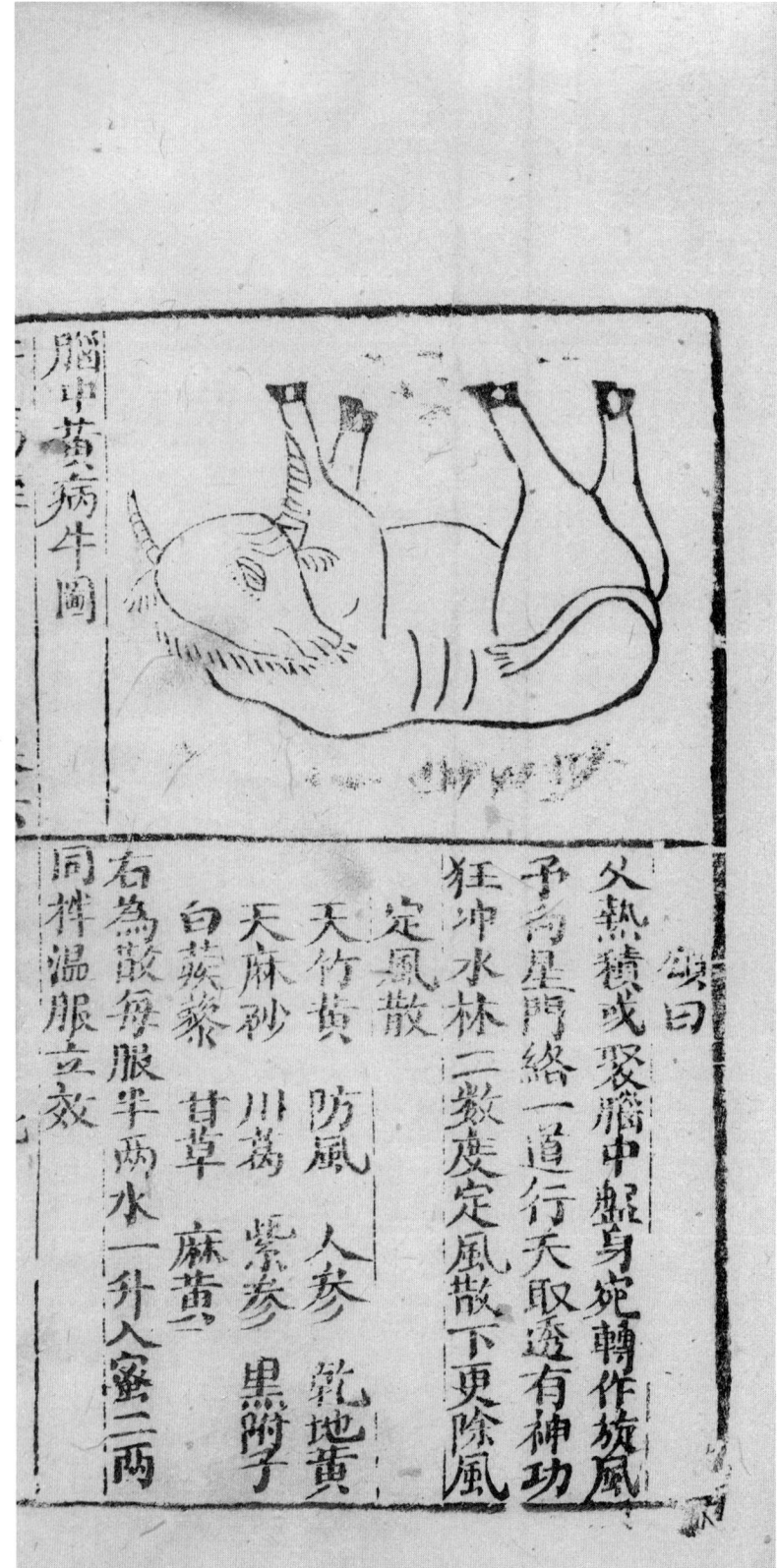

草傷脾病牛圖

頌曰

草傷脾有氣不和出氣如雷氣又多
硬氣更兼心忽亂毛焦糞硬又難屙
口澁色紅脾本病鍼脾治胃便安和
便下大腸穿腸散朴硝油下蜜為窩

穿腸散

牽牛　大黃　甘遂　白大戟

黃芩　滑石　黃耆

右為末每服半兩朴硝三兩猪脂半斤水一升同調灌之

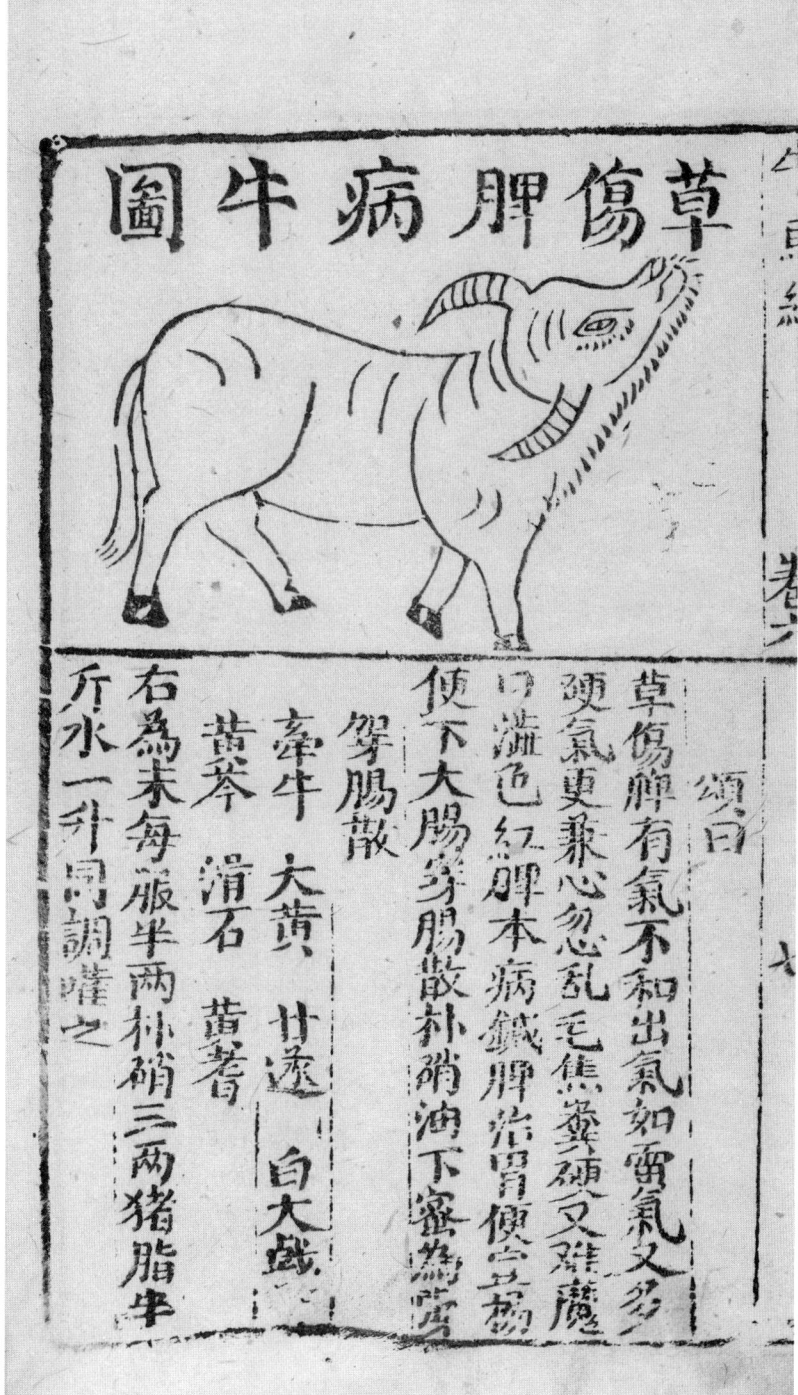

肺黃病牛之圖

低弓

肺黃得病眼睛黃起臥抬頭又[illegible]
喘氣多因心氣盛臥起轉筋又[illegible]
肺腧穴內針一道肺後衝天火燎[illegible]
又用消黃菖蒲散將來磨灌啖為良

菖蒲散

菖蒲　白芷　知母　川大黃各
貝母　交蛤　甘草　瓜蔞根
右為末每服三兩白礬一兩蜜四兩
水一升同調服之大效

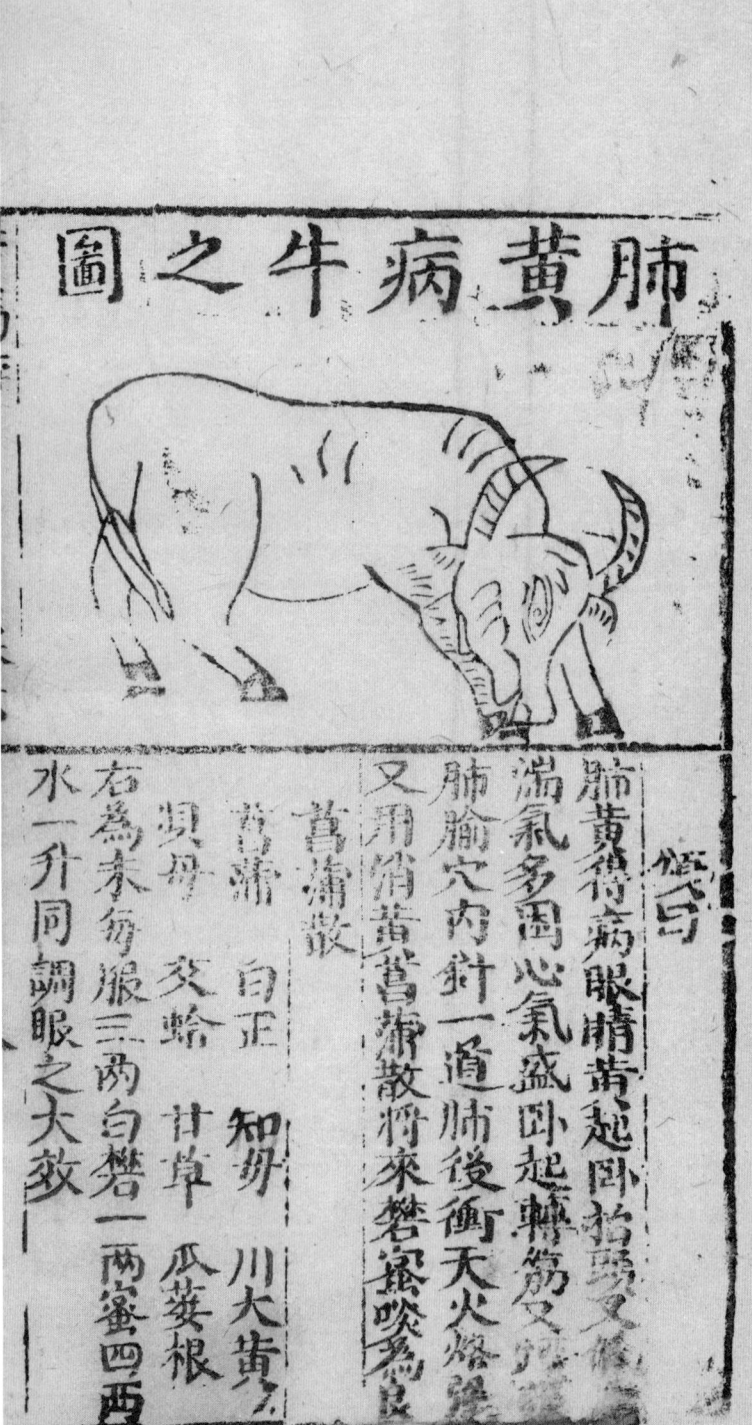

心風狂病牛圖

頌曰

五臟積毒又生風喘急多因肺氣攻

口中流涎眼又腫遍身瘙疥癬癬串

耳邊頭懸難着地更兼耍氣不能通

犀角解毒人參散三朝半月見其功

人參散

人參　茯苓　黃蘗　鬱金

升麻　青黛　甘草　板藍根

右為末每服生姜三兩水一升同酒

灌之立效

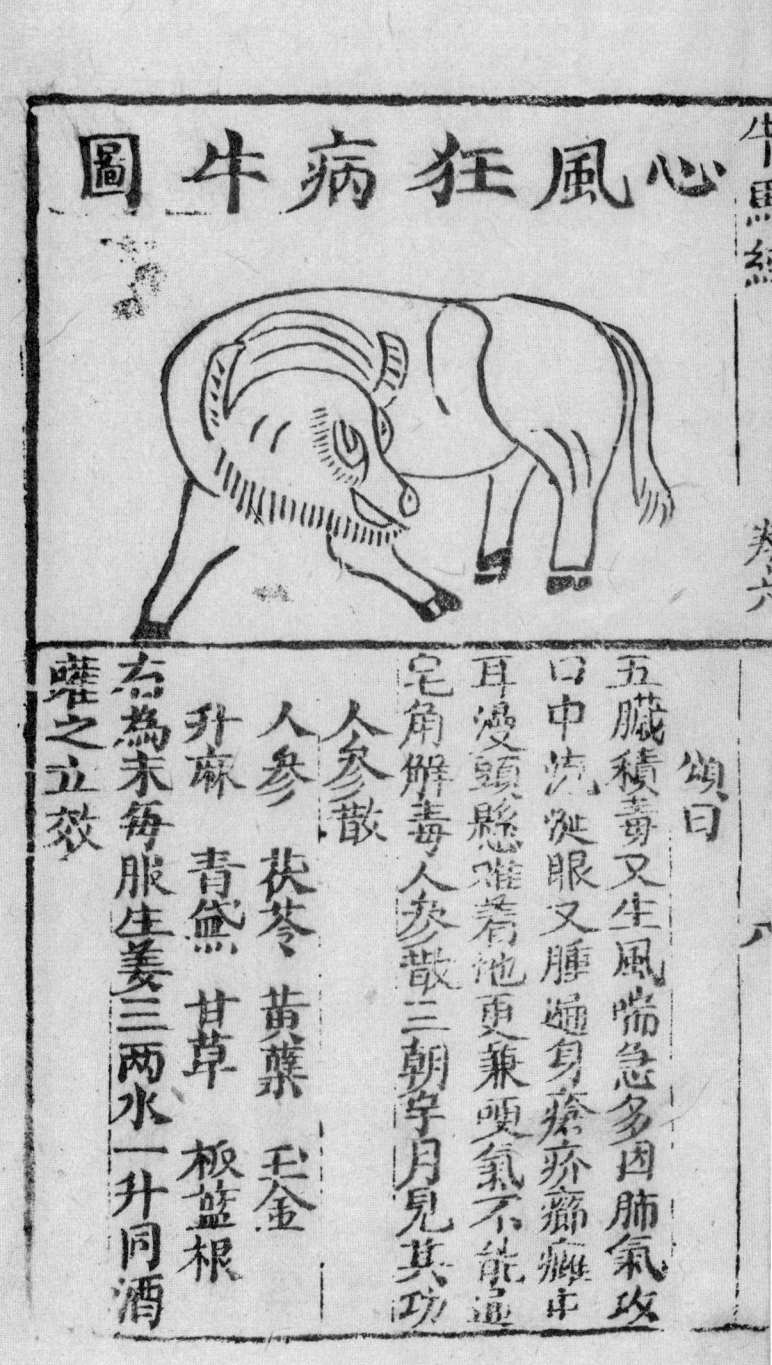

氣吼喘病牛圖

頌曰
喉中出氣吼聲頻肺毒皆因熱積成
喉骨大時須用藥更放大血效如神
骨脹更兼不可治用鐵匕去血濃清
白凡散中須見效依方嚾之病安平

白礬散
白礬　貝母　黃連　白芷
蔚金　黃芩　大黃　甘草
葶藶　右為末每服一兩蜜四兩
猪膽半斤研嚾之立效

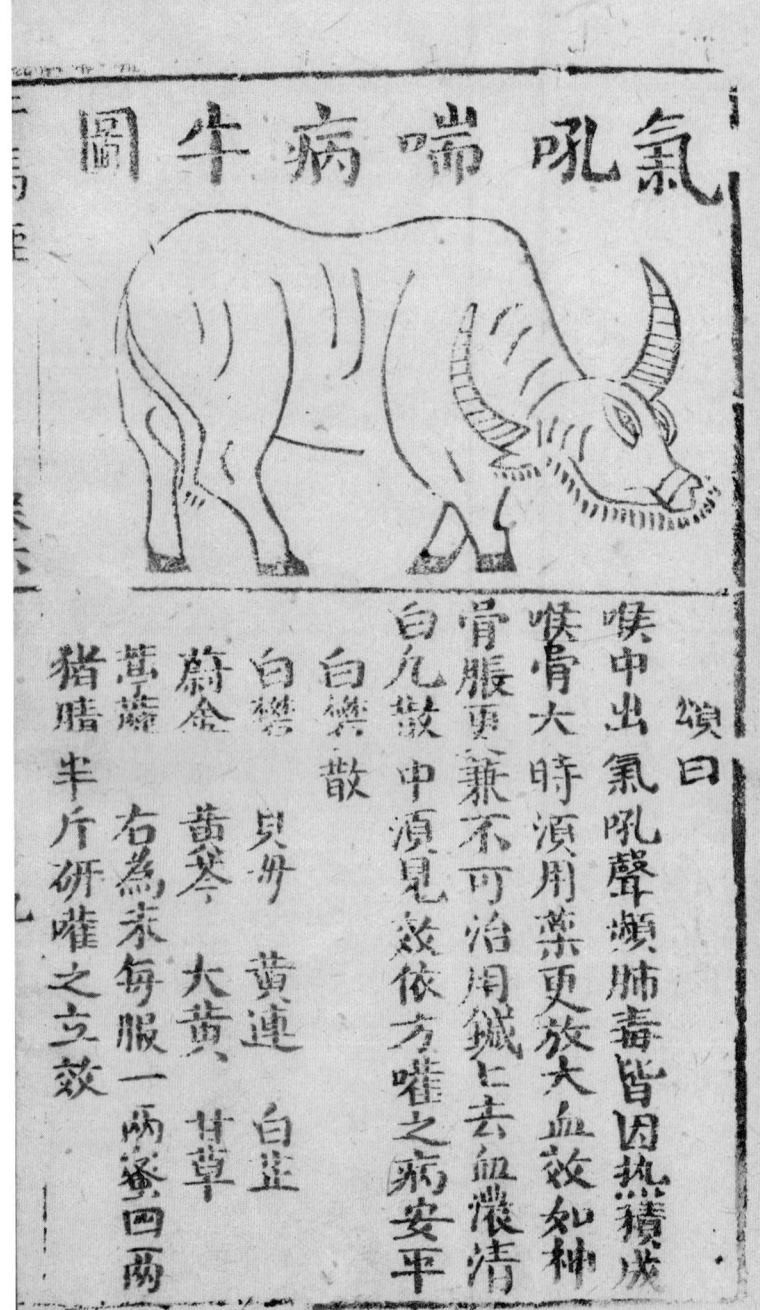

水頭風病牛圖

頌曰
頭腫皆因困水傷更因汗出發風瘡
頭又懸來眼又急頗頭腫大恰如癭
項緊更無懸不得日深必定愛一相
火鍼更用三聖散惡抬頭得乳頭香

三聖散
砒礵　硇砂　黄丹　乳香外炒
右為末用水為丸麥冬〻大小安右頰
頭瘡中必痊

尿血病牛之圖

歌曰
熱入小腸多尿血水草不食大糞結
日夜困眠懶動身時行瘟疫不須說
當歸散用最通靈紅花一味煎湯啜
一二服中立見效後人宜取用心功

當歸散
沒藥 芍藥 柴胡 益智仁
芭戟 牛膝 秦艽 地骨皮
甘草
右為末 每服一兩煎紅花湯灌之

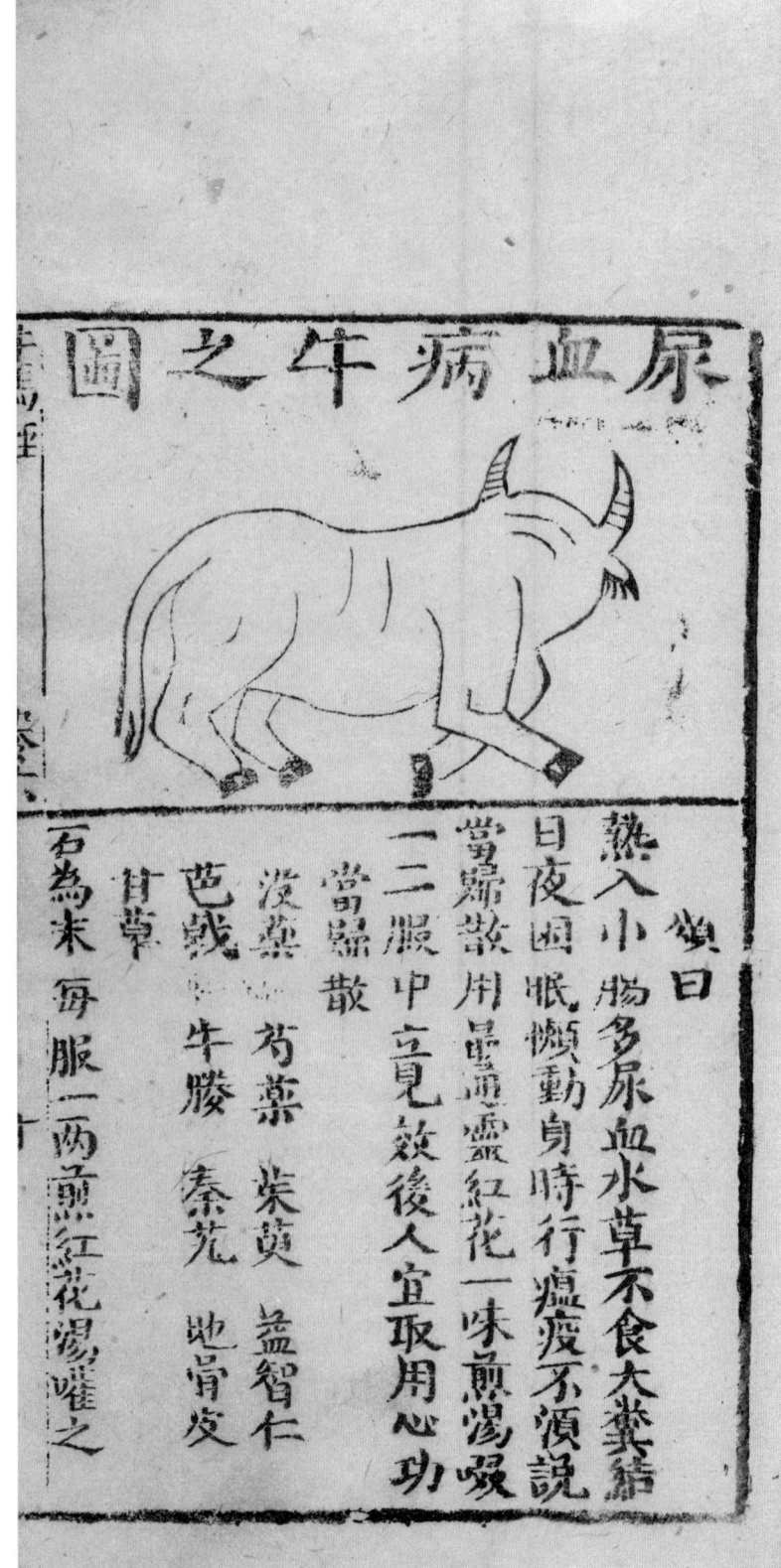

瀉蕩病牛之圖

頌曰

忽因渴水藏中傷瀉蕩皆因冷浙腸
飽後傷中氣喘急至今黃病瘦毛長
慢草更添腹內瀉冷氣傳來入膀胱
鐵皮暖貫青皮散十朝半月得康寧

青皮散

青皮　陳皮　芍藥　細辛
茴香　白朮　桂花　官桂
甘草　右為末每服半兩生姜一
兩水一升同煎灌之

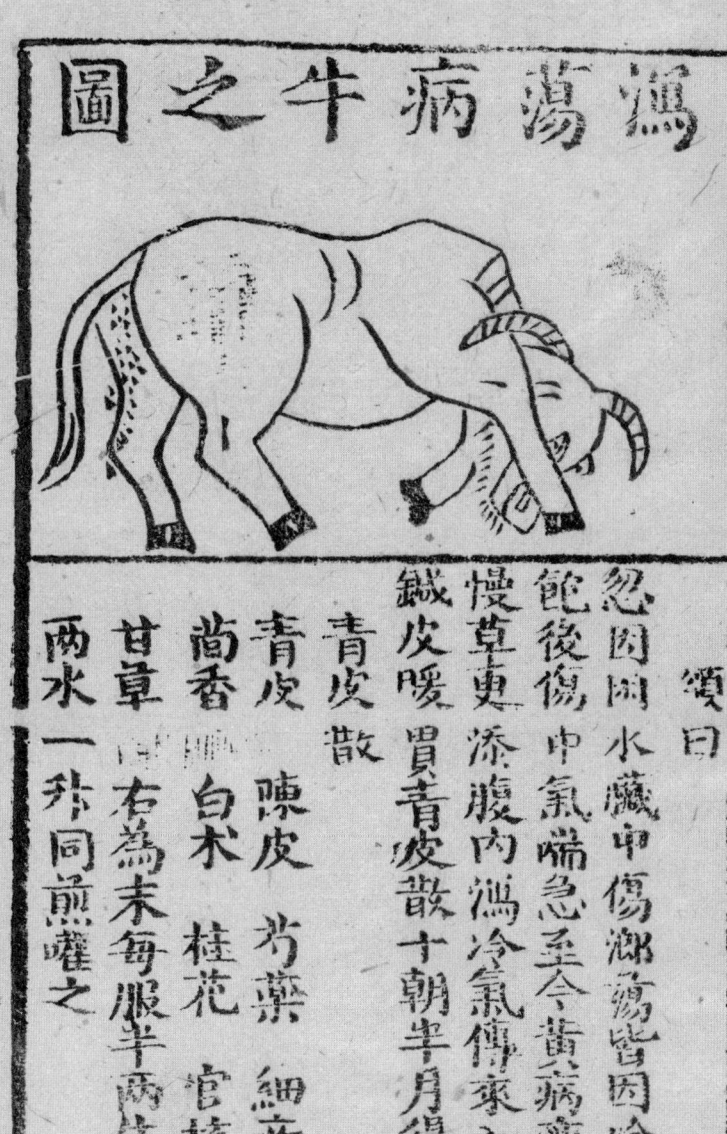

肝腸風病牛圖

頌曰

肚脹之牛病不輕或起或卧眼睛昏
奔走往來不住脚三朝五日救心驚
耳急更兼青口色不治之食病轉深
名方好藥二三服七八九日便身輕

难效方

青翔 石決 草決 木賊
石羔 龍骨 玄精 黃芩
石為末每服一兩蜜四兩猪脂三兩半
一升同調灌之

水草脹肚牛圖

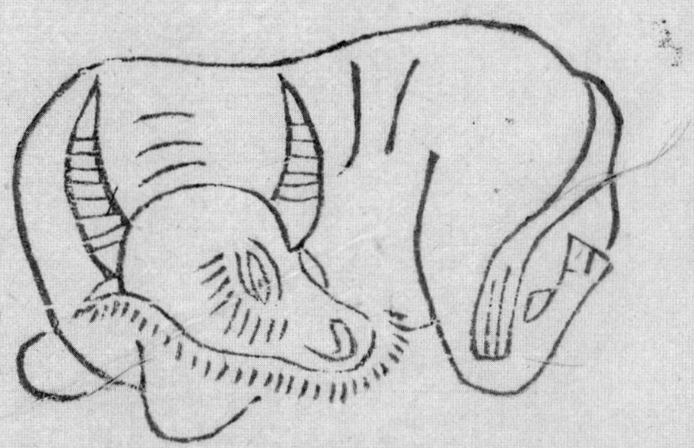

頌曰

肚脹多因是草傷　天氣發已水似瀉
合熱不和因中諦　宜中流涎吐舌長
医人須要察其症　熱用涼治陰用陽
藥有名方大戟散　一服下去自然康

大戟散

大戟　滑石　甘遂　牽牛
黃耆　巴豆　大黃

右為末每服一兩半猪脂半斤和硝一兩水一升同調灌之

百葉乾病牛圖

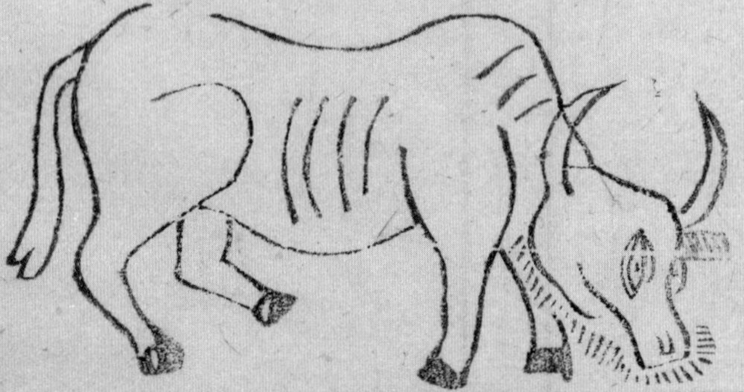

頌曰
失水多時百葉乾　更因負重力傷殘
毛色焦枯糞又緊　目見昏麻脚軟酸
方有三棱猪脂散　服來數劑得平安
牛醫切莫悞用藥　紅書裡面用心着

猪膏散　牽牛　地榆皮
滑石　白芷　粉草　川大黄
宫桂　甘遂　大戟　續隨子
右為末每服一兩半水二升猪油半斤蜜二兩同煎灌之

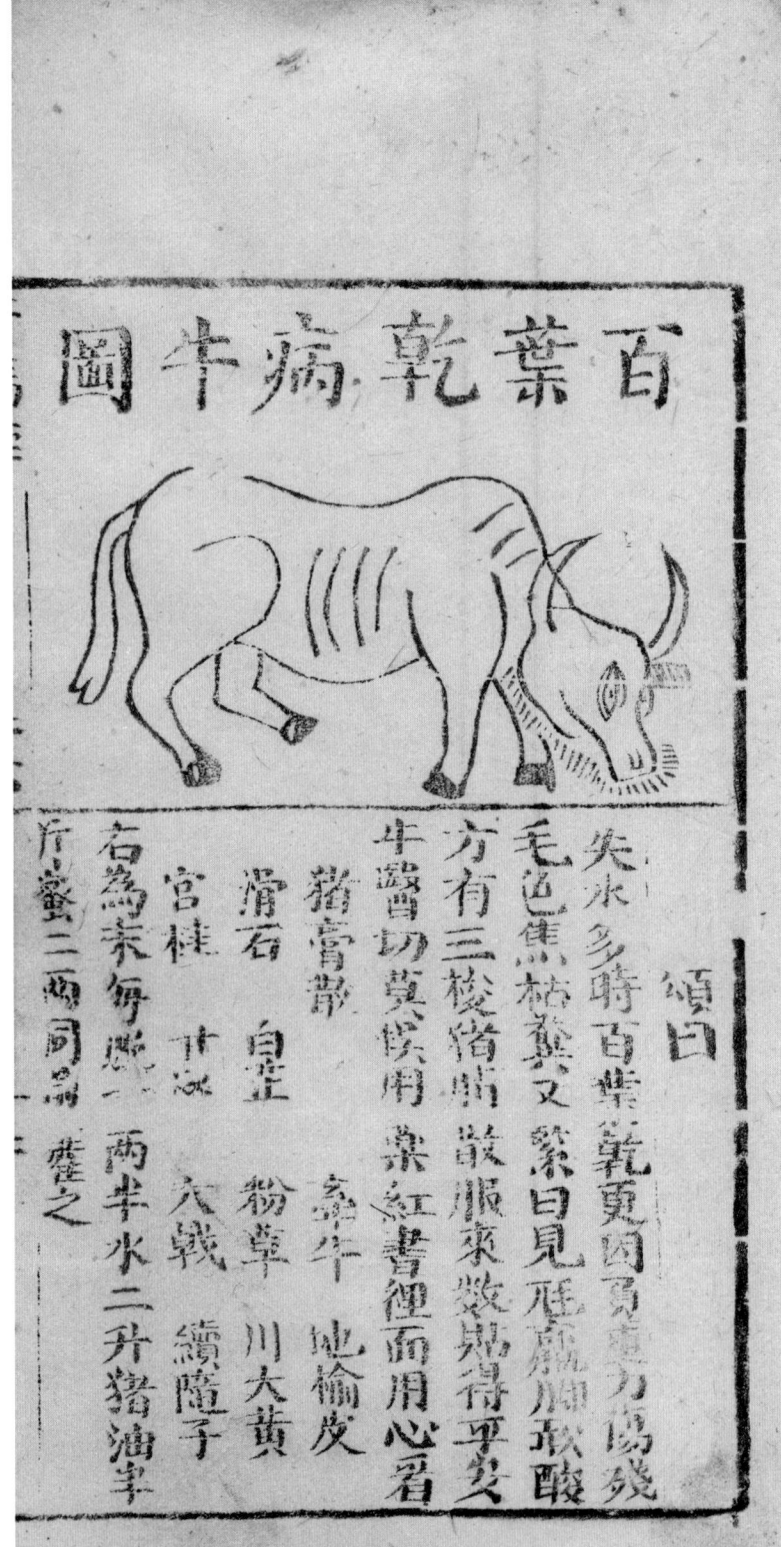

胎衣不下之圖

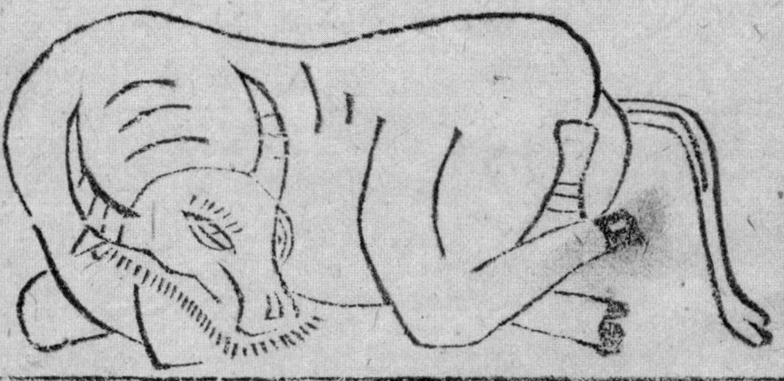

頌曰
母牛氣逆用踈通　冷熱不和在其中
因此胎衣牛留肚　神聖良方却可從
醫人用手塗油入　撥動須臾即見功

神聖散

川山甲　大黄　滑石　海金沙
石為末每服半两水一升猪油四两
灰汁一盞同熬　汁為膏嚾之即效

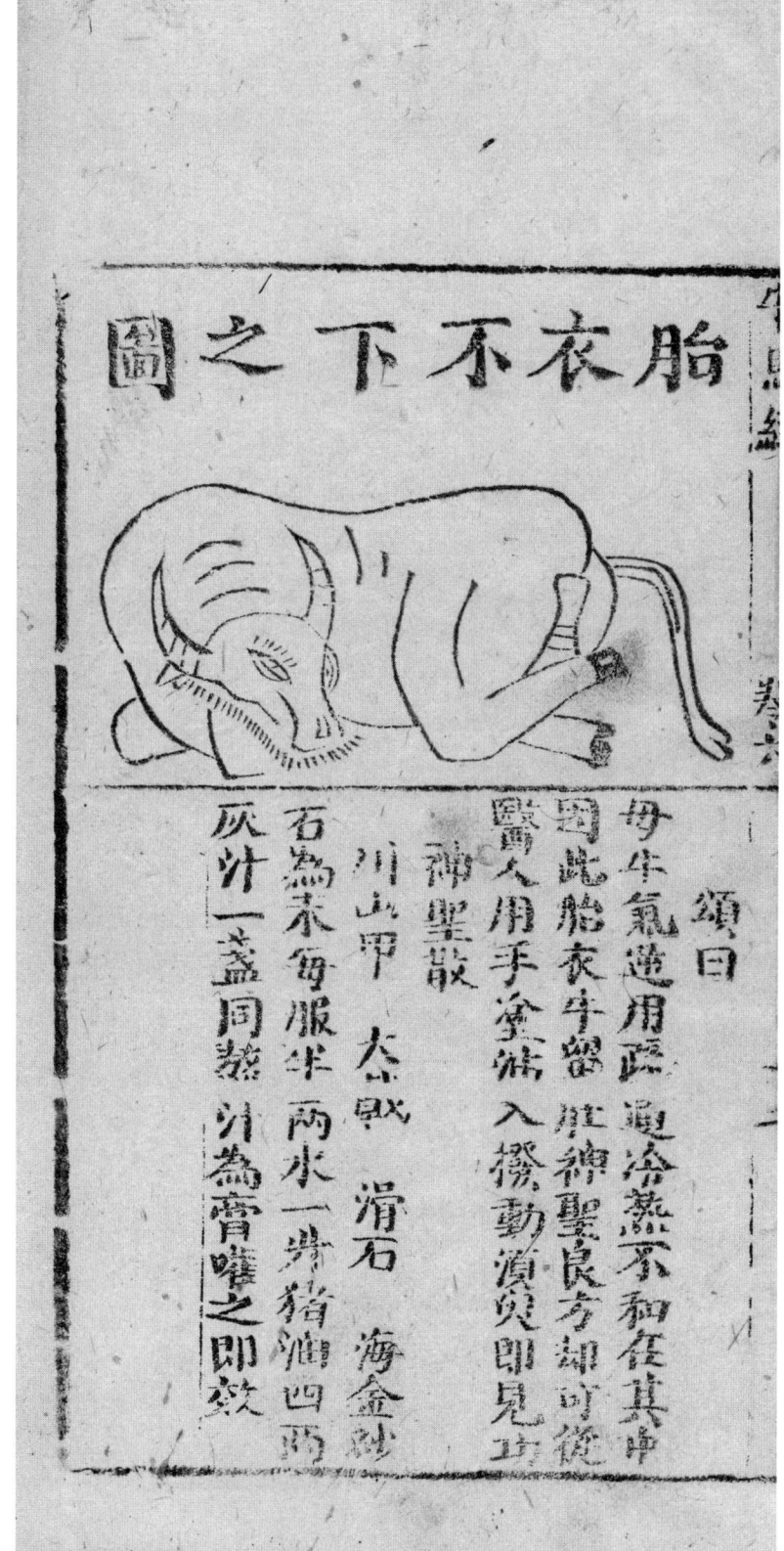

皮肉生瘡牛圖

頌曰

渾身瘡疥退毛衣 肺毒皆因積熱成
皮毛外應瘡為裏 春秋不瀉熱來迎
低頭乱喘尿流血 用藥穿腸瀉後灵
火血兩針先與放 有医不會強爭名

蔚金散

蔚金 苦参 人参 麻黄
薄荷 砂参 甘草

右為末每服半兩蜜四兩水一升同調之灌立刻效

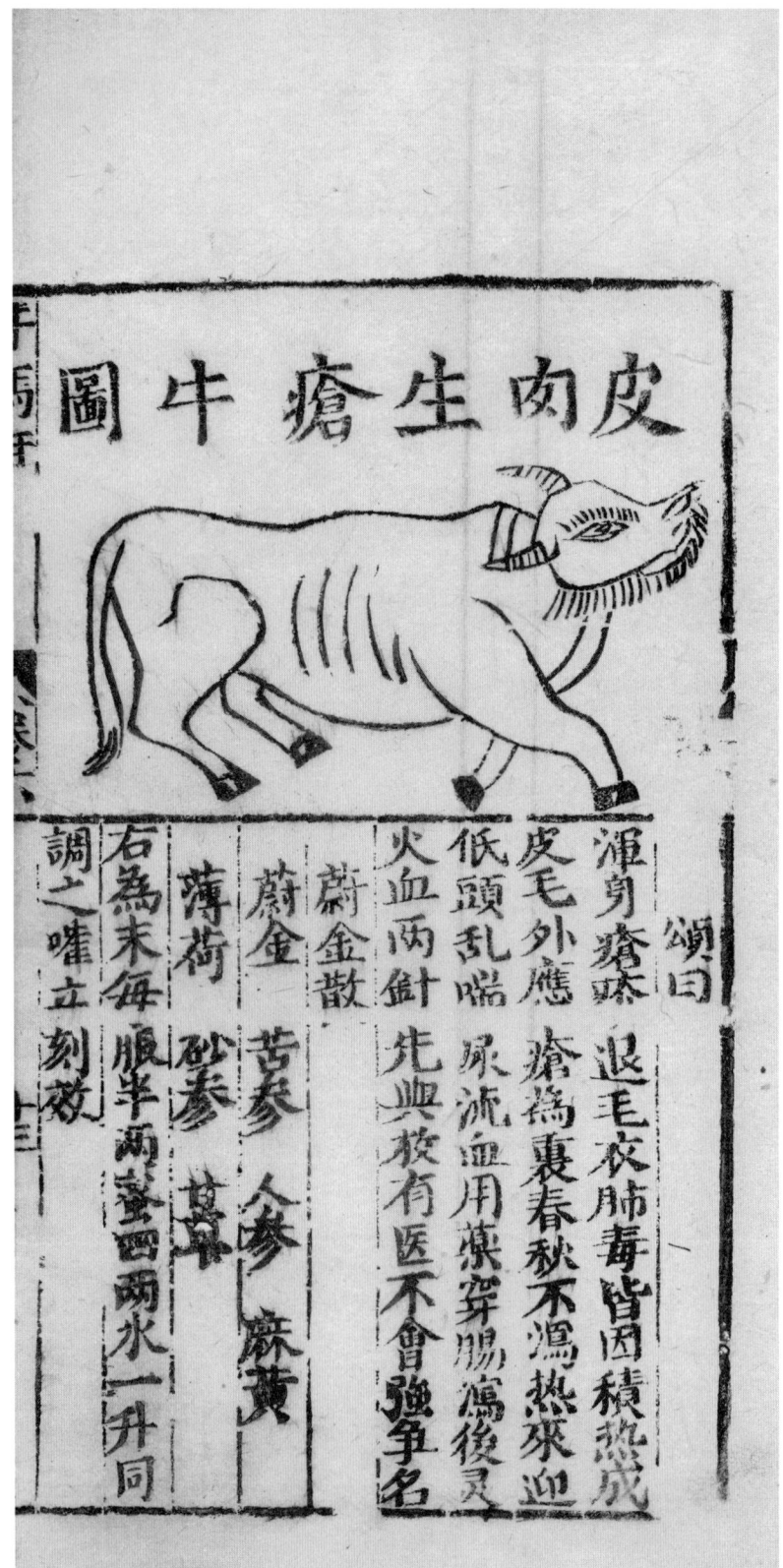

思氣抽皮牛圖

頌曰

虛耗多因鬼氣傷脾寒胃冷顫忙乜
氣喘長眠伏頭地翻蹄作舌口虛張
涎流鼻冷瘡生耳醫人急救用良方

靈應散

檳榔　豆蔻　白朮　黃耆

桂心　附子　薑　蒼朮　甘草

右為末每服一兩半生姜十兩水二
升同煎嚾立效

宿草不轉牛圖

詩曰

便血皆因牧養非傷急食飽太
宿草難消肚内脹[illegible]不得[illegible]災
肺中毒熱脾虛熱胃乾氣急所由
水草不食声又吼良醫急救莫遲埃

行氣散

檳榔　滑石　牽牛　大戟
黄芩　黄耆　大黄

右爲末每服一兩猪脂半斤朴硝
水一升同煎灌之立效

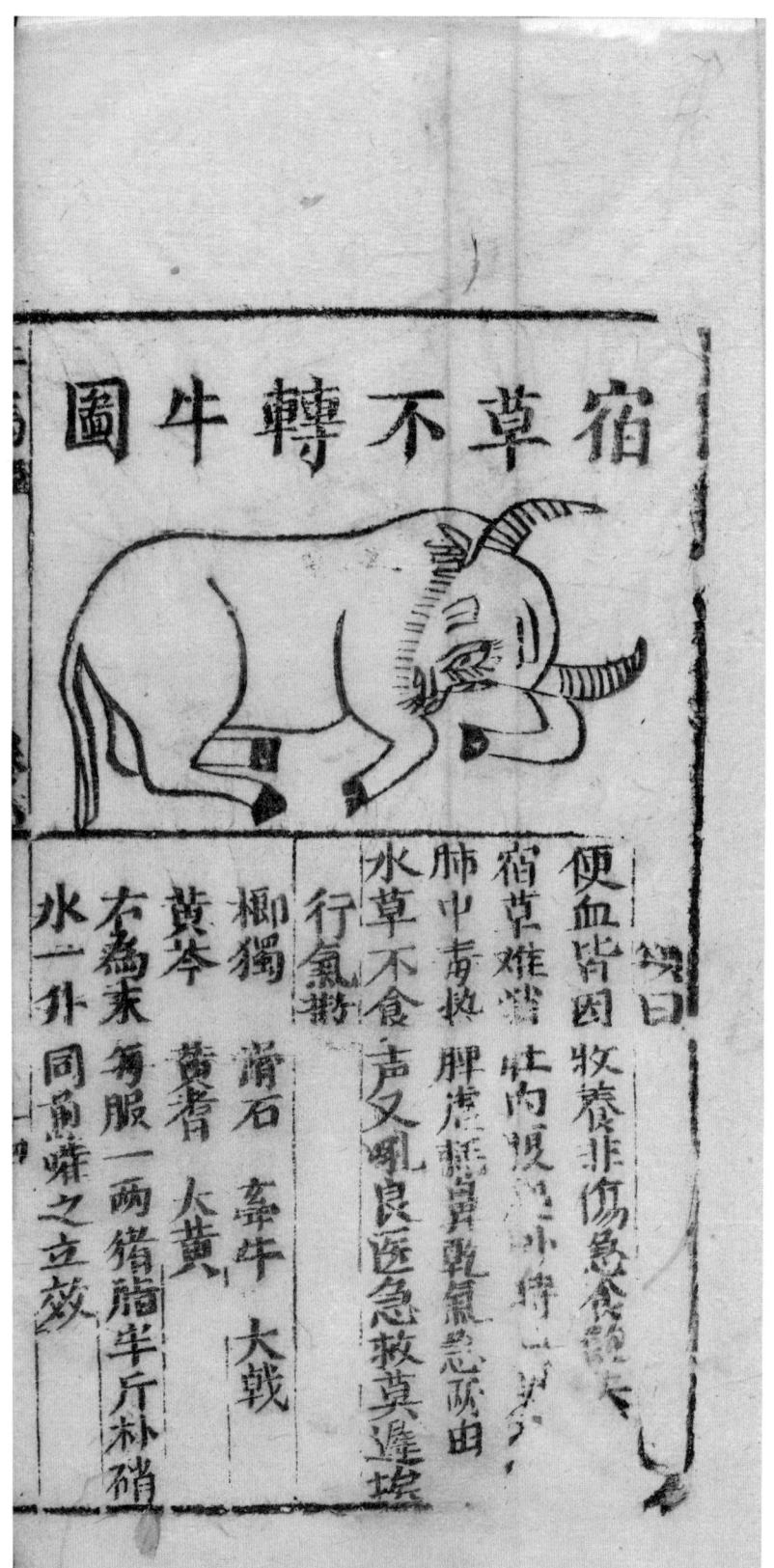

發熱退毛牛圖

頌曰

渾身發熱氣通傳　眼赤舌乾琺又懸
本因傷熱心肺起　更由失飼致其然
喘息不思水與草　鎮日厭厭只愛眠
脂油調蜜五如散　三服之後卻依元

五如散

意黃、　烏頭各二兩　石膏　寒水石
玄精石各四

右為末　每服半兩　豬脂半斤　水二
升　大黃半兩　共煎　灌之立效

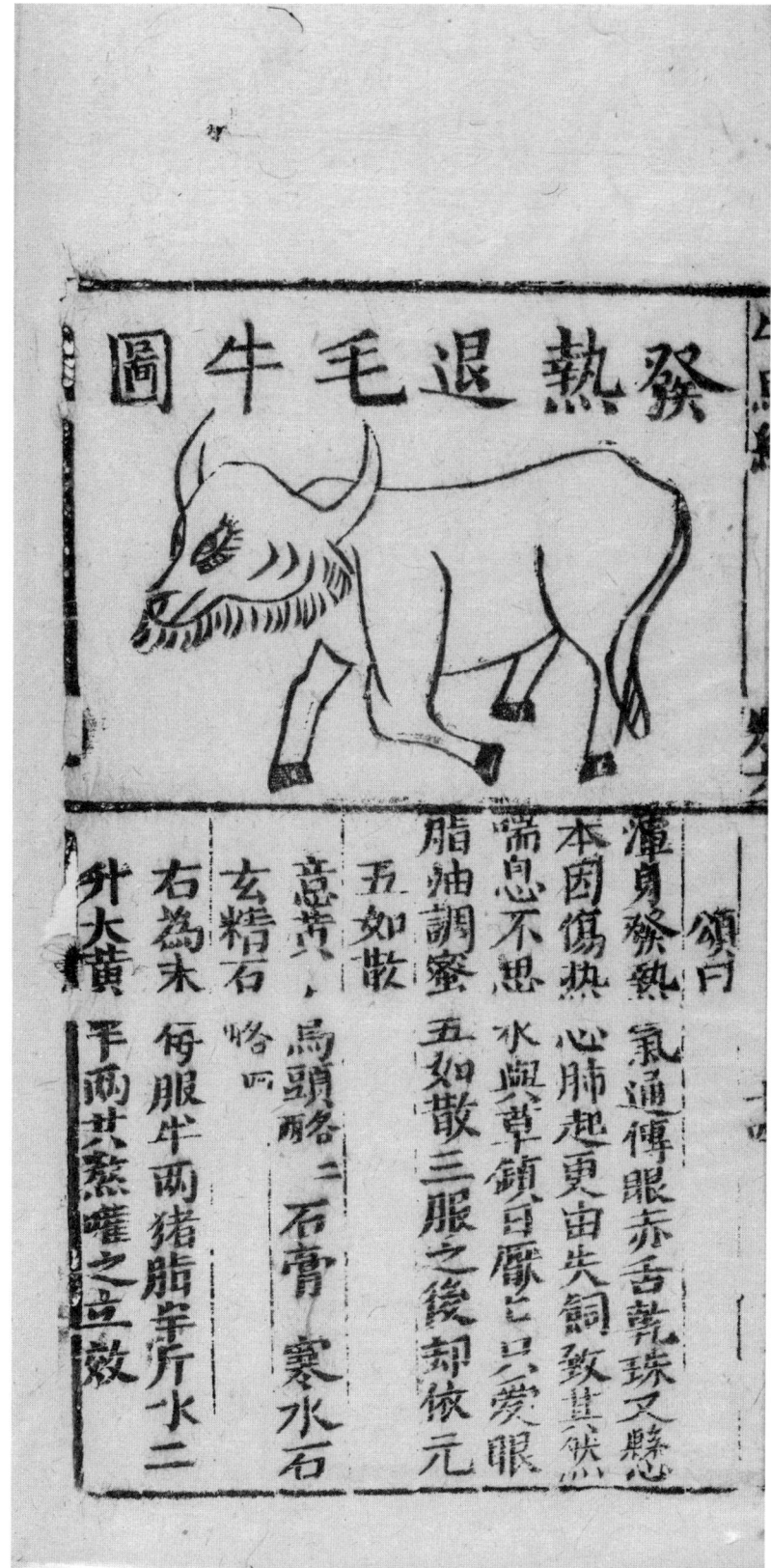

牛患熱病之圖

頌曰

水牛病熱有根源膈上関連心肺[illegible]

炎天夏月常冷病用藥須先治療[illegible]

若是醫家宜用藥三黃散不得安妥

三黃散

黃藥子　知母　貝母　白藥子

大黃　黃芩　玉金　甘草

右為末每服一兩水一大碗以上各

一兩同調灌之

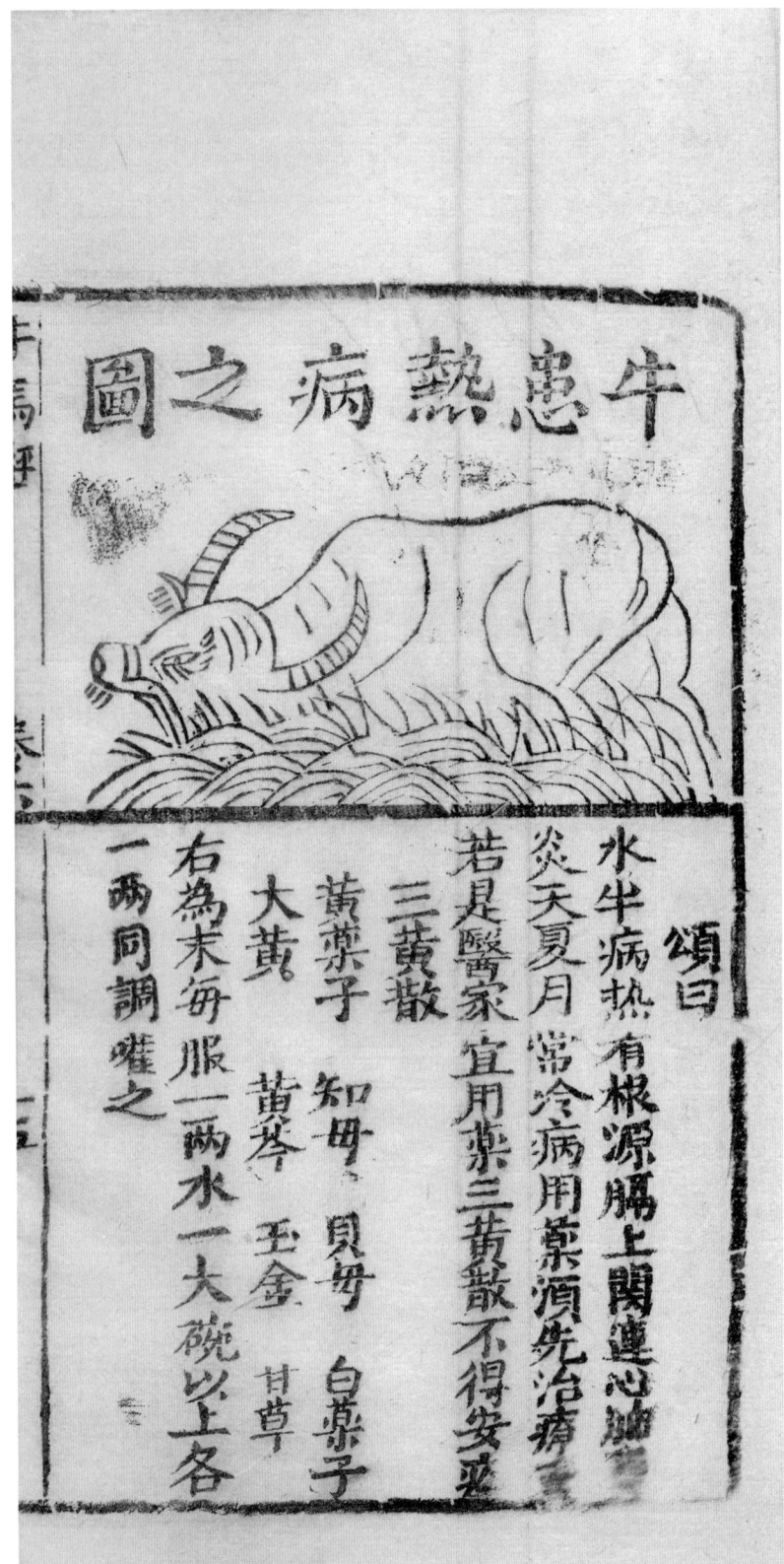

牛患砂石淋病

頌曰

下尿撒尾更頭平水牛忽患砂石淋
藥用金石吞不下尿臍從前細細尋
前坐熱着用手取捉鍼割喓莫沉吟
結硬毒消水通徃其定萬漸立尿淋

青石散

滑石一兩五錢　木通五錢　經緣子二兩半
桂心三兩四錢　厚朴一錢　肉豆蔻三錢
白朮三兩　黃芩三兩　黑牽牛四兩

右為末每服四錢嚐之立效

牛患前蹄病圖

頌曰
水牛前蹄最艱貲此病因傷骨髓間
四蹄虛腫難移步早須医治莫遲延
松脂急取酒燒鐃便令病苦永除痊

乳香散
乳香伍　蒼骨仈　黄丹伍　射干　白少訖
人髮　信砂
右為末每服用藥看瘡患貼之大效

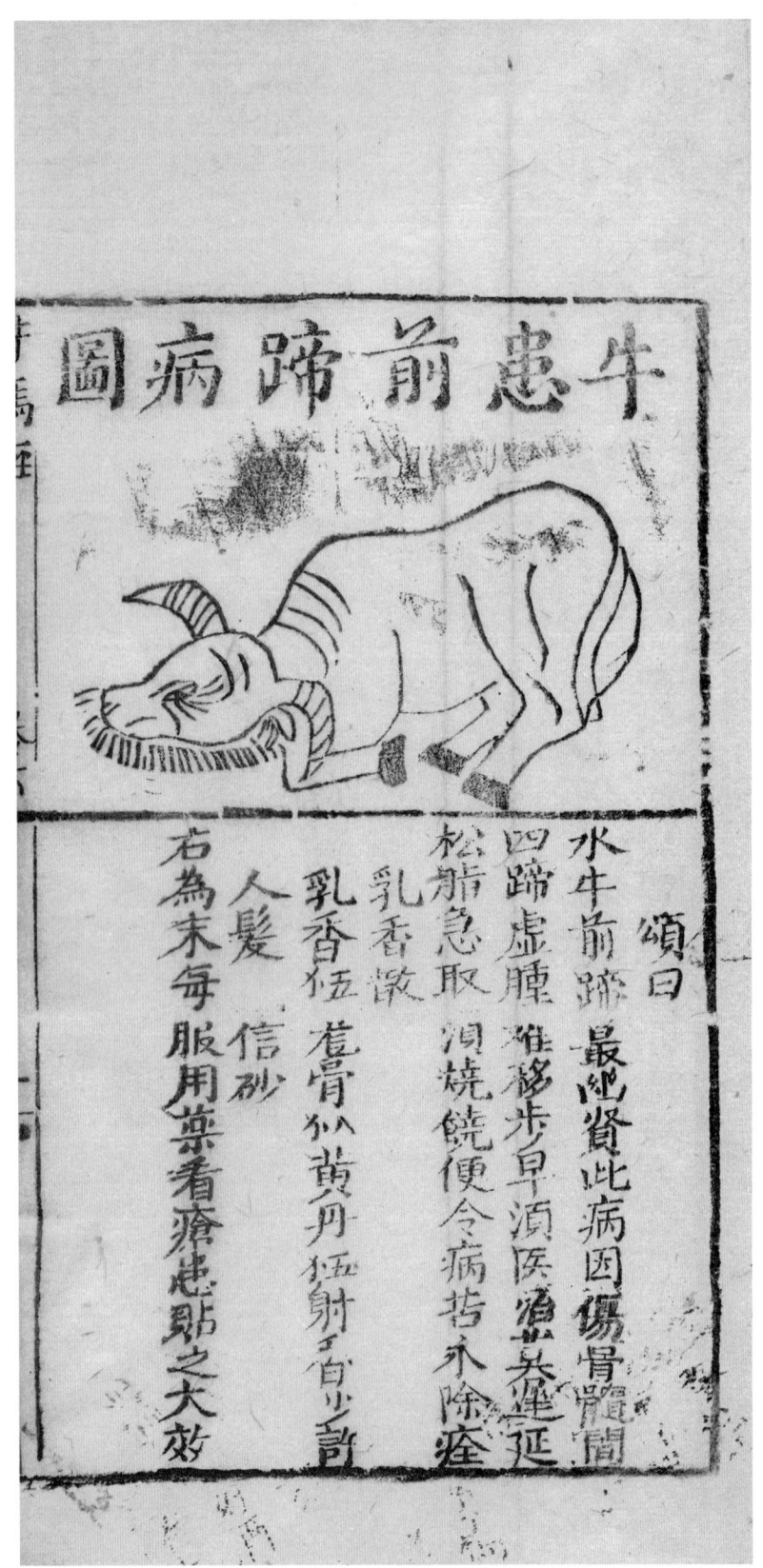

牛患破傷風圖

頌曰
四肢如祿拳似弓此證端用破傷風
風門伏兔須當路六竅出血不安寧
靜處暖時高下認時時嚾之要加功

天麻散
天麻　蔓荊　川芎　知母
蝎稍　烏蛇　半夏　硃砂少許
以上各等一兩右為末每服一兩
用好酒二升煎候溫嚾之方奇效
其有大妙矣

牛患心風狂病

頌曰

水牛心風走似獐作声心熱似如[illegible]

此病從來心臟起吃土損肝眼赤[illegible]

八味合作鎮心散便是王良聖手[illegible]

鎮心散

茯苓　遠志　黄芩　知母

貝母　梔子　藁本　蒲黄

右為末每服二兩蜜三兩朴硝四兩

水二升同煎灌之

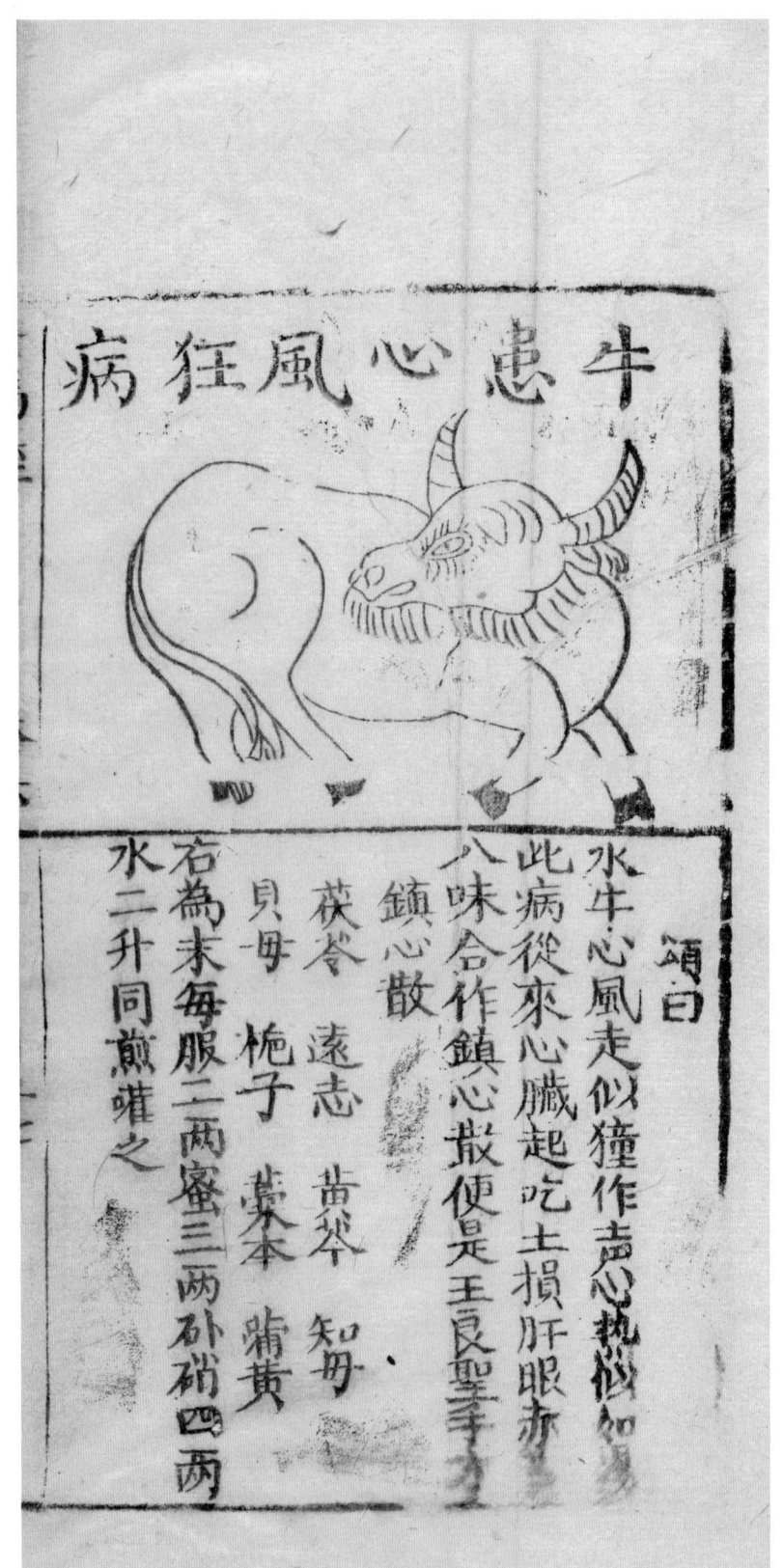

牛患肺熱病圖

頌曰

牛患肺熱不尋常肺熱傳脾母受殃
子病熱時攻注破有似虫蝕號癰瘡
用火兼炮燒烙膽莫交飲鼻疾更張

麝香散

射香少許　黃丹七分　没藥三钱　蜈蚣三大
信平六分　桔白六分
右為末細研射香信黃丹三味亦同
煎罐立效

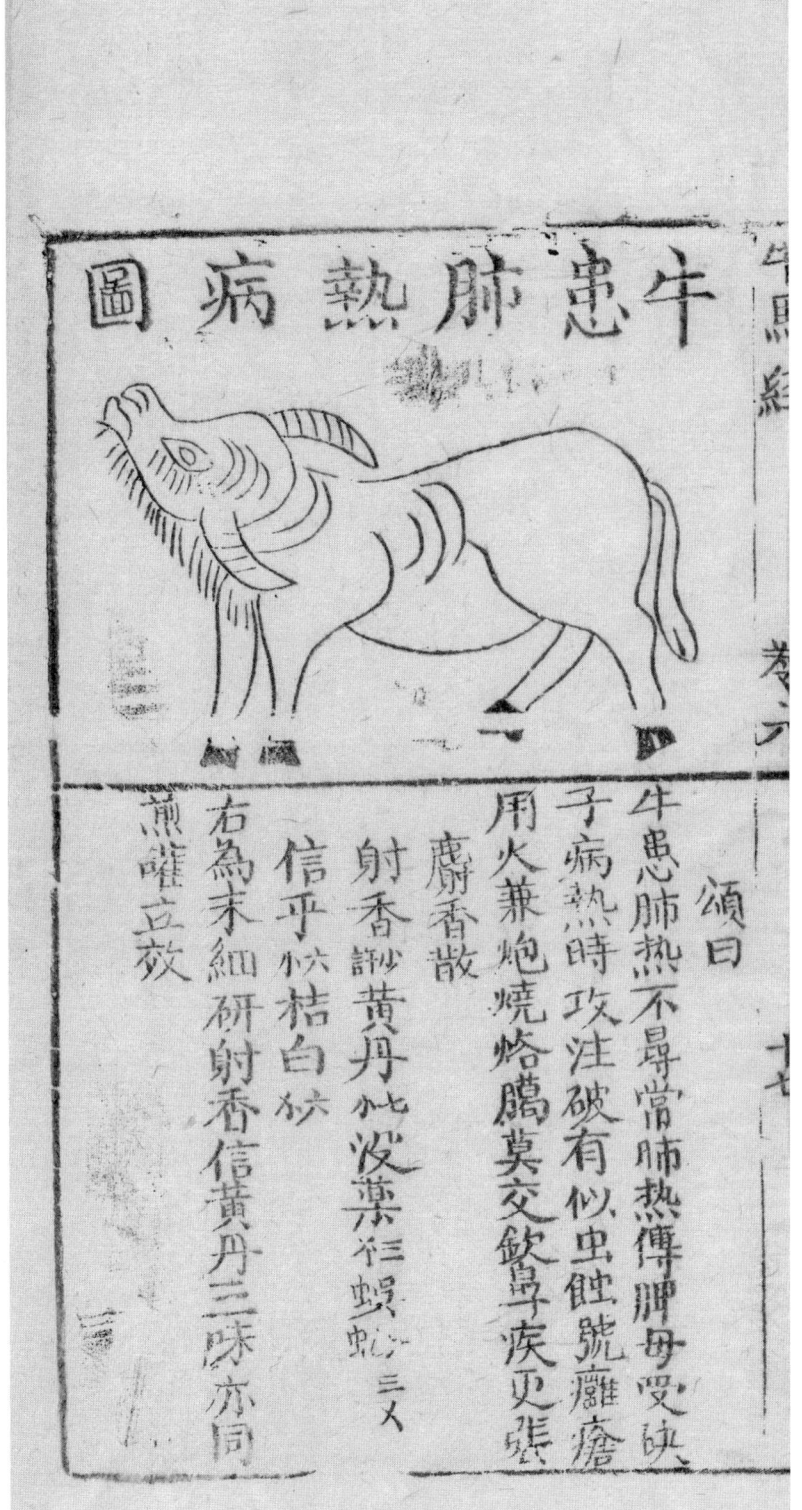

牛患脾病之圖

頌曰
牛患脾病　甚堪医口色黑黄似青泥
四脚不収　尿又屎急忙医治莫延遲
但用一付　白术散酒嚥連嚾便相宜

白术散

白术　蒼术　紫菀　牛膝
麻黄　厚朴　當歸　藁本
右為末每　服二两酒二升煎沸温候
嚾之

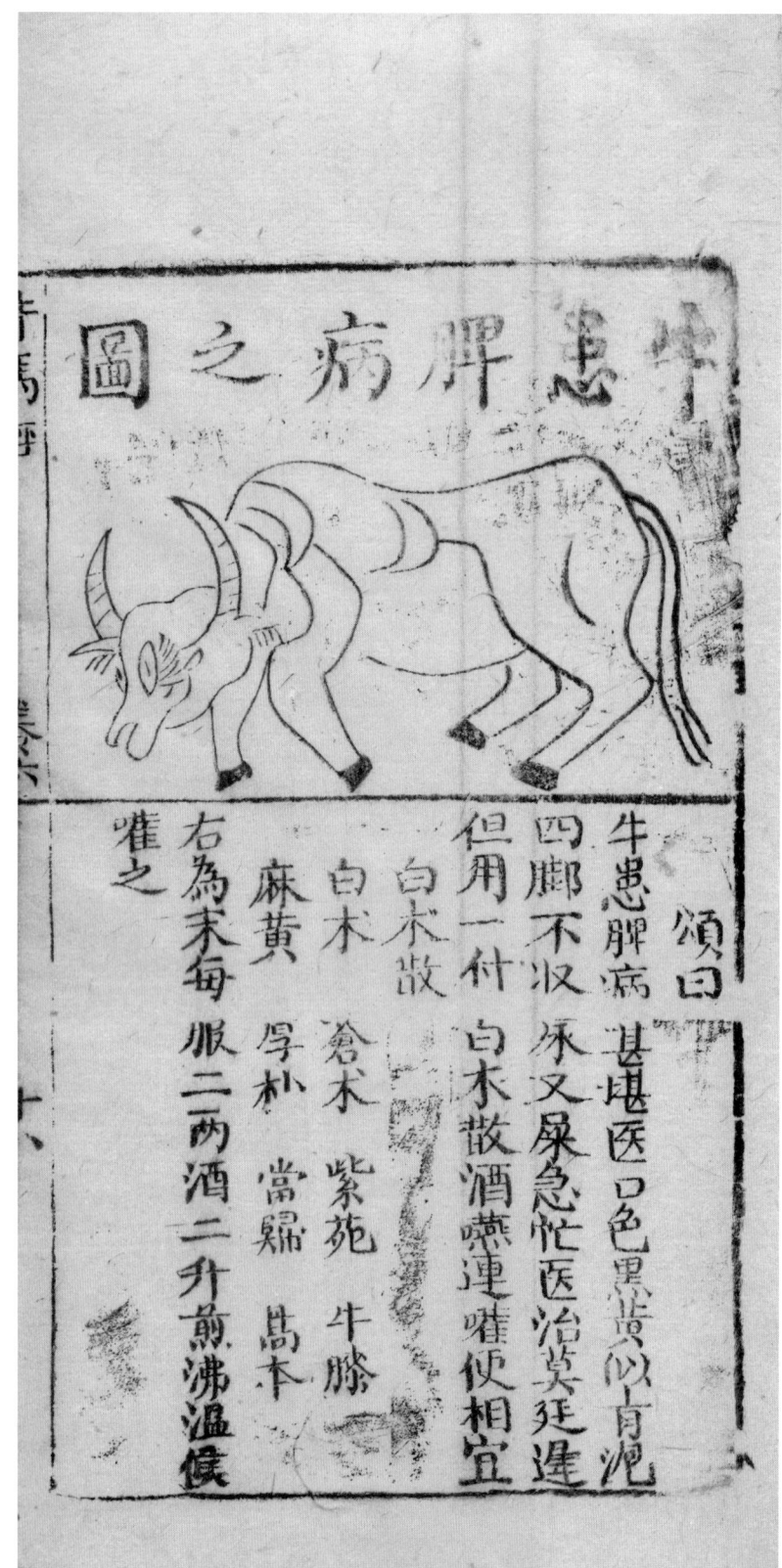

牛患肺痛把膊

頌曰

肺家把膊最难醫病狀深濃注脚蹄
膊炎乾瘦日日添硬地难行跪膊洛
此症須用半夏散三服之内得痊移

半夏散

法夏　知母　貝母　蕪荑
蒼术　白芷　細辛　胡粉
川芎　仙靈

右為末每服一两好酒一升生姜半两調灌

牛患熱瘟疫圖

頌曰

牛患瘟疫五六間、毛焦腹脹脚顛狂、
白凡甘草能治熱、知母黄芩也相當、
防風桔梗人参散、一灌之時便安康、

人参散

芍藥　人参　黄芩　貝母　鐵
知母　防風　白礬　黄連
桔梗　瓜蔞　大黄　山梔子

右為末每服二两　砂糖一两　生姜五
錢　米二升　同煎灌之

牛患脚風病圖

頌曰

中傷暑濕病脚風　水草不佳田日同

舒着前面一隻脚　行時拖地移步艱

医治須用追風散　温酒調下便安寧

追風散

烏蛇　乾蝎　蟬殼　厚朴

當歸　麻黄　川芎　烏頭

桂心　防風　白附　天冬

右為末每服一两　好酒一升煎

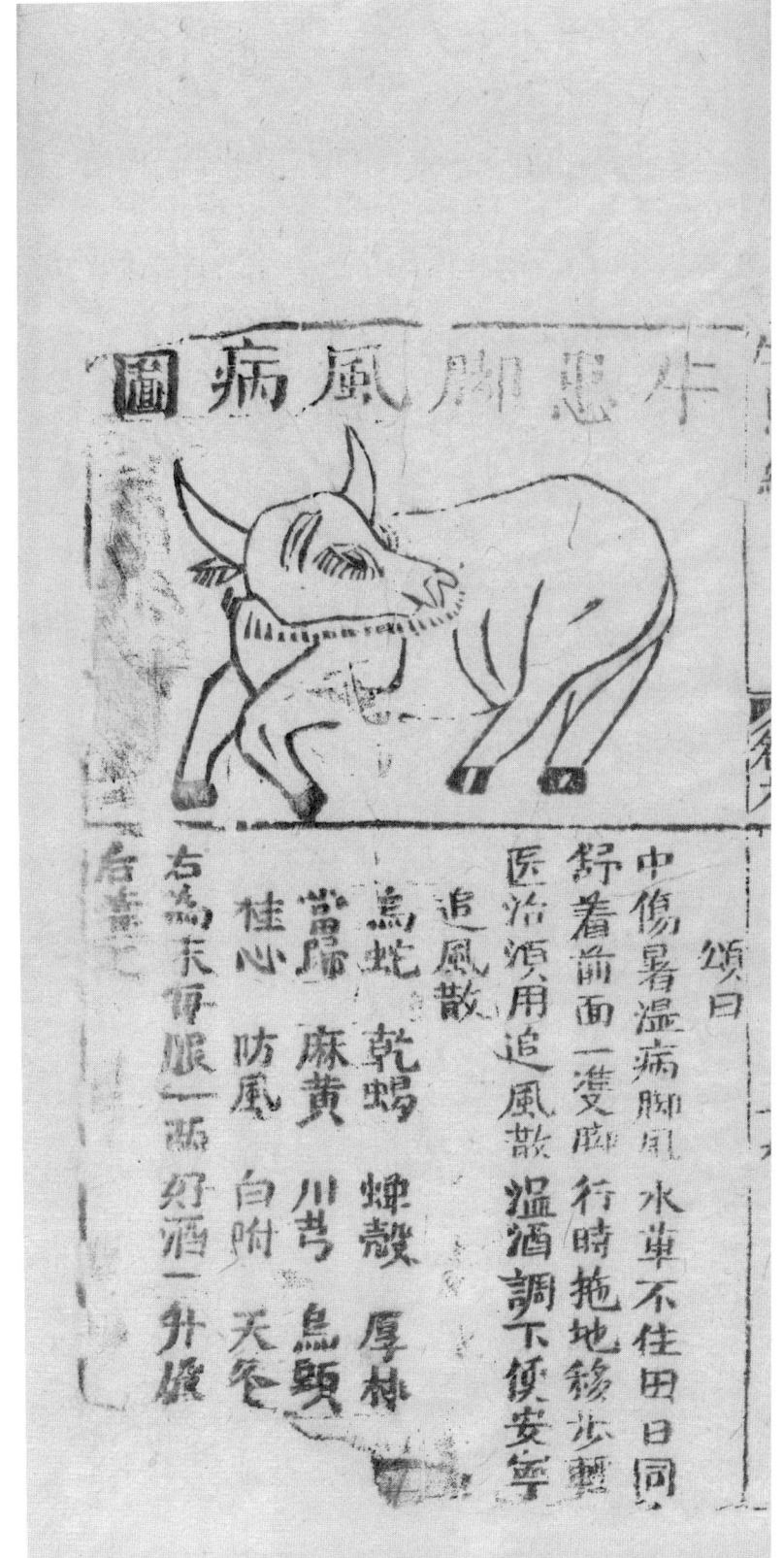

牛患肺敗病圖

頌曰

牛脚僂彎肺敗傷鼻中有膿臭
此病須用杏仁散連喂三服息

杏仁散

杏仁　白合　瓜蔞　知母
白礬　貝母　秦艽　山梔子
荊芥　香草　蕎
右為末每服二兩蜜三兩水一升
一日喂二付便安

牛患木舌病圖

頌曰
木舌塞口似鐵條　肚中飢瘦如水澆
黃芩鬱金并甘草　黃連大黃意苡[illegible]
樓羅一處宜少許　不過十日見功勞

牙硝散
馬牙硝　甘草　黃芩　黃連
鬱金　大黃　朴硝
右為末每服一兩　蜜猪脂各四兩水
頻嚾之

牛患隻膊病圖

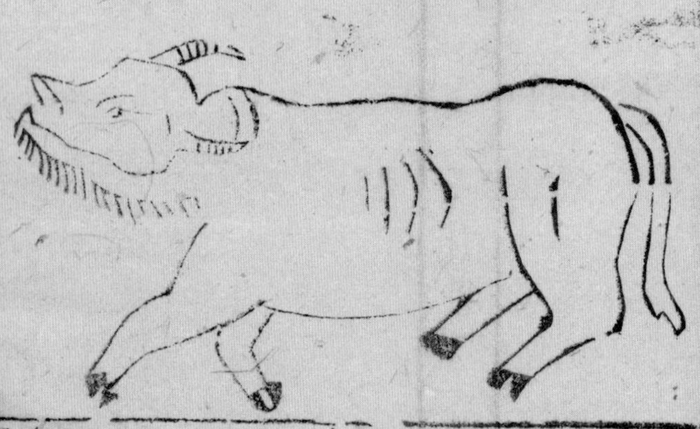

頌曰

此牛急症患隻膊　腫痛難行不移腳
水草懶食卧地眠　急須便用烏鰂殼
附子磁石蜜陀僧　金斂川草能解膊
酒沖通嗺二服後　當下不点便除却

金錢草散

蜜陀僧　附子　烏石　草葵
烏鰂魚殼　當歸

為末每服一兩五錢用好酒一升溫
候嗺之

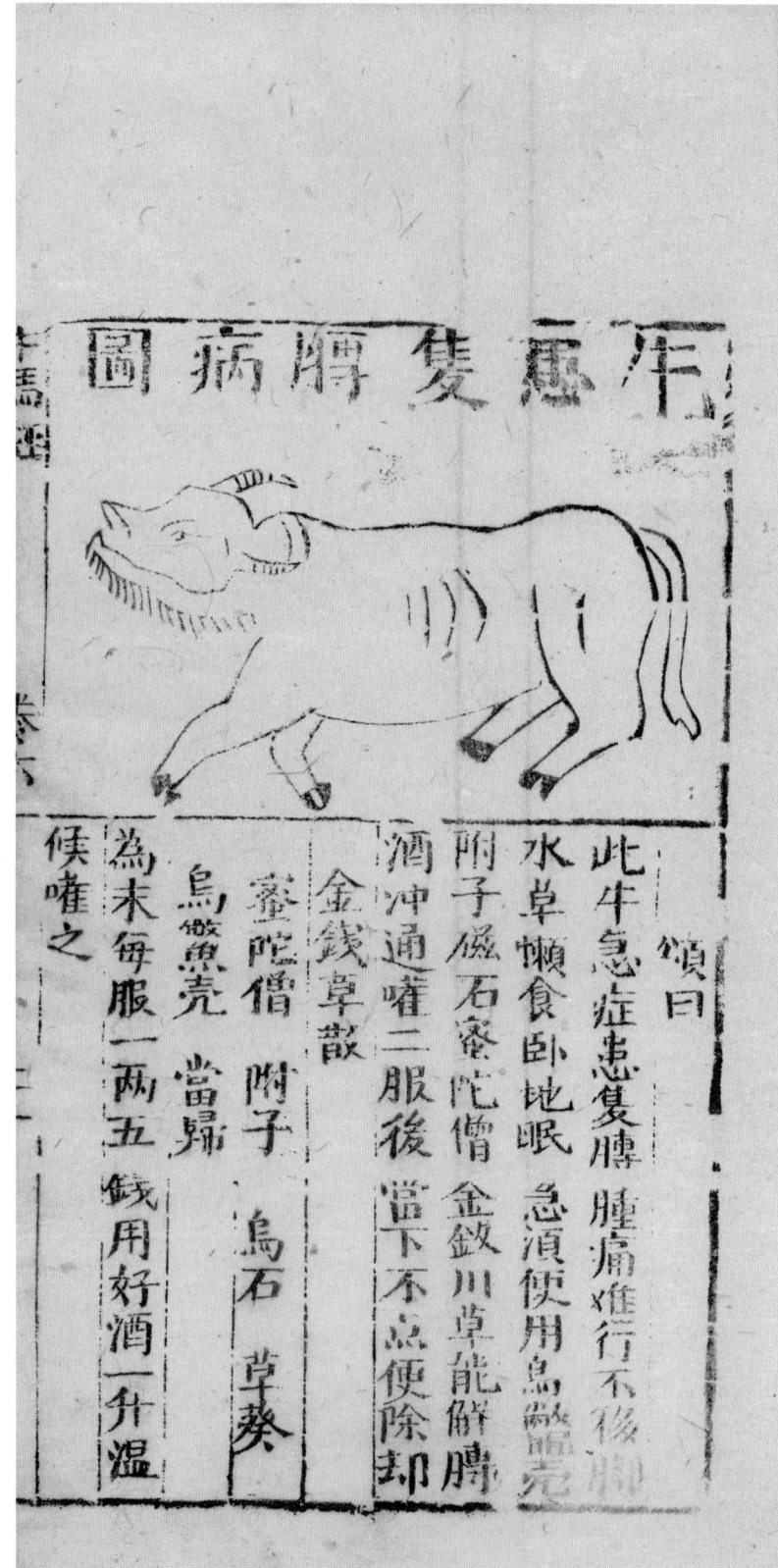

牛患服勞病圖

頌曰

水牛忽患医家昔四脚难移奉似痙
此病突來因發熱為傷二氣尿胞脹
先使通腸大戟散酒煎同嚾用生薑

大戟散

續隨子　厚朴　豆蔻　木通
川楝子　牽牛　滑石　茴香
海金沙　桂心　白朮

右為末每服一兩酒一升油二兩[illegible]
煎溫嚾之立效

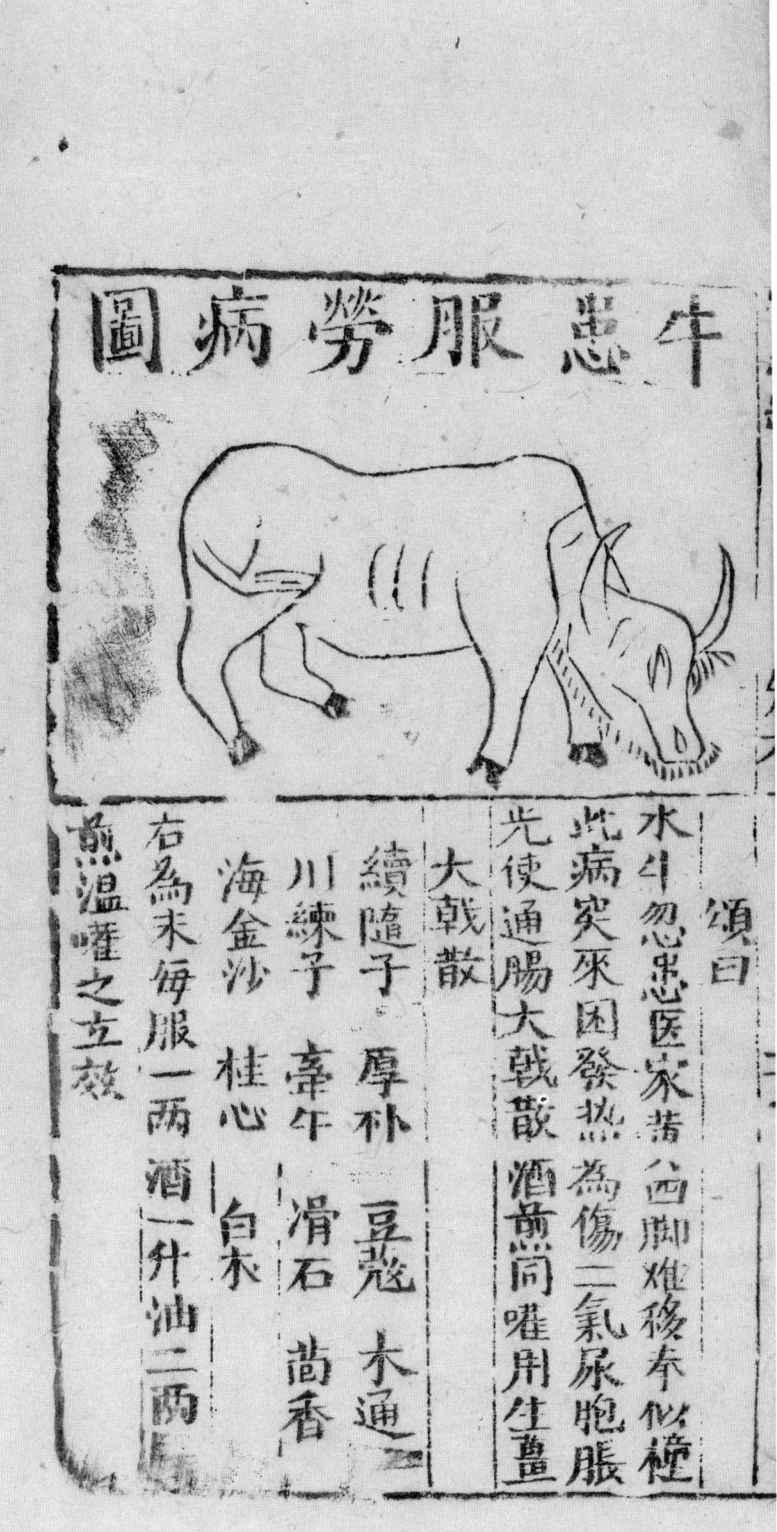

牛患胃翻病圖

頌曰

牛患胃翻病根深　冷熱相衝氣不[illegible]
消著口中多糞出　背由脾胃氣相[illegible]
健脾穴內順針烙　不治多時自惡心
温酒生薑東汁嚾　三服病効直千金

補黄散

官桂　厚朴　茴香　青皮一
甘草　陳皮　蒼术　五味一
白术　木香　鬼木灰

右為末每服一兩半酒一升同煎嚾

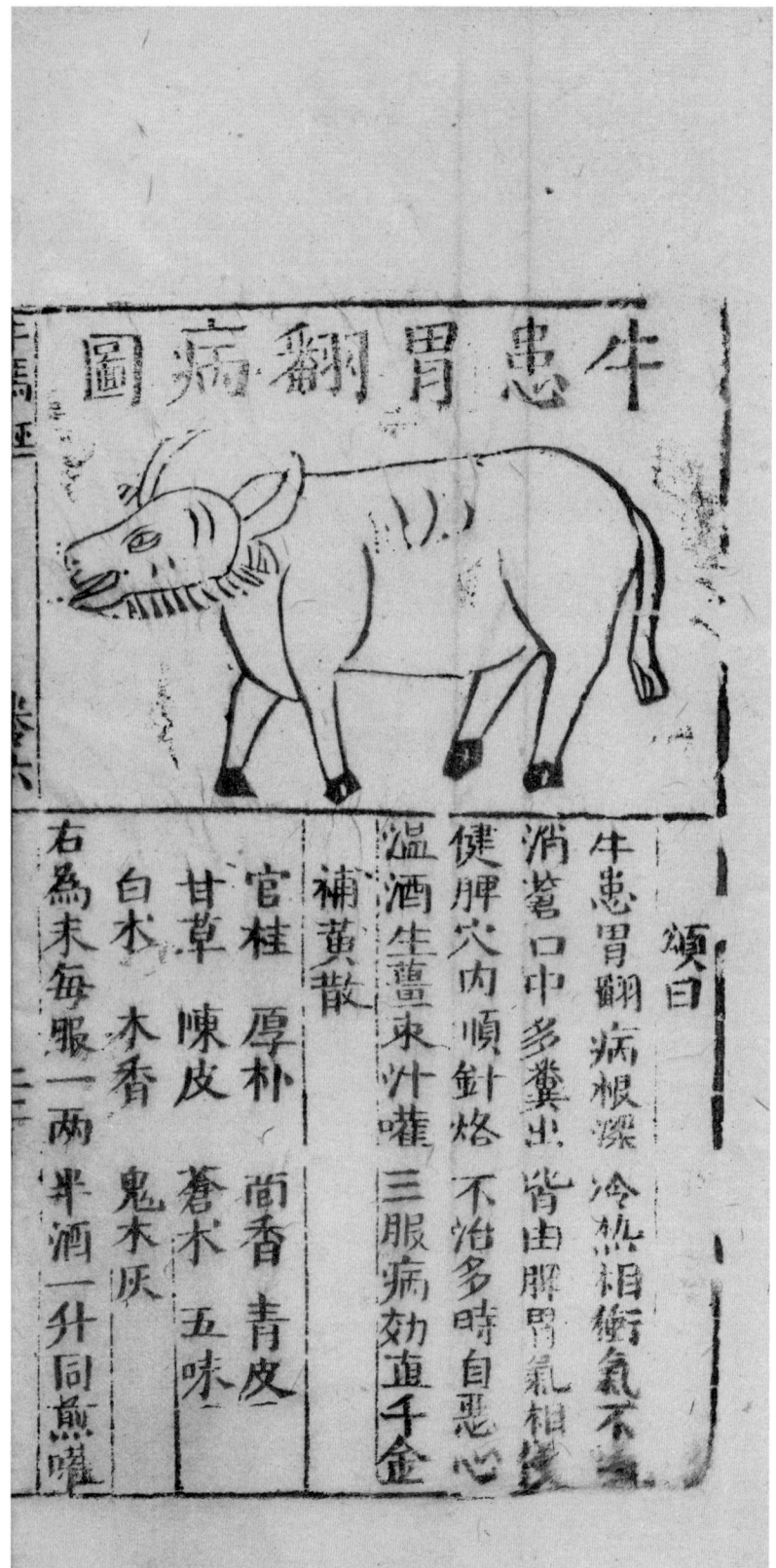

牛患肺勞病圖

頌曰

肺劳多眠閉　四脚不能抬

五臟热衝積　肝家亦受殃

起卧無時限　監嚯自除灾

白梘散

甘草　烏藥　貝母　馬兜苓

黄芩　白礬　知母　桑白皮

右為末每服一两半水二升鹽同煎

嚯之立效

牛患腎傷病圖

頌曰
腎傷之牛腰胯疼行時擺胯又頭垂
後脚無力難移步耳聳眼急鼻難明
厚朴同和茴香使酒灌生姜自安寧

大補散
白芷 陳皮 厚朴 菝葜
萆薢 茴香 當歸 紫菀
苓脂 練子
右件為末每服一兩酒一升姜三錢
温候灌之妙方

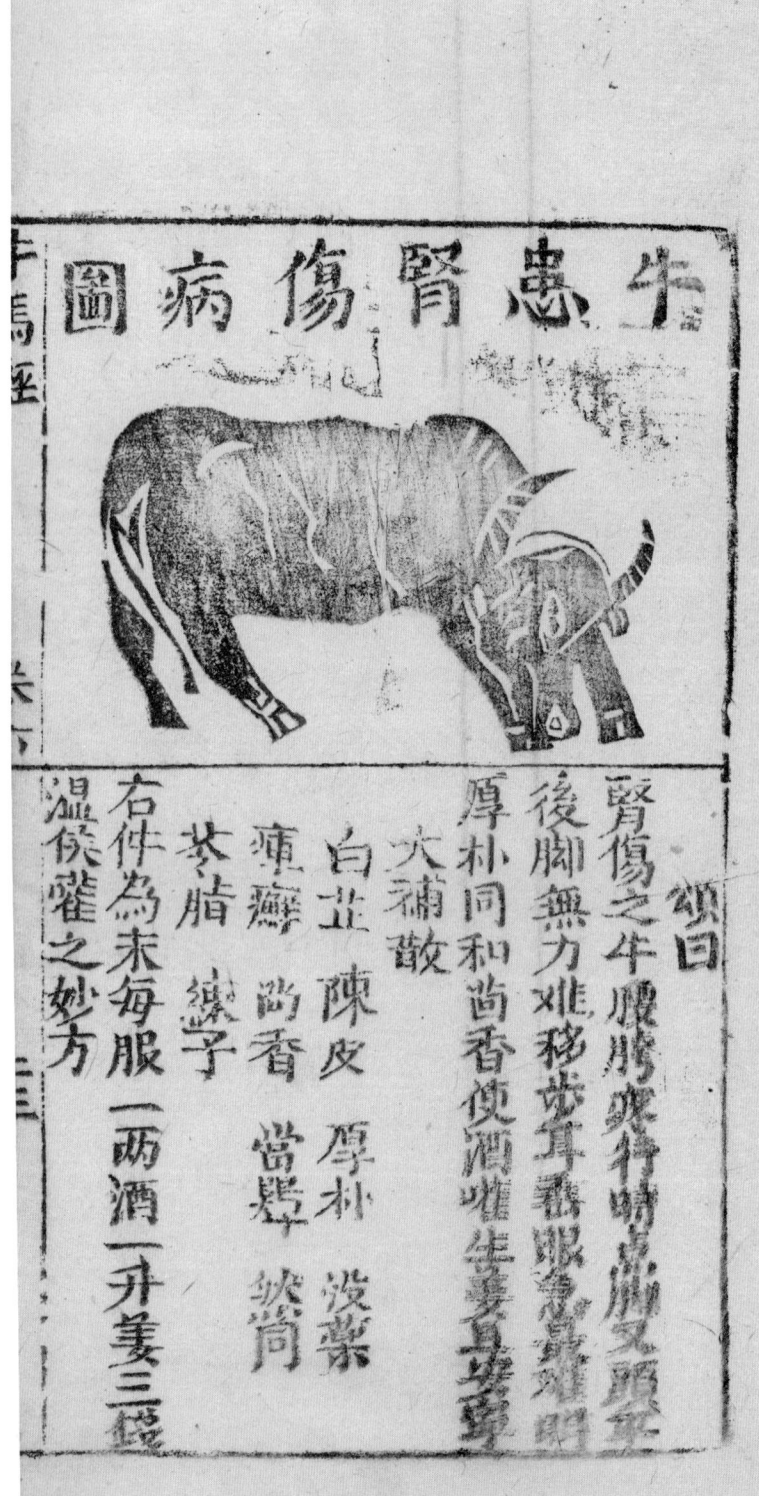

牛患胞虛病圖

頌曰

胞虛似吟淋　胃水便侵身

其中多受滯　凋淋病加深

暖胃芍藥散　胞門治一針

芍藥散

芍藥　茱萸　當歸　細辛

官桂　龍骨

右件為末每服一兩酒一升葱油煎

同調咋之立效

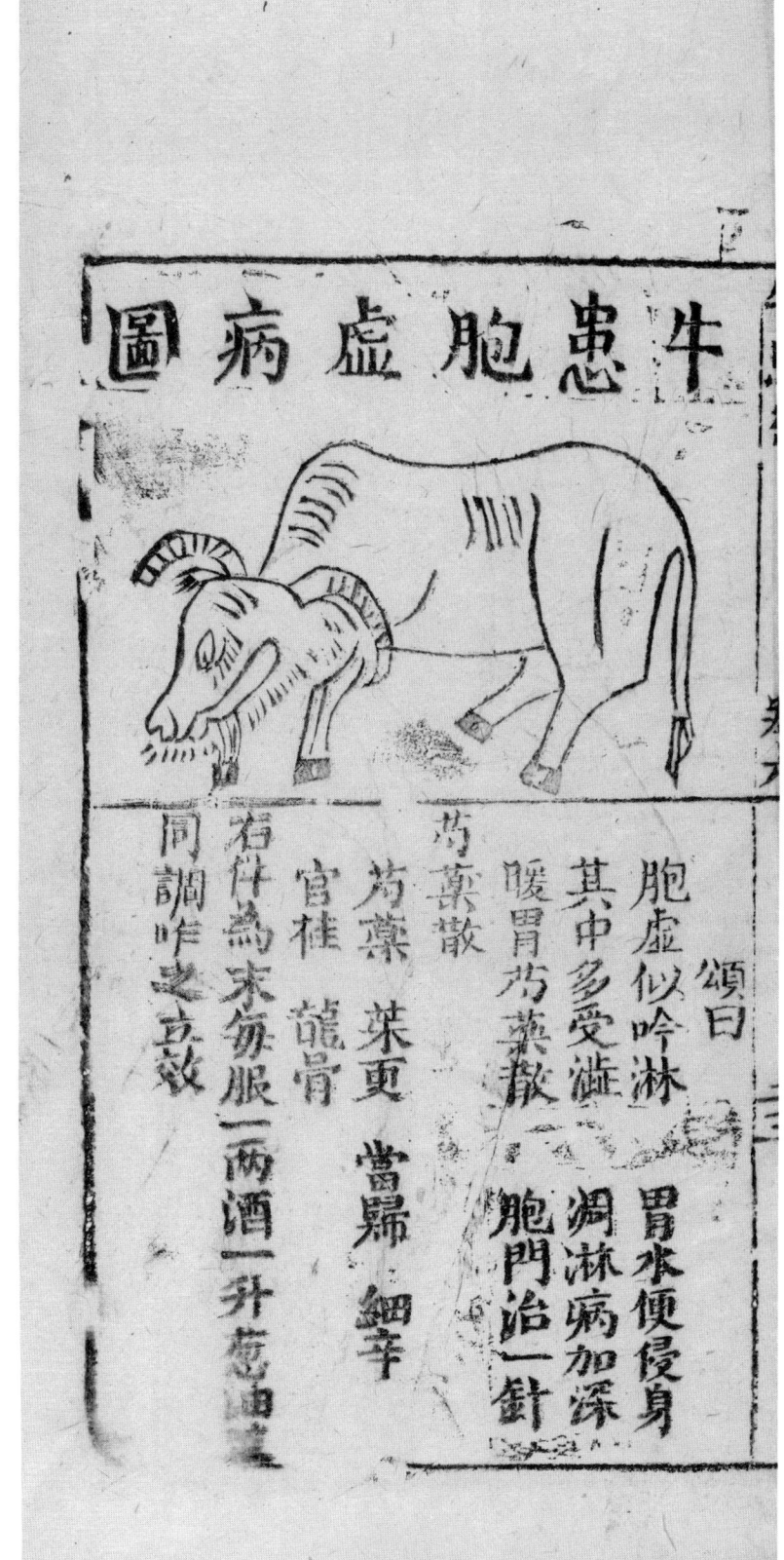

牛患肝碌黄病

頌曰
出氣声奇響　連頻似雞鳴
熱發喉骨脹　涎血化為膿
急救用針烙　開喉別有通
便下硼砂散　連服有神功

南硼砂散
黄連　人参　薄荷　川芎
桔梗　朋砂　白礬　黄柏
甘草　青黛　右件為末每服二
两蜜一两酒水各一升同調嚾之

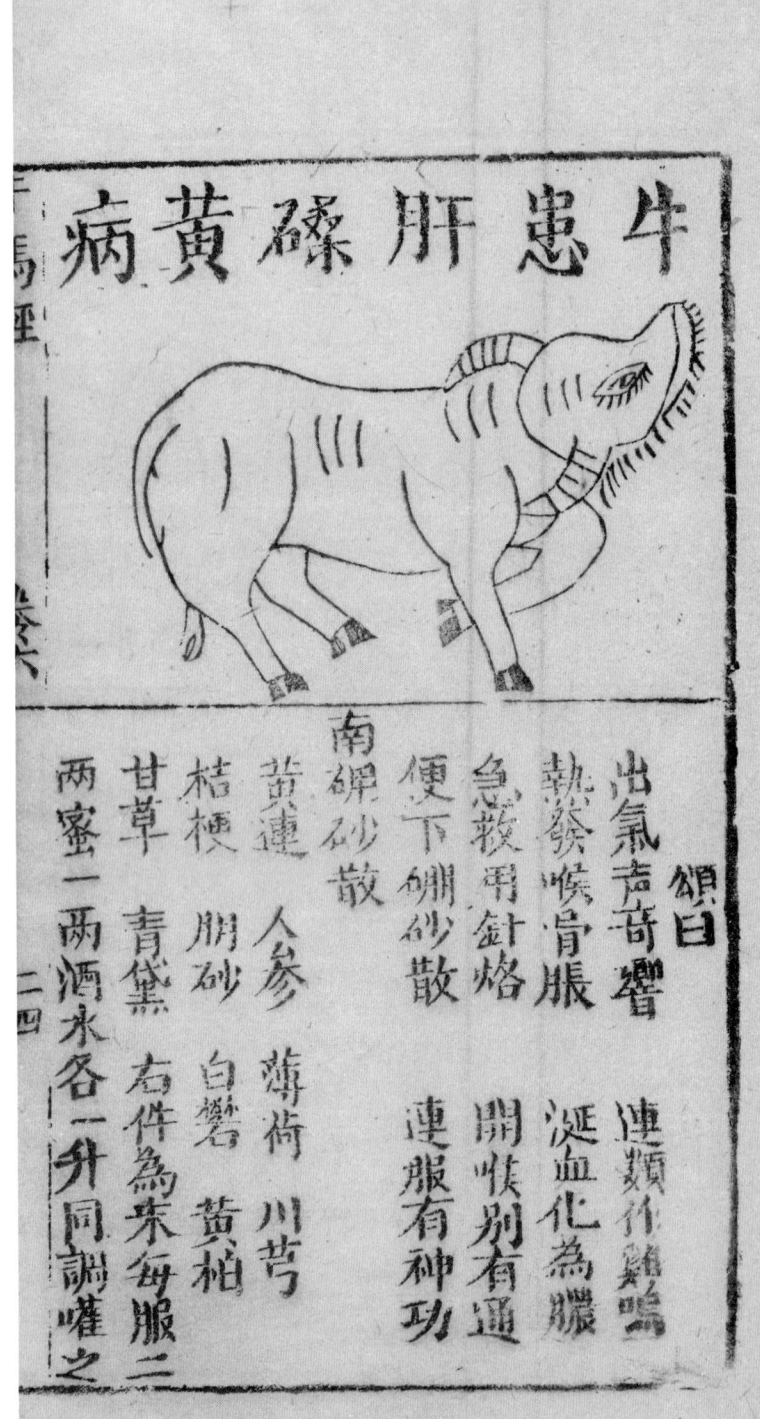

牛患水草不通

頌曰

水草不通大糞子在地打嘈不得安
便用地皮渾身搽医人將手後門撇
先將木通並通草後用涼藥及木通

鉄烙散

透油油龍　天竺　大黃　木通皮
桔梗根　黃連　通草　地骨皮
五味子　茯苓
右件為末每服嚾之即愈

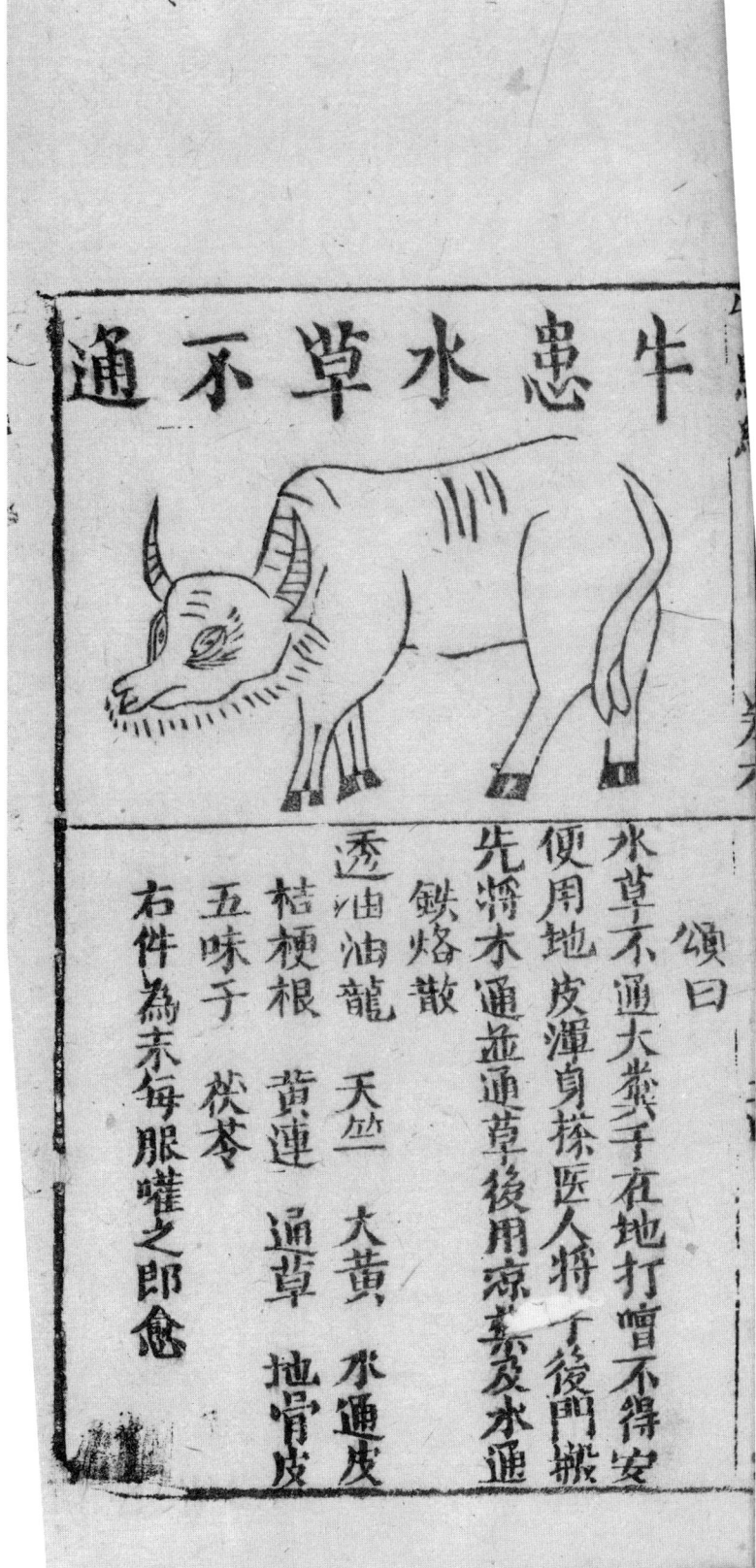

仙傳海上方

芎藭 牡丹 黃連 重折 花折蛛 雄黃 斑毛 射香

硃砂 猪牙 皂角 地龍七条 雞屎滕 牛蒡子根 野杈根 黑蜂

金龍. 右為末吹入鼻孔中 用好酒噇之到吊取出涎即安

軟腳瘟方

細辛 五加皮 槐條 茴香 八月扎瓜 柏条炙 雞蛋 茹香

射香 芎藭 右為末熬水 候溫噇之外好酒一升同調立效

疥瘡海上方

硫黃五钱 花椒二兩 三柰子一兩 洗了皮用鍋焙乾擣研細末調猪油搽

喉風海上方

雄黃一分 擂水桑根絞去了 退用釘舌頭下边毒筋針段二處

發汗神方

升麻 當歸 川芎 甘草 麻黃 芍藥 人參 紫金皮
香附 右等分為末每服用好酒一升加葱三枝姜三片調嚾

尿血海上方

雄黃 硃砂 海金沙 馬鞭稍 栢葉 紅花 當歸 甘子
麻子 風靴鬼 甜藤水 五加皮 右為末用好酒調嚾之立效

牛白膜遮眼用 食塩炒 竹節灰 右件各一錢貼在白膜上候膜退止

牛有非時吐出雜虫膜者用 燕子糞 合酒二升共調嚾之

牛有顛狂逢人即觝觸者其病始肚脹用

蜀大黄八、宣黄連各半兩 右擣為末用雞子清一个酒一升調灌

牛病發時顛走突入雞羣佝隊者用

一排風散一兩 阿膠半兩 桑槐白皮五分 右三味水三升煎至半灌之

牛有漏肩生疥者用 蕎麥燒灰 右以葉燒灰硫黄少許和塗之

凡牛瘦毛尾焦秃者為腹中有積聚及有砂石瑰者可用

榆皮 滑石 朴硝各三兩 右以為末酒三升同煎灌之即痊矣

牛蹄漏者用 紫礦少許 右為末用豬脂和入漏孔中燒釘子熘之立效

牛有卒役動打肋者用 巴豆二個去皮傳研

右以為末生油一兩漿水半升同煎灌之立效

牛有病來多時腸結者用 白米二升浸一宿以生油同煎灌之

牛生犢子不下者用　莨菪子一合　右擣為末以米作粥相和灌

又方　取六月六日車前子一合以酒相和灌之其衣自下

牛惡腫膀者用　雌黃一兩　荊芥五分　右各擣為末生油調搽膀上

又方　用桑柴灰摻后用石灰摻後以物拍膀下即瘥

牛非時氣脹不消者取

人汗汚襪　右洗汗汁一升頭醋半斤並相和灌之立消脹矣

牛有發喘氣身顫出汗口鼻冷者取

桃柳樹心　右各一握以水煎候冷灌之立瘥

牛有咳嗽者用　食鹽一兩　淡豆汁一升　葱白一握　以小便一升相合灌之

牛時有前瘸後瘸瘸者水瘸也又云頭倒地者瘸也

水茯匙一好醋半升細茶一撮右三味同煎候冷灌之左耳中即效

牛傷者取 白米二升右作粥露一宿分作三次灌用卯午申嚾之

牛有結喉喉中似鐵鈴声者 寒水石 榆皮 地黄 滑石

朴硝 食鹽以上各一兩合和用 米泔水一升同熬放冷嚾之

牛有膜閉口中惡氣者用

葶子 麻子研汁猪脂一 牛油二兩 右以相合灌之立瘥

牛有噤時中惡者急就牛舌上側書寫字一個其牛却活並不須

用藥見效 又方拔牛舌針出血 苦參 甘草 大黄

右三味剉散水水三升濃煎候溫嚾立瘥

療牛中惡不時起卧 狗糞燒為灰 右撮二指許着牛兩耳吹之即效

療牛或有着熱非時草惡者取水一升、塩四兩、葱根一握、酒半升
右四味相合同煎和灌之即痊如未痊復灌、即愈、又用粟米粥作飼之
又方　甘草　大黄各一兩　薰陸香一兩　右以酒五升煎至三升加
油蜜灌之如五里路遠以更用生栗米嚼之即痊
牛有毛焦不食水草若是頭黄及心黄病也用　白芷一兩　大黄五分
右擣為末用雞子二個以酒一升　栗子汁三合相和灌之立効
療牛多肘膊冷乃是脉病蓋冷疾所生也宜多
蚕沙二兩　柳蚛糞二升　食塩拌　右三味相合蒸二時衣用布袋盛却
着冷熱得所置在前後膊上一日三上　日後服
排風散一兩　食塩半兩　葱白一握　右用水二升煎取一升灌后即痊

療牛瘴瘦者用 臘月糖升 茯苓四兩 菖蒲二兩 地黄半兩 右以臘羊脂升
小便一升總煎和灌之隔一日灌五度即止仍取針牛鼻毛際
深一分血出即瘥 又方 藜蘆一分 細辛二兩 菖蒲 葱白各一兩
白术 芎藭各二兩 右並細剉瓦瓶巾燒以烟熏牛鼻津去即愈
牛頻頻起卧水草不食者由為藥乾燥也凡治之用 秋蘇子半斤
右研細水三升煎至二升分為兩服灌瘥如不瘥依前法更灌
之灌后又服 地黄半斤 右擣為末入水分三服調勻灌之方妙
牛身多汗出起卧見人作聲者是膽脹也凡治之用
桑黄二兩 右水三升煎至升半灌之立療
療牛心悶壅熱頻頻卷頭而轉乃是風毒宜先烙心脾骨後烙額

上有旋毛處則瘥十日前易治十日後难治
又方牛或舌底有瘡錢許大向上欲遂者用狗糞燒灰滿塡瘡内
之上隻火筋更烙立大効矣
大凡牛有病時欲知可治不可治先須看牛鼻顯有汗無汗不可
便下藥如有汗即隨証施治如牛有生氣即天時極冷鼻亦有汗
如無汗即死在旦夕此医牛之良法也
牛鼻無津液耳不到垂起立不行者畜家極病也先嚾塩湯一升
細切葱白一把用好酒一升同煎四五沸灌之愈如不瘥更加前
轉脆者雖壯以角之温冷驗病之軽重
大凡牛病未至重時其角即温雖霜寒雨凍其角亦不至于冷用

藥時先須以手執牛角以視其温冷温即用藥冷即死症也此乃
醫牛手法如醫之診脉無異醫者不可不審思之耳
牛看頭貼地與否以決生死 凡牛病先看貼地與不貼地及口
鼻大小便出血與不出血如頭貼地四處出血並不醫如無此症
方可詳症用藥治療 已上三症乃醫牛口訣人多不知以此醫視也
凡牛有疾病且須用藥治之切不可用針恐傷筋骨不能用力即
爲廢物 凡肩上生癰有二種一者水牛用黄牛壓六挨指破皮二
者肩上遭蚊子毒即生癰其皮硬撲血蝎散可用大針針出毒氣
俏用血蒸口生肌藥治之如是蛇子毒先用夜明砂酒調敷次用
生肉藥調理

凡牛熱病渴悶　熱者因暑月繫在欄內不曾飲水即渴或因春月
日夜勞若暈悶　倒地並用清米泔及甘耳水鹽湯水多灌為効又
方止渴解熱　秋草　天蒲黃　黃芩　天竹黃　梔子　執血藁
文硝　以上各等分一兩右為末以泉水一升同煎灌之方愈
青金丸　治牛糞日吐或瀉諸般熱毒病
川鬱金　貫衆　白礬　泉水　雄黃　縮砂仁　山豆根一兩
乾葛　滑石　藍根靛花　牽牛炒　甘草　石膏各　梔子仁
荊芥　大黃　木通　黃連以上各一兩　右為末糯米糊為丸
如彈子大青黛為衣每用五丸燈心一把水一碗煎灌之立効
凡治牛癰疙瘩　方用皂角數升於入糞汁中浸夏秋三日春冬二

日一薄三日取　瀉入於地內埋一日再出陰洗剉臨時用去芋絲

一兩入甘草末　商爛研蓮花水和合嗺之　石菖蒲　淡竹葉

葛根　蔚金　綠荳　蒼朮　右各等分碾爛爲末每服一

兩芭蕉自然汁三升蜂蜜二合黃蠟二錢調勻嗺之未解再一

服知熱極加大黃鼻頭無汗加麻黃鼻口出血加蒲黃此藥用

蒼朮石菖蒲之義蓋恐他藥大冷欲以此二味間於藥而逼瘟氣也

又方　收十二　又鬼頭灰和水五升嗺之　又方用真香末二兩

和水五升嗺之　又方取安息香於牛欄中燒知燒香法和覺

有一頭兩頭病疫那牽出以鼻及真香立止更燒蒼朮尤妙

大凡牛力乏困　土水草者蓋乃百藥乾也宜取　曰凡二兩

右每日用藥杵擣為末和醋一升水二升灌之

凡牛身有熱舌上有瘡者宜用　丁香　木香　麝香　安息香　黄藥　黄連　大黄　鬱金　梔子　右件為末入麻油內先灌仍取大麻子三斤細為末用研麻乳　杏仁精　右研和入油半斤水三升共前藥同煎候冷作大匕過灌至脘用朱一升葱白一握煮稀粥溫喫立見功效

凡牛瘦瘠皆由食喫水草不全其喫法用　食塩三兩分三炒入醋漿水內喫后隔藥二日再用　淡豉升　陳飯升　黄藥三兩為末　右以鹽藥水童便相和與喫宜用　甘草炒　生地　炒塩四兩　葱白半斤右搗為末取酉三分調和同喫切須隔日漸漸與喫

凡牛張口郎是死候也用白礬三兩醋漿淡半用和合不拘食[illegible]

凡牛渴狂走病用　朴硝半兩　梔子十個　甘草二兩

右用水五升煎至二升半灌之後一宿又煎灌之立效

專治四時牛瘴加減十三方

第一方或冷或熱者進此春月瘴急宜用此地龍散寒熱皆可用

蒼术　川芎　川烏炮　草烏炮　當歸　甘草修二　藿香　地龍

茯苓　白术　薄荷　荊芥　大黃　山梔子　陳皮　香附

麻黃　紫蘇　芎藭　羌活　滑石　姜蠶炒　黃芩

右以為細末水煎灌更加川鬱金少許尤好

第二方純冷及涎多或微熱交耳尾不動者急進此

川附子一兩冷水浸半日要酒醋各一盞入瓶内拌火煮少時
勿令焙乾為末次入雄黄一兩梅花腦另研為末酒一升溫暖灌之
第三方止瀉　紅麴一兩　胡椒五錢　生地黄不拘多少　黄蠟五錢
右為末入麝香少許用白米煮粥調藥灌之立刻見效
第四方進食療吐倒草急宜用之
木通三兩　山梔仁二錢　蠶沙二兩　青皮二錢　山藥二錢　陳皮二錢　瓜蔞根五錢　香附
南星　蒼朮　右焙乾為末　用酒送下
第五方去涎理瀉　生硫黄一　天南星　右為末用汲井水
調灌如煎燉加半夏蓖麻子　二味炒春用米泔夏用車前子秋
用泉水冬用薄荷水調灌下

第六方進食亦專治夏瘴

丁皮　陳皮　白茯苓　製朴　藿香　肉桂　人参　檳榔

蒼术　右為末用烏枚七個煎湯調嚾之立痊

第七方治牛遍身皮戲　百藥煎　蒼术　荆芥　蚕沙　大黄

白礬　滑石　半夏　右為末用蜀葵根煎湯調嚾下　二方

用毛桃汁二碗麻油一两嚾下治夏瘴進食方妙

第八方專治結草　大黄　滑石　右為末用蜀葵根煎湯嚾下

第九方進食　半夏　雄黄　蒼术　滑石　南星　硃砂

桂皮　香附　右為末用酒三升煎嚾如見口内生瘡爛去

肉桂香附二味加荆芥朴硝　青黛黄連水調嚾下

第十方初乃瘴宜用　蒼朮不拘　辰砂五分　好茶末二兩
右為末用銅錢一串浸泉水調灌之立效
第十一方　白藥　藿香　半夏　蒼朮　製朴　甘草　白殭蚕
右為細末雞蛋水煎方可嚾下即愈矣
第十二方治重舌重舌起者始治　山豆根　貫衆　硇砂　滑石　寒水石
射香　海螵硝　茯苓　右為末芭蕉自然汁調搽口瘡立效
第十三方專治牛青瘴　香附子炒　陳皮　甘草　山梔　南星
肉桂　柴胡　大腹皮　檳榔
右為末用泉水同煎嚾之如渾身戰栗者加當歸一兩同煎服
柴胡草菓散　治泉汀下路瘴方　柴胡　烏梅　南木香　常山

知母 草菓 細辛 右爲末入鹽少許生地火炮爲香氣取
出用好酒一大碗煎半碗方可喂之
又方治四時牛瘴 人參輕骨散一貼 五苓散二貼 入正散二貼
蜜糖四兩 大葉薄荷一把 洗心散二兩 寒水石四兩 車前子一把
龍腦薄荷一把 右爲末用冷泉水調灌立效 水牛用水四斗 黄牛用水二斗
治牛瘴渴消及倒草者與此藥後五日見水下
青皮 丁香 茯苓 甘草 厚朴各一兩 麥蘗 神曲 半夏
白姜炮 桂心 蒼术 良姜 藿香 白术各五錢 陳皮 蒼术
右爲末用好酒四升煎至三升調喂之
治胎散牛有患胎瘴者先用此藥後用治瘴藥

白芍　地黄　肉桂　荆芥　川芎　當歸　柴胡　防風
人參　茅根　甘草　右為細末用好酒同調灌之
活胎散療後宜用　枳殼　木香　香附子　甘草　同煎酒服
内補散生下牛子後補藥　當歸　川續斷　牡丹皮　五加皮
蒼朮　赤芍　白芍　蒲黄　烏豆炒　右為末溫酒調下
治四蹄膽瘴　龍膽草　朱砂　乳香　麝香　朴硝　梔子
菊花　荆芥　胡黄一　滑石　羌活　獨活　防風　川芎
甘草　右為末[illegible]　前胡五味入藥内分作四味薄荷水調灌

治雜病諸方

[illegible]　右為細末冷水調灌之

之方 川鬱金 青黛 朴硝 以上三味共為末水調[illegible]
治牛口生瘡方 南星 朴硝 黄柏皮 鬱金 雄黄 [illegible]
寒水石 半夏 右為細末蜜水調刷口內 又方 川[illegible]
黄柏皮 滑石 川消 青黛 白礬 山豆根 [illegible]
以上八味各依等分右為細末用蜜調服立效
治脾熱口內生瘡及眼赤方
川鬱金 滑石 甘草 右為細末以麥冬為引調嚨之
治兩眼生翳方 銅青 滑石 黄連 梔子 黄菊
右為末白湯洗右薄荷葉擂水調嚨之立效
治兩眼赤濁方 防風 荊芥 滑石 黄連 梔子 黄菊

右為末白湯洗后滇荷葉播水調嗺之

治兩眼青濁方　黄柏（炒火）　黄連　羌活　當歸　右為末白湯（㸃眼）㸃

治為血方　蘗白皮　葵根　生薑　右三味取汁一升灌下

治尿血方　川當歸　紅（花）　右為細末以酒二升半煎（二沸溫服）

治吃渴方　榆白皮（二兩）　右以水煑極滑歇一三升嗺之

治生風方　生土當歸　右搗浸醋一宿塗之　又胡麻油調塗

治疥疥　蕎麥（燒灰不拘多少）　右以灰淋汁入黍豆礬一合和塗即愈

治肩爛　楮（二兩）綿絮（燒灰）　右以麻油調扶五日即愈

治糞門瘡　雞卵殻　茄葉　苦瓜葉　右為末膩粉麻油調搽

治白　斎牛馬経下之一　終

大經堂梓行

錢通副手札

錢通副手札不分卷
（清）錢澧撰
清宣統二年（一九一〇）石印本

錢通副手札不分卷

清錢澧手書。錢澧（一七四〇—一七九五）字東注，號南園，雲南昆明人。乾隆朝官吏、書畫家。乾隆三十六年（一七七一）進士，授翰林院檢討。歷任國史館纂修官、江南道御史、通政使司副使、湘南學政、湖廣道監察御史等職。曾疏言和珅爲軍機大臣，辦事不遵制度，因授稽察軍機處之任。和珅知其家貧裘薄，凡勞苦事多委之，積勞成疾死。錢澧的詩、文、書、畫、聯皆有名，被譽爲『滇中第一完人』。其畫以馬爲主題，尤喜畫瘦馬，風鬃霧鬣，筋骨顯露，神姿逼人，筆墨凝重而傲岸有神，人稱『瘦馬御史』。其書法集諸家之長，尤其精於顏體，筆力雄勁。其書聯結構嚴謹而剛勁清潤，如筇竹寺中二聯，都是珍品。楷書代表作有《枯樹賦》《冒雨尋菊序》《守株圖詩》《端陽競渡序》，行書代表作有《桂花廳記》等。有《錢南園先生遺集》《南園詩存》《南園文存》等行世。錢澧曾任通政使司副使，此札故名《錢通副手札》。

此札係北京萬源石印局於宣統庚戌（二年，一九一〇）初冬出版，石印本。封面署『暎慈弟藏有，錢通副手札，暎華題簽』，鈐二印，一印不清，一印文爲『趙宗倬印』。内封頁署『宣統庚戌仲秋，錢通副墨蹟，後學龔發舉敬題』，鈐蓋『王崐松印』。手札末有陳榮昌壬寅年（一九〇二）二篇跋文。

此札係錢澧致書同鄉周於禮，問候周氏並言及師友之喪，進而述己近況之苦。周於禮，字綏遠，一字立崖，號亦園，雲南嶍峨人。乾隆十六年（一七五一）進士，官大理寺少卿，故稱廷尉。生平喜歡結交滇籍後學，與青年學子交往甚密，錢南園係其中之一，性格愛好與周相近從其學習書法，得《聽雨樓法帖》韻味。①

① 《錢南園詩文集校注》，昆明：雲南民族出版社，二〇〇七年，第二七七—二七八頁。

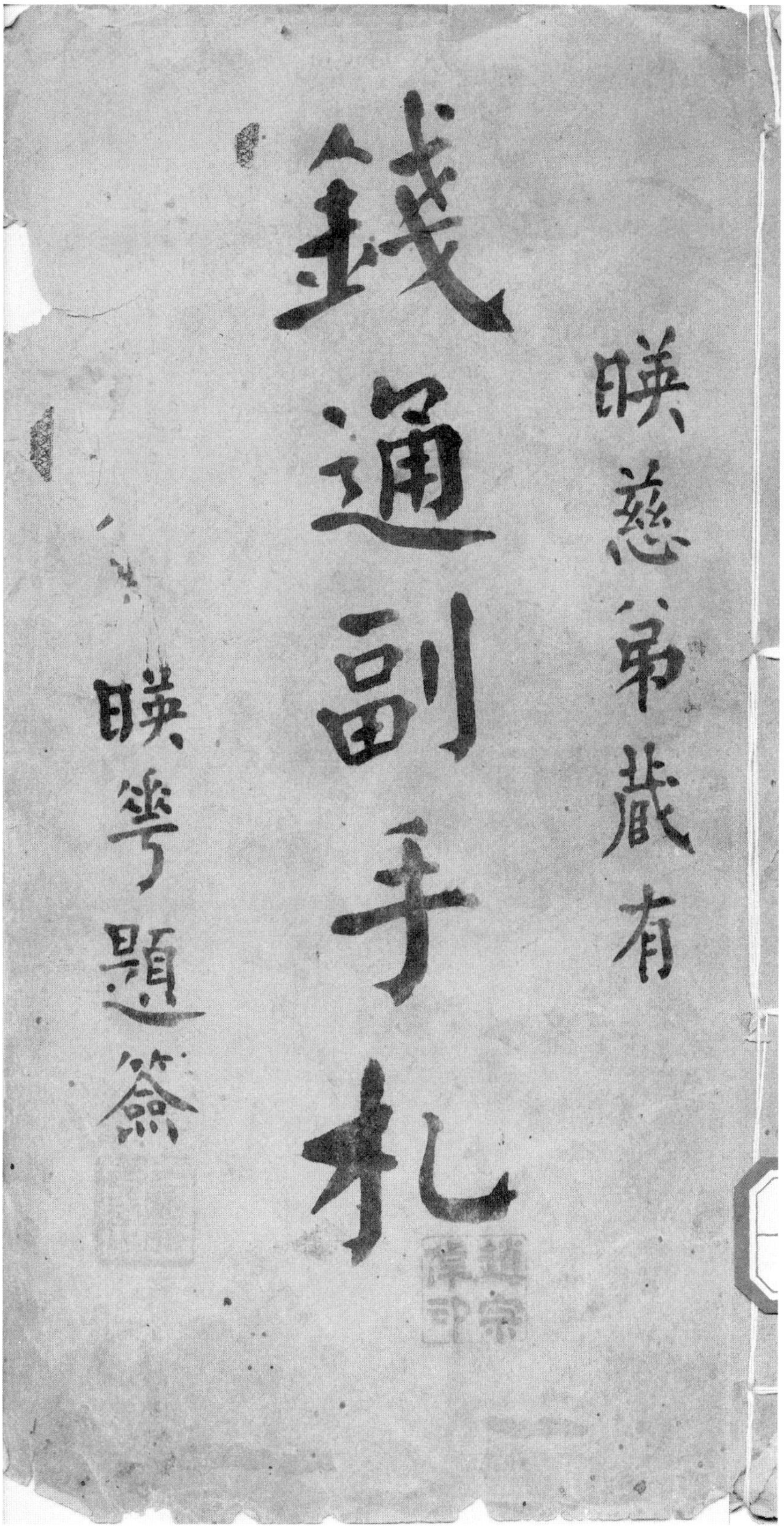

暎慈弟藏有

錢通副手札

暎孚題簽

宣統庚戌仲秋

錢通副墨蹟

後學龔發舉敬題

宣統庚戌
初冬出版

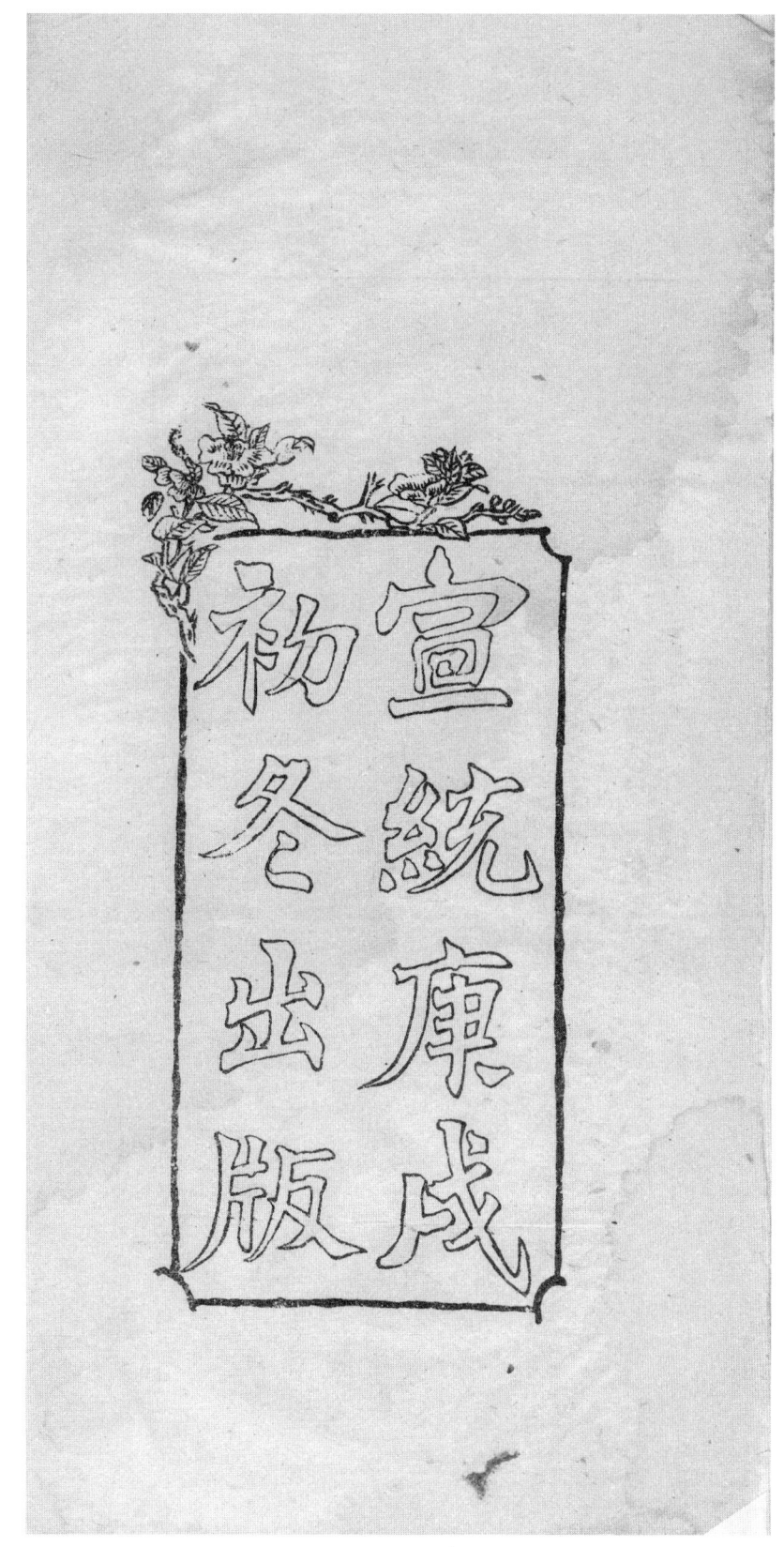

錢通副与周廷尉書墨蹟

按嶍峨周亦園先生名於禮字綏遠乾隆十六年辛未進士入詞林官至大理寺卿南園先生

膺館選在乾隆辛卯後六園二十年故稱曰廷尉前輩云光緒二十八年壬寅十月二十三日邑後學陳榮昌記

晚生錢澧頓首拜啓
廷尉大人前輩閣下自違
尊顔倏忽歲餘緬想
仁風一不任饑渴澧以非材繆竊

祿食薄功厚享鉞于硤谷去
夏敝境大雨水廬舍蕩無孑
遺雖舉室幸免爲魚實不
受流離之苦因即假病南還

以今春二月抵舍即欲具函恭
候
起居適值敝業師趙州蘇觀巖
先生先於去秋即世葬期伊邇

因即奔赴往返時日遂致久[illegible]

伏惟

垂宥同鄉先正羅竹園先生及

敝業師皆以清風亮節儀型

龢述其十一剞劂成篇從封
舉得祀於鄉與其事實
維責諸後賢所媿鯫生未習
行事伏異

示以指南現亦兹書敝同年
羅三際叔早晚或亦来請
教統俟
四降以便遵循並豐近況幸幸

麤完廬室苟免中露然生什
大感不免舉室攢眉相對促
此事在乎造物者不敢私以
智力強也恃

愛瑣瀆肅候
近祺不宣
晚生錢灃頓首拜
六月八日子刻

南園先生此書純用褚法蓋先生居京
師曾館六園廷尉聽雨樓東廷尉藏褚
河南枯樹賦墨蹟先生曾臨摹至百
餘過知其得力者深也

壬寅冬 榮昌跋於九龍池上

是書為同邑楊春伯廣文所藏曰蔣
懷若孝廉屬予題跋懷若語予曰通副
行誼合古是書可證者有數事宜刊入遺
集但第二十一行謹封與第二十二行舉渇云云
語氣不接細看此下每頁割截痕此處當有
脱簡三行竹園海門兩先生不聞入祀鄉賢是

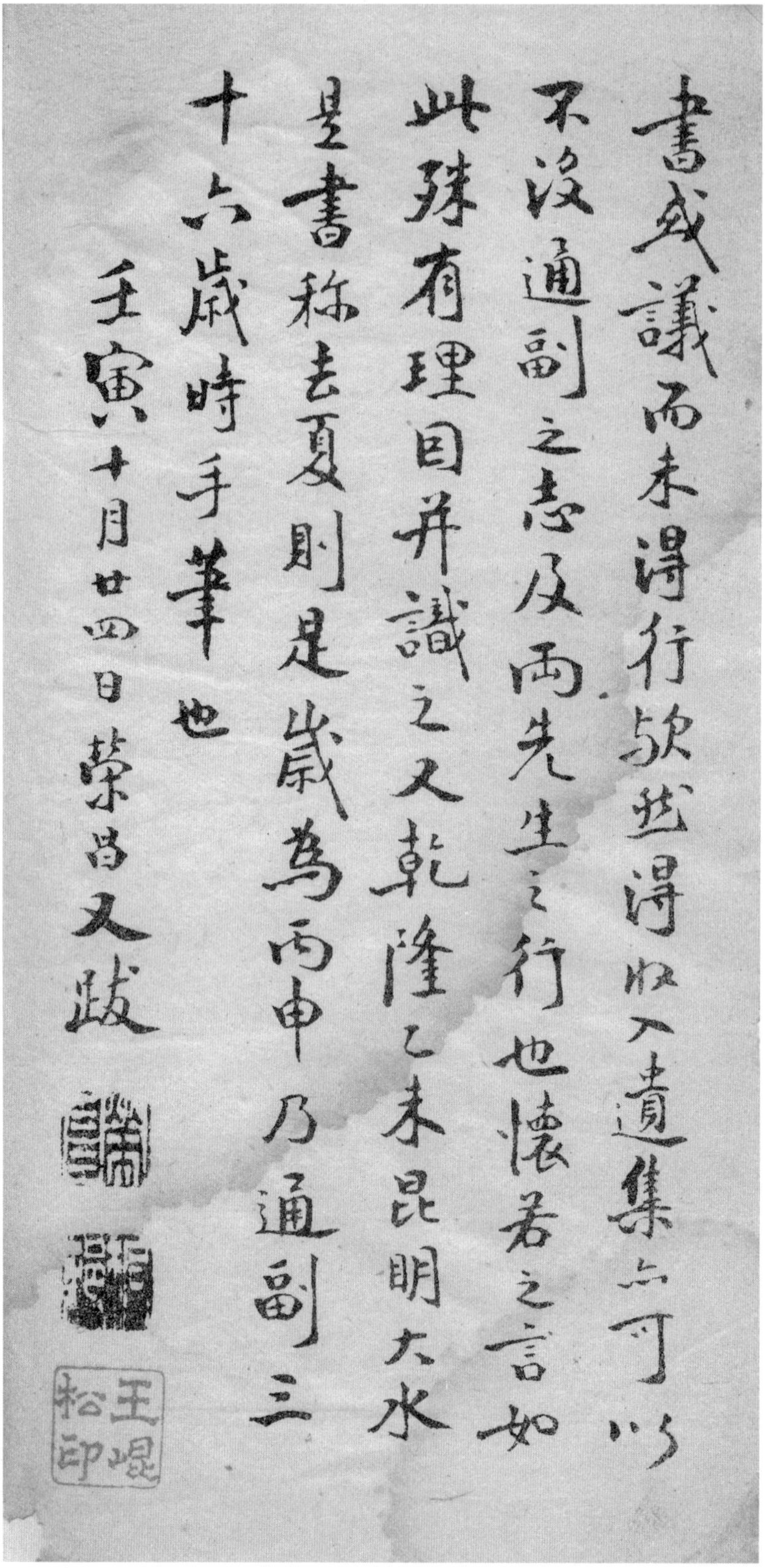

書或議而未得行訣然得收入遺集亦可以
不沒通副之志及兩先生之行也懷若之言如
此殊有理因并識之又乾隆乙未昆明大水
是書稱去夏則是歲爲丙申乃通副三
十六歲時手筆也
壬寅十月廿四日榮昌又跋

定價大洋三角

總發行所 北京琉璃廠八角琉璃井 萬源石印局

總印刷處 萬源石印局

分售處
北京前門外廊房頭條 武學官書局
北京琉璃廠東門內 萬寶齋南紙店
北京琉璃廠甸路北 麗古齋南紙店
琉璃廠東門內東北園 榮古齋南紙店
琉璃廠大神廟 博文書局
琉璃廠路北 餉華書社

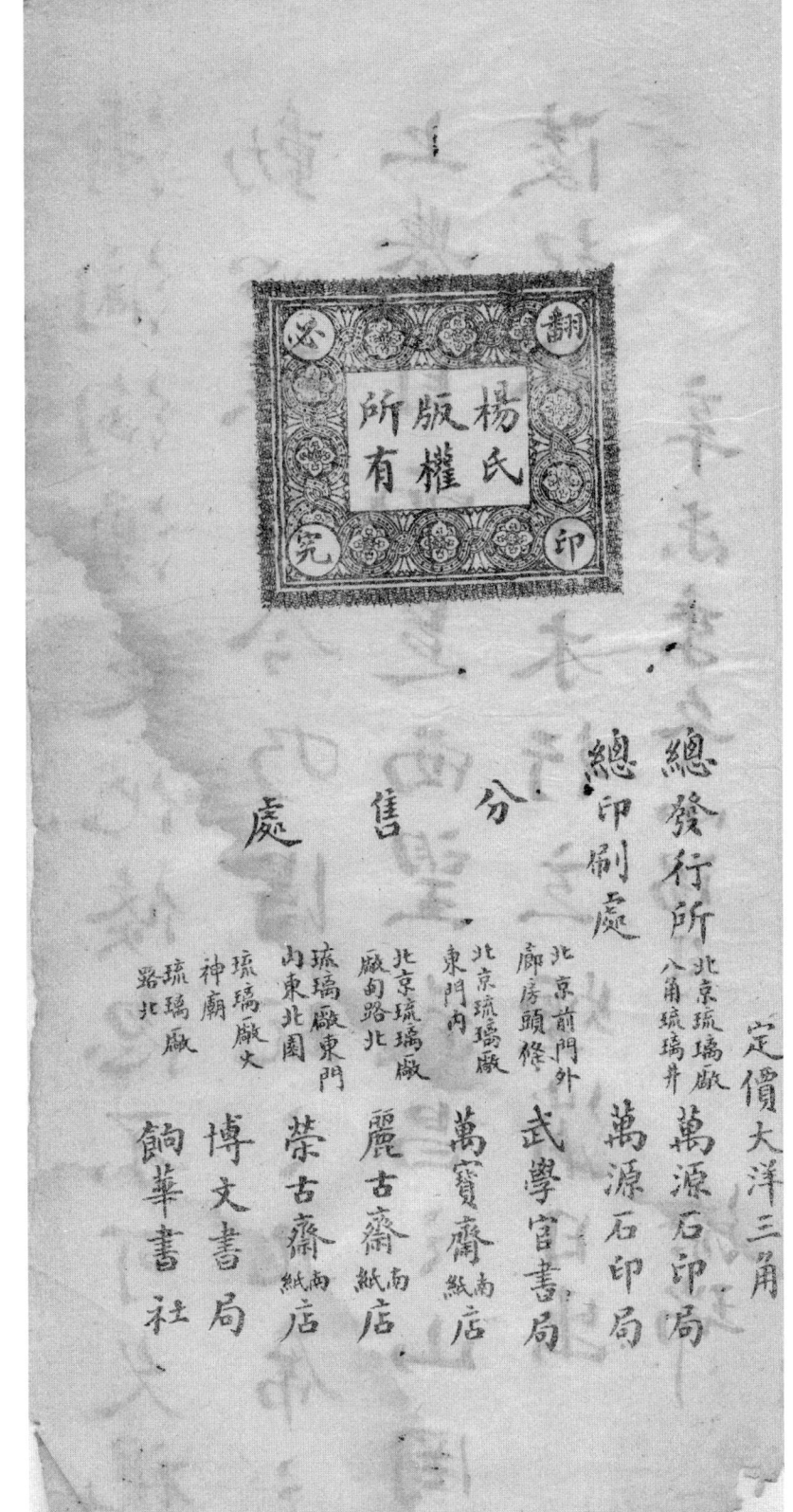

濤瀾洶湧變化倏忽不可久視
動心駭目今仍得玩之几席之
上舉目而足西望武昌之山岡
陵起伏草木行列煙消日出

辛未季冬小陽月

添瑞